数字经济与实体经济
融合推动新型工业化

The Integration of Digital Economy
and Real Economy Promotes
NEW INDUSTRIALIZATION

任保平 ◎著

中国财经出版传媒集团
经济科学出版社
Economic Science Press
·北京·

**图书在版编目（CIP）数据**

数字经济与实体经济融合推动新型工业化/任保平
著 . -- 北京：经济科学出版社，2024.3
ISBN 978 - 7 - 5218 - 5680 - 4

Ⅰ.①数… Ⅱ.①任… Ⅲ.①中国经济 - 新型工业化
- 研究 Ⅳ.①F120.3

中国国家版本馆 CIP 数据核字（2024）第 057198 号

责任编辑：杨 洋 赵 岩
责任校对：齐 杰
责任印制：范 艳

**数字经济与实体经济融合推动新型工业化**
任保平 著
经济科学出版社出版、发行 新华书店经销
社址：北京市海淀区阜成路甲 28 号 邮编：100142
总编部电话：010 - 88191217 发行部电话：010 - 88191522
网址：www.esp.com.cn
电子邮箱：esp@ esp.com.cn
天猫网店：经济科学出版社旗舰店
网址：http://jjkxcbs.tmall.com
北京季蜂印刷有限公司印装
787×1092 16 开 20.25 印张 320000 字
2024 年 3 月第 1 版 2024 年 3 月第 1 次印刷
ISBN 978 - 7 - 5218 - 5680 - 4 定价：80.00 元
（图书出现印装问题，本社负责调换。电话：010 - 88191545）
（版权所有 侵权必究 打击盗版 举报热线：010 - 88191661
QQ：2242791300 营销中心电话：010 - 88191537
电子邮箱：dbts@ esp.com.cn）

# 序

　　随着中国特色社会主义进入新时代，我国经济发展也进入新时代。在新时代新征程的新起点上，我们必须把握新型工业化、信息化、城镇化、农业现代化的新特征。特别是要把握新型工业化的新特征，以新型工业化推进中国式现代化，推动新质生产力的形成。

　　新型工业化是党的十六大提出的，此后党的历次代表大会都提到新型工业化。党的十六大提出"坚持以信息化带动工业化，以工业化促进信息化，走出一条科技含量高、经济效益好、资源消耗低、环境污染少、人力资源优势得到充分发挥的新型工业化路子。"党的十七大报告指出，坚持走中国特色新型工业化道路。加快建立以企业为主体、市场为主导、产学研相结合的技术创新体系，大力推进信息化与工业化融合。党的十八大报告提出，推动信息化和工业化深度融合、工业化和城镇化良性互动、城镇化和农业现代化相互协调，促进工业化、信息化、城镇化、农业现代化同步发展。党的十九大报告提出，更好发挥政府作用，推动新型工业化、信息化、城镇化、农业现代化同步发展。党的二十大报告提出，到2035年基本实现新型工业化，强调坚持把发展经济的着力点放在实体经济上，推进新型工业化，加快建设制造强国、质量强国、航天强国、交通强国、网络强国、数字中国。2023年9月22日至23日全国新型工业化推进大会在北京召开，习近平就推进新型工业化作出重要指示指出，新时代新征程，以中国式现代化全面推进强国建设、民族复兴伟业，实现新型工业化是关键任务。要完整、准确、全面贯彻新发展理念，统筹发展和安全，深刻把握新时代新征程推进新型工业化的基本规律，积极主动适应和引领新一轮科技革命和产业变革，把高质量发展的要求贯穿新型工业化全过程，把建设制造强国同发展数字经济、产业信息化等有机结合，为中国式现代化构筑强大物质技术基础。推进新型工业化是以习近平同志为核心的党中央统筹中华民族伟大复兴战略全局和世界百年未有之大变局作出的重大战略部署。

新型工业化是一个中国发展经济学具有独创性的概念，与传统工业化相比较，新型工业化更加强调质量和效益，新时代的新型工业化不再强调数量指标，更不是指工业比重继续增大，而是更加强调质量和效益，更加注重优化升级，实现质量变革、效率变革、动力变革。发展先进制造业应该成为新型工业化的主攻方向，要通过推动互联网、大数据、人工智能和实体经济深度融合，在中高端消费、创新引领、绿色低碳、共享经济、现代供应链、人力资本服务等领域培育新增长点、形成新动能。同时，支持传统产业优化升级，促进我国产业迈向全球价值链中高端，培育若干世界级先进制造业集群。

当前以数字化和信息化为支撑的新一轮科技革命和产业变革正在兴起，互联网、大数据、人工智能、数字经济、电子商务等新科技、新产业、新业态不断涌现，信息网络技术正在成为经济发展的主要推动力，也正在使各产业的技术基础发生革命性变化。当前我国正面临现代化的重要关口，如果与正在兴起的新一轮科技革命和产业变革失之交臂，就很难跨越这一关口。只有积极抢占制高点、把握主动权，以信息化推动产业变革，推动新型工业化才能顺利推进现代化进程，最终实现对发达国家的赶超。推进新型工业化关键路径在于实现数字经济与实体经济的深度融合。数字化浪潮已经成为世界新一轮经济和科技发展的重要战略制高点，推动我国数字经济更好支撑实体经济发展，可以充分发挥我国的优势，抓住新一轮科技革命和产业变革发展机遇，以新型工业化推动中国式现代化。

20 年前任保平到南京大学在我的指导下做博士后研究，当时正值党的十六大召开，党的十六大提出了新型工业化，我让他以新型工业化为题进行研究，他在博士后流动站期间围绕新型工业化发表了一系列的论文，同时以新型工业化为题获批博士后基金项目，出站报告《中国 21 世纪的新型工业化道路》在中国经济出版社出版后，获得了第五届高等学校科学研究优秀成果奖（人文社会科学）三等奖。2022年他被从西安财经大学引进到南京大学苏州校区数字经济与管理学院任教，我们合作完成了一篇论文《数字经济与实体经济深度融合的内涵与途径》，发表在《中国工业经济》2023 年第 2 期，被《新华文摘》、《高校文科学报文摘》、人大报刊复印资料全文转载。他沿着数字经济与实体经济深度融合的路径发表了一系列文章，在全国新型工业化推进大会之后又把数字经济与实体经济深度融合和新型工业化联系起来发表了一系列文章，2023 年寒假，他把这些研究汇集整体、扩展形成了这本《数字经济与实体经济融合推动新型工业化》，全书分为 18 章，研究了新型工业化、数字经济背景下的新型工业化、数实融合推动新型工业化。

通读书稿，该书有以下特点：一是以新发展阶段为新的时代背景研究了新型工业化的时代内涵与特征。把新型工业化放在中国经济发展的新阶段和数字经济背景下研究新型工业化。二是以高质量发展为目标研究新型工业化，突出新发展理念的指导，把高质量发展贯穿到新型工业化的全过程。三是以数字经济与实体经济深度融合为路径研究推进新型工业化，研究了数字经济与实体经济深度融合推进新型工业化的战略设计、战略定位、战略目标、战略重点、战略任务一级制度设计。中国式现代化、新型工业化、数字经济发展、数字经济与实体经济深度融合都是当前我国经济发展中的重大理论和实践问题，为鼓励他继续深入研究，是以为序。

洪银兴

2024 年 3 月

# 目录

CONTENTS

### 第一章

# 世界工业化发展的趋势
# 与中国新型工业化道路

新型工业化是在中国工业化任务还没有完成，而又遇到以数字化为主要内容的新工业革命挑战的背景下提出的。新型工业化主要有三层含义：一是相对于发达国家和发展中国家来说是新的，二是相对于中国的传统工业化来说是新的，三是充分利用新科技革命的技术成果为新的驱动力。因此，要深刻把握新型工业化的实质，并设计中国新型工业化的实现路径，就必须总结世界各国工业化道路的特点，分析当前世界工业化发展的新趋势及其对中国工业化发展的挑战，并在此基础上作好中国新型工业化的战略定位。

## 一、世界各国的工业化道路及其特点

由于世界各国经济发展的阶段不同，各国工业化战略的演变各有其特点。作为工业化发端者的西方发达国家、作为后工业化国家的发展中国家在不同的历史时期采取了各不相同的工业化战略和路径。

### （一）西方发达国家的工业化道路及其特点

从历史角度来看，"工业化"是与"工业革命"密不可分的，最初人们将建立在现代工业基础上的社会替代以农业为基础的社会称为"工业革命"，"工业革命"是工业化的最初阶段，"工业革命强调人类社会从以农业为基础的传统社会过渡到以机器大工业为特征的现代社会的突变性，而工业化则强调这一过程的渐进性"①。世界工业化是从西方发达国家发端的。

发达国家的工业化是从西欧开始的。英国是世界上第一个进行工业革命的国家，属于原发型的工业化国家，其工业化开始的标志是机器制造业的出现和机械化生产的普及。由于英国实行工业化的时候，世界其他国家尚未完成由封建社会向资本主义社会的过渡，国内外市场需求主要是轻工业品，因此英国的工业化从纺织业开始，为其工业化提供了资本积累和各种准备。在英国工业化的基础上，法国、比利时、瑞士和德国"把英国看成是技术创新的先驱"②，在向英国学习的过程中，也从纺织业开始发展轻工业，掀起了席卷欧洲大陆的工业化浪潮。随着第一次科技革命的出现，交通系统的创建，汽轮和铁路成为欧洲工业化的推动力量。随着第二次科技革命的出现，电能的发现和使用为欧洲工业化提供了新的因素，石油和天然气的使用扩大了欧洲工业化的能源基础，促进了欧洲重化工业的兴起。在此基础上，建筑业、建筑材料业、印刷业进一步兴起，使欧洲的工业化向纵深方向发展。两次世界大战加速了欧洲的工业化，在技术创新中出现了有目的的研究，许多大型企业都建立了自己的研究部门，工业企业的组织形式发生了变化，向超大型企业的方向发展，自动化和数字化成为欧洲工业化发展的新因素。

美国的工业化是从南北战争期间发展起来的，在这一时期由于北部新兴的大型企业的创立，电报网和更多铁路的建造，促使了钢铁、军备、造船、纺织、服装工业进入了繁荣时期。从南北战争结束到第一次世界大战期间，美国工业进入到了大企业时期，交通运输业的发展，钢铁市场的扩大，电力的广泛运用，金融业的发展，使工业资本和金融资本结合起来，促使了大型企业的成长，产生了股份公司，出现了托拉斯、康采恩等垄断集团组织。二战期间，美国新兴工业不断涌现，飞机工业、机器制造业、化学工业、电子工业迅速发展，从而成为世界工业的领导。在工业化发展的基础上，美国从 20 世纪 50 年代开始掀起了数字化浪潮，"其标志是电子计算机与电信相结合的信息网

---

① 沈坚：《近代法国工业革命新论》，中国社会科学出版社 1999 年版，第 2 页。
② ［德］鲁道夫·吕贝尔特：《工业化史》，上海译文出版社 1983 年版，第 52 页。

络的普及以及数字产业的发展"。① 特别是 20 世纪 90 年代以来，美国新经济的出现，使美国工业化的发展进入了一个新的时期，使其成为当代世界工业化方向的领导者。

从西方发达国家工业化的历史过程来看，20 世纪 70 年代欧美各国走完了以"采掘和利用天然化学物质"的旧工业时代，进入到了"人工创造和利用化学物质"新工业经济时代，新的科技革命促进了新的产业革命，改变了旧的产业结构，形成了产业的高知识化和高新科技化，"以智能化的微制造科技为主导的新科技革命，以人工生产化学物质，亦即物质的深层次循环式生产和利用为主要标志的新生产力和新产业革命，以社会化、全球化为主要特征的社会体制革命，以及以形成人类与自然相统一的大自然价值观和人类创造价值观为核心的观念革命"。② 使欧美国家的工业化进入到新工业革命时代，在新工业经济时代，数字化与工业化有机结合起来，工业化为数字化提供了基础，数字化带动了工业的现代化发展，两者相互推动，形成了世界工业化发展的新趋势。综观西方发达国家工业化发展的道路，其特点有以下几点。

（1）它们都是在私有制的基础上，依靠个人力量自发地发展起来的。英美两国实现工业化，都处在资本主义自由竞争时代，市场经济较发达，资本的积累和集中以及人口的持续增长，为工业化发展创造了条件，加上土地所有权变革及英国在贸易方面的强大地位，为通过个人力量的自我扩张来实现工业化奠定了基础，引发个人投资来推动工业化。

（2）工业化发展的直接目标是追求利润。在资源配置上，政府干预极少。厂商的本性就是为了追逐利润，工业化发动是由私人发动的特点所决定的。政府的干预极少，而且还采取贸易保护主义措施，限制进口，鼓励出口，促使本国工业化顺利进行。为了追求利润，英法等国特别重视"利用国内和国外两个市场，更多的是利用本国市场，在开拓本国市场的同时不断开拓国外市场"。③

（3）工业化所需的资本主要来自对国内外的掠夺。英国的资本原始积累主要是通过"圈地运动"及大规模的对海外殖民地掠夺进行的。

① 宋海龙：《走新型工业化道路的思考》，载于《科学管理研究》2003 年第 1 期。
② 韩民青：《论新工业革命》，载于《光明日报》，2003 年 5 月 11 日。
③ 沈坚：《近代法国的工业化新论》，中国社会科学出版社 1999 年版，第 1 页。

而美国则通过黑人奴隶贸易，掠夺及剥削印第安人进行的。投资方向和规模受利润的引导和制约。工业化进程是棉纺织品→轻工业→重工业→交通运输和其他产业部门。

（4）先污染，后治理，再向发展中国家转移是发达国家工业化的资源使用方式。发达国家在工业化过程中，在推进工业化和重工业化时也出现了资源的高消耗和环境的高污染，"但那时欠发达国家处于农业社会，发达国家可以通过掠夺欠发达国家的资源来实现工业化。现在发达国家正在进行结构性转换的一个方面就是将高污染的行业转移到欠发达国家"[①]，一方面通过污染行业的转移，另一方面通过提高工业的技术含量，降低资源消耗，推行柔性化生产方式来实现绿色发展，改变工业发展的资源环境条件。

（5）技术革命和产业革命是其工业化的推动力量。每一次工业革命时期都会出现能够对经济社会产生重要影响的通用目的技术，并带来技术—经济范式的改变，成为世界各国加速工业化或工业提质增效的契机。从欧美国家工业化道路的历史进程来看，其工业化的每一次重大发展都是在技术革命和产业革命的基础上来实现的，在两次世界大战之前的两次科技革命基础上产生的产业革命、思想革命和社会的变革都为欧洲工业化的发展提供了准备，二战以后产生的新技术革命，促使了信息化的发展，为欧美国家的工业化赋予了新的内容，工业化与信息化是前后相继完成的两大任务，工业化是欧美发达国家发展信息化的基础，信息化是其工业现代化发展的标志，这些国家是在工业化发展的基础上自然地进入到信息化阶段的，工业化为其数字化的发展提供了物质基础，培养了专业人才。数字化改变了工业的产业结构，形成了工业产业结构的高知识化和高科技化。当前新一轮科技革命和产业变革突飞猛进，一批新的数字技术相继涌现，并且得到广泛应用。数字技术已经成为强大的赋能技术[②]，数实融合成为工业的鲜明特征，数字化成为新型工业化的重要动力。

## （二）发展中国家工业化道路及其特点

"二战"以后，随着发展中国家政治的独立，经济也开始走上独立

---

① 洪银兴：《新型工业化道路的经济学分析》，载于《贵州财经学院学报》2003 年第 1 期。
② 李晓华：《数字化是新型工业化的时代特征》，载于《新型工业化》2023 年第 5 期。

自主的发展道路，从 20 世纪五六十年代开始，发展中国家开始通过工业化来促进民族经济的发展。发展中国家的工业化是在世界经济发生巨大变化的背景下来进行的，发达国家的工业化进入了高级阶段，世界工业技术走向成熟，新的工业领域和工业部门不断地在产生，国际经济技术一体化初步形成，世界贸易广泛展开。在这种背景下发展中国家开始了自己的工业化，因而发展中国家属于后进型工业化国家，他们是在一个国际经济关系发生了根本性变化的世界中开始了自己的工业化。在发展中国家的工业化过程中，20 世纪五六十年代发展中国家以恩格尔定律、刘易斯的二元经济理论、普雷维什的贸易条件恶化论、赫尔希曼的平衡发展理论为依据实行工业化，认为发展中国家经济发展的关键是优先发展工业。总体而言，发展中国家工业化道路的特点如下。

（1）在工业化的次序上，遵循轻纺工业—重化工业—深加工工业的发展顺序。以轻工业的发展为积累资金，来支持重化工业的发展，在此基础上向重化工业领域发展。20 世纪 60 年代，发展中国家获得独立以后，首先选择了纺织业、成衣业、食品业等劳动密集型的生活资料产业，以解决发展中国家当时所面对的失业和对消费品的依赖。20 世纪 70 年代在制造业和劳动密集型产业发展的基础上，许多发展中国家的政府积极采取措施鼓励发展家用电器、化学仪器、炼油、电力和煤炭等资本和技术密集型工业。20 世纪 80 年代以来，针对新科技革命的挑战，工业化的重点开始转向技术密集型产业，如汽车、造船、化工和电子工业。

（2）在工业化方式上，实行了三种工业化方式：一是由进口替代转向外向型的工业化方式。以巴西、智利为代表，国内制造业的投资由私人和政府共同负担，国家实施一套刺激机制，把企业的投资引向所期望的方向，以进口替代作为工业化的开始。在此基础之上，不断提高质量，增强国际竞争力，再转向出口，实行外向型的工业化。20 世纪 80 年代以来，这些国家都以"私有化""自由化""国家化"为中心对外向型战略进行了补充和深化，政府放松对经济的控制，重视市场机制对经济的调节作用，减少国家对工业化的直接干预。放松贸易保护，扩大进口，鼓励出口，并实行有利于出口的汇率政策。二是通过集中发展资本品和中间产品来实施工业化。如印度、苏联和中国，他们认为发展中国家的工业主要是初级商品，利润少，竞争力弱，出口困难，在工业化中要优先发展资本品和中间产品，依靠自己的力量建立自己的工业化基础，并在工业化实施中发挥政府的主导作用。三是出口导向的工业化方式。以韩国和中国台湾为例，在经济开放程度大大提高，比较利益充分发挥的基础上，以出口导向为方式实施了工业化。

（3）在工业化战略上，发展中国家都实行了赶超战略。发展中国家经济独立以后，为了建立自己独立的国民经济体系，都实行了赶超型的工业化战略，在赶超型战略的实施中，一方面都采取高度集中的计划经济体制，通过国家力量推进工业化进程；另一方面为了实现赶超战略，忽视了资源的合理利用、生态环境的保护，以资源的高消耗和生态环境的严重破坏为代价来实现赶超型的工业化战略。同时由于实行工业化的赶超战略，单方面地考虑了工业的发展，忽视了农业的改造，形成了大量过剩的劳动力，形成了严重的失业。

## 二、世界工业化发展的新趋势及其对中国工业化的挑战

当前以人工智能、大数据、云计算、物联网等信息技术应用为代表的第四次产业革命已拉开序幕，数字经济极大解放生产力。随着人工智能的迅速发展和技术突破，AI 大模型成为当前科技领域的热门话题，大模型成为新工业革命的驱动力[①]。在这种背景下，世界工业化出现了新的趋势。

### （一）世界工业化发展的新趋势

从世界各国工业化发展的情况来看，不论是发达国家还是发展中国家，其工业化道路各有其特点。但是从 20 世纪 80 年代以来，世界经济发展中的数字化、全球化、市场化、生态化趋势日益明显。由于新的科学技术革命的出现，知识经济的兴起和数字化浪潮的迅猛发展成为世界经济和社会发展的大趋势。电子技术、计算机的发明、信息技

---

① 周鸿祎：《AI 大模型：新工业革命的驱动力和中国发展的新机遇》，载于《新经济导刊》2023 年第 3 期。

术以及以信息技术为主导的新产业群的兴起，使新材料、计算机、网络、自动控制、激光、人工智能等技术成为世界经济发展的巨大推动力量，改变了传统经济的增长方式，极大地推动了人类社会向数字化时代迈进，使经济发展的动力建立在知识的基础之上。随着世界经济结构的调整与转换，要素的跨国流动和各国经济的相互依存程度也日益加深，全球化也对世界工业化产生着深远的影响。同时市场化也成为世界工业化发展的一个显著特征，特别是发展中国家在总结早期通过国民经济计划化来实现工业化得失的基础上，开始转向市场化，通过发挥市场机制的作用来促进其工业化。与此同时，绿色发展观念日益深入人心，世界各国在总结传统工业化造成生态环境破坏，从而危及到人类生存的教训基础上，提出了绿色发展原则，强调在生态环境保护和资源有效利用的基础上来实现工业化。数字化、全球化、市场化和生态化的趋势不仅改变了世界工业的生产方式，而且使得世界工业化从传统工业时代的旧工业化向新工业时代的工业化转变，使世界工业化出现了新的趋势。

（1）数字化产业的迅速发展。在传统工业时代的旧工业化中，物质材料、能源和信息是其基本的三项资源要素，在新工业时代的工业化中，数字技术成为世界工业化的关键技术，高度发达的数字技术使数据的投入可以在某种程度上替代物质材料和能源的投入，价值和社会财富的增长可以通过知识和数据的投入而实现，通过使用更多的数据和信息，使产品中的物质含量减少，信息含量增大。数字技术、数据以及人力资本在经济发展中起着非常重要的作用，在现代化和工业化发展中，数据日益成为重要的生产要素。由于知识经济和数字技术的发展，改变了旧的产业结构并形成了新的产业结构，促进了数字经济产业的广泛兴起，在新工业经济时代发达国家的产业结构中，渗透于国民经济各个领域的数字产业日益成为占主导地位的产业，数字化产业在国民经济中的比重不断上升。伴随着数字化产业的兴起，在发达国家中出现了庞大的数字经济人才队伍，世界就业人口中从事数据的生产、分配、流通和交换的数据工作者的人数在迅速增长，数据工作者成为新工业经济时代工业化发展中的劳动力主体。

（2）促使了一大批高新技术产业的发展。以数字技术为核心的高新技术革命将继续推进新的产业革命，并赋予工业化新的内容。在新工业经济时代的工业化中，不仅促进了数字产业的发展，而且促使了一大批高新技术产业的兴起，推动全球产业格局的大调整。引起了集成电路产业、计算机产业、通信业、软件业和信息服务业等新兴产业的发展，成为世界经济的增长热点和推动产业结构调整的基本力量。全球制造业正从以机器化、标准化、规模化为主要特征的传统制造时代向以智能化、数字化、柔性化为主要特征的先进制造时代迈进，工业机器人、数字制造、增材制造等成为最活跃的前沿领域。在这种背景下，一些国家开始调整自己的产业政策，把数字技术及其数字经济新兴产业作为自己产业结构调整的方向。

（3）经济全球化改变了工业化的方式和进程。20 世纪 80 年代以来，世界经济发展过程中出现了新的现象，跨国金融交易日益增长，全球贸易量迅速上升，全球生产迅速一体化，经济全球化已经成为世界经济发展中的一大趋势。经济全球化对发达国家和发展中国家工业化的方式和进程产生了重要影响。从发达国家来看，经济的全球化使发达国家的贸易自由化和区域集团化同时并存，相互作用，使发达国家的资本经济转变为知识经济，信息技术和数字产业的地位日益提升，极大地改变了发达国家工业经济竞争力的特征、范围以及企业层次上的组织结构，影响着发达国家的工业化进程。从发展中国家来看，"经济全球化对发展中国家工业化的影响主要表现为工业化方式的转换"[①]，过去发展中国家的工业化主要依靠本国的自然资源条件，其工业品的市场需求以国内市场为主，出口技术水平相对比较低的产品。在经济全球化的过程中，市场需求由国内转向全球，原有基于自然资源和廉价劳动力的比较优势难以维持其竞争力，需要寻找新的竞争优势，这是发展中国家工业化发展的关键。

（4）世界性产业结构的调整和产业转移趋势。发达国家由于制造业成本的增加、环境压力的增大和产业结构的升级，制造业从总体上呈现出递减的趋势，跨国公司在发达国家的重点从产品制造转向了研究开发和为客户服务，制造业则转移或者外包。这样在世界范围内形成了工业产业结构调整和产业转移的趋势。发达国家的工业结构由资源密集型和劳动密集型部门转向了资本密集型和技术密集型部门为主，

---

大量制造业转向了发展中国家。全球性的产业结构调整和产业转移对中国而言，既是挑战也是机遇，近几年中国制造业占世界的份额不断在上升，但是中国制造业没有核心技术，企业规模小，产出率低于发达国家、劳动生产率也比较低。新一轮产业变革引发抢占发展先机的激烈竞争。世界各国普遍加大了科技创新与产业变革的力度，以抢占新一轮科技和产业竞争的制高点。美国提出制造业复兴框架和国家创新战略，欧盟则提出"2020 智慧、可持续、包容增长"战略，其他如韩国、印度、巴西、俄罗斯等也都提出了新兴产业发展的重点。因此，在世界性的产业结构调整和产业转移的压力下，要积极促进技术进步，在制造业转型升级的背景下进行结构升级。

（5）绿色发展原则对世界工业化的发展形成了新的约束。世界各国传统的工业经济增长是以粗放型为起点的，这种工业化方式造成了资源的不合理使用和浪费，形成了生态环境的严重破坏。20 世纪 80 年代以来，世界各国在总结传统工业化经验教训的基础上，提出了绿色发展理论，要求把经济增长和工业化的发展建立在生态环境保护的基础之上。这一原则提出以后迅速为世界各国所接受，尽管目前在绿色发展的实践中，发达国家强调持续性，发展中国家强调发展，存在着不一致性，但是这一原则在当前世界工业化发展中已经成为被广泛接受的理念，对世界工业化发展的方向形成了新的约束。特别是目前气候变化已经成为人类健康以及全球经济活动的主要威胁，世界各国纷纷制定降碳减碳战略目标，力图抢占绿色低碳发展先机和战略制高点。绿色技术驱动的工业大变革正在到来，这场变革将以新能源广泛利用为基础。

**（二）世界工业化发展的新趋势对中国工业化的挑战**

中国的传统工业化是在计划经济体制背景下，在封闭性的环境中利用本国资源，通过国家工业化的方式发动和推进的。从世界工业化发展的趋势来看，世界工业化已经进入到了一个以新工业革命为背景的数字化时代。但是中国经典工业化的任务还没有完成，工业化的主体进入到了中期阶段，部分地区进入到了高级阶段，还有部分地区仍然处于初级阶段，与世界工业化发展相比较，还有很大的差距。"随着第四次工业革命的到来，世界经济秩序在动态中不断调整，全球经济新格局正在形成。'大政府'取代'大市场',贸易保护取代贸易自由,全球价值链的本土化、区域化取代全球化,数字经济取代传统经济"①。世界工业化发展的新趋势给中国的工业化带来了很大的挑战。主要表现为以下几点。

(1)数字经济的挑战。自第一次工业革命开始以来,技术变革一直是塑造世界经济的一个重要因素,当代工业化发展的根本推动力是新技术革命,新技术革命则以数字技术、人工智能为标志,在新的更高的层次上极大地提高了社会生产力,促使社会生产由机械化、电气化和自动化向数字化、智能化发展。我国经典工业化的任务没有完成,又遇到了数字经济时代工业化的挑战,技术层我国数字经济关键核心技术创新亟待增强,应用层我国数字与实体经济融合程度有待提升。

(2)全球化的挑战。中国工业化发展面临着经济全球化的挑战,经济全球化的核心内容是生产全球化,在经济全球化诸方面内容中,生产全球化居于核心地位,生产不仅决定流通,而且从根本上决定资源在全球范围内的流向和力度。在生产全球化发展中,境外生产在越来越大的程度上替代了传统的出口贸易。我国企业基本上还停留在国内生产、国内销售和国内生产、国际销售的传统状态之中。经济全球化加大了中国工业经济在世界市场上的经济竞争难度。经济全球化的本质是市场经济和市场竞争的全球化,在全球化背景下,市场竞争将更为激烈。而中国作为一个发展中国家,在全球化的竞争中,竞争的劣势是技术劣势和综合实力的劣势,世界工业化发展的新趋势加大了中国工业经济在世界市场上的竞争难度。

(3)工业经济竞争力的挑战。与国际工业化水平相比较,我国的工业存在着巨大的差距。在工业生产效率方面,工业的劳动生产率、工业增加值率、与世界先进水平相比也有较大的差距。同时工业的生产设备、产品质量、研究和开发能力与国际水平相比较差距更大,这在技术密集型产业和高新技术产业中表现得特别突出。特别是在研究和开发能力方面,技术开发投入不足,由于研发投入不足,制约了我国工业技术水平的提高,影响了我国工业的国际竞争能力。

(4)绿色发展的挑战。在传统工业化的实现中,为了在短时期内

——————————

① 程恩富,宋宪萍:《全球经济新格局与中国新型工业化》,载于《政治经济学评论》2023年第5期。

建立工业化基础，忽视了成本—收益核算，以高投入、资源的高消耗和环境的严重污染为代价建立了工业化，造成了资源的过度消耗，生态环境的严重破坏。而目前世界工业化发展的趋势之一是以绿色发展为基础，坚持保护环境和保护资源，把控制人口增长、提高人口质量和追求经济增长放在同等重要位置，在工业化发展战略上要做到人、环境、资源的协调发展，走绿色发展道路。绿色发展道路的核心是绿色制造，目前产品设计绿色化、工艺材料绿色化、制造工艺绿色化、产品包装绿色化、处理回收绿色化都已经成为实现绿色制造的有效方式，这给中国的工业化带来了严重的挑战。

## 三、中国新型工业化道路的内涵

自党的十六大提出走新型工业化道路以来，党的历次代表大会都提到新型工业化。党的十八大以来新发展理念对新型工业化提出了新的要求，党的二十大把新型工业化作为 2035 年基本实现现代化的一项重要指标。2023 年 9 月全国新型工业化推进大会把新型工业化作为推进中国式现代化的重要任务，当前强调的新型工业化与 20 年前党的十六大提出的新型工业化是不同的内涵，当前新型工业化是中国式现代化陪伴下提出的，是推进中国式现代化的重要任务，数据称为新元素、创新成为新驱动力，协调生长成为新思路，新一代数字技术成为新的驱动力，把数字经济作为新的引擎，以四化同步协调为新特征，以绿色低碳为底色。党的二十大和全国新型工业化大会之后，理论界和实际工作部门对新型工业化进行了多方面的研究，在新型工业化的内涵、特征和实现途径等多个方面提出了不同的认识。新型工业化是中国特色发展经济学的基本命题，在新型工业化的内涵上我们认为需要从经济学视野中去认识，并结合新技术革命和新产业革命的背景，从新发展阶段的经济发展需要理解其内涵。

### （一）产业融合：新型工业化道路的产业内涵

新型工业化是为了迎接世界数字化的潮流而提出的我国工业化发展的新方向，目前世界发达国家相继完成了工业化任务，开始进入数字化时代。而中国经典工业化的任务还没有完成，又遇到了数字化的挑战，为了迎接数字化时代的挑战，我们提出了走新型工业化道路的任务，以实现工业化路径的转型。

数字化和全球化一样是当前世界经济发展的主要潮流，在数字产业的国际竞争中开始注重通过合作、合并与并购，实现跨产业、跨地域和超空间的渗透，形成了产业融合的趋势。产业融合是高新技术及其产业作用于传统产业，使两种产业合并成一体，逐步成为新产业的过程。产业融合之所以产生是基于三个方面的原因：一是高新技术的产业化为产业融合提供了技术基础和产业基础，由于高新技术的发展，电子信息技术与其他技术相互渗透，在产业融合过程中不断出现了新的产业和产业生长点。由于新产业的不断出现，传统产业抓住机遇，使传统产业的战略调整和产业重组成为产业融合的重要内容，不仅使资本密集型产业的数字技术含量提高，而且劳动密集型产业中数字技术含量也在提高。二是产业结构的高度软化趋势。依据产业结构理论，在工业化发展中工业化的次序是轻纺工业阶段—重化工业阶段—高新技术工业阶段，在工业化后期由高加工工业向高信息技术过渡时，产业结构将出现软化趋势，产业结构的软化趋势意味着产业向混合方向发展，非物质产业向物质产业渗透，非物质产业在产值构成中的比重在不断提高，与此同时产业的界限开始模糊，彼此相互融合。三是大型企业组织的不断出现。大型企业和跨国公司是推动产业融合发展的主要载体，大型企业和跨国公司具有研发组织，是推动技术进步的主要动力，这些大型企业和跨国公司会不断加大科技投入，运用科技创新推动了产业融合的发展。同时跨国公司在国际范围内优化布局，把国际分工转变为了企业内部的分工，使过去的产业分立转变为产业融合。产业融合的出现首先改变了传统的产业组织，使产业内部的竞争逐步演变为产业之间的竞争，竞争将会更加激烈，行业界限逐步淡化，产业边界逐步收缩。

新型工业化是以数字化的发展带动工业化，其本质通过产业融合来带动工业化的跨越式发展。产业融合是在信息技术和高新技术发展的前提下产业边界收缩的动态化过程，由于产业融合的发展使传统工业化的机制发生了重大的变化，形成了新的工业化效应：扩展了竞争的范围，促进了多元新兴部门的兴起，由纵向一体化转为横向一体化，形成了工业经济效益提高的新途径。产业融合是新型工业化的本质属性，在走新型工业化的过程中，需要采取积极的措施推动产业融合的发展，通过产业融合推进我国的新型工业化进程。通过产业融合推进新型工业化进程需要进行工业化发展战略的转变。新型工业化中的产业融合是在数字化与工业化互动发展的过程中产生的，产业融合是数字化发展的结果，数字化是产业融合发展的前提条件。因此，在新型工业化的实现中，要促进产业融合的发展，必须首先促进数字产业的发展，创造产业融合的基础条件。

### （二）产业链的整合：新型工业化道路的目标内涵

在走新型工业化道路的过程中，提高经济效益的关键是要实现经济结构的高度化，工业经济结构高度化的本质是产业链的整合与提升。通过产业链的整合以提升在同一产业内形成具有连续追加价值的产业价值链关系，产业链的延伸与整合是提高整体产业竞争力和产业经济效益的关键。因此，在走新型工业化的过程中，要提高工业技术含量和工业经济效益，就必须进行产业链整合，提高产业链的刚性与安全，使产业结构向具有高产业利润和高附加值的产业上游转化，促进产业价值链的升级。

产业链是由迈克尔·波特于1985年首先提出的，他认为企业创造价值的过程可以分解为设计、生产、营销、交货以及对产品起辅助作用的一系列互不相同但又互相关联的经济活动的总和构成了产业的价值链。尽管一个产业中企业的价值链可能会因为产品线的特征、买方、卖方、地理区域或分销渠道的不同而有所区别，但是在同一产业的不同产业层级上均有相似的价值链。产业链从微观上来说是指一个企业的供应链，而从宏观上则是指产业链。产业价值链是指某一行业中从最初原材料到初步加工、再从精加工到最终产品以及到达消费者手中为止的整个过程中价值的分布和关联。价值链在产业链上的分布是不均衡的，一般地，根据产业链上各个环节上的联盟关系，将产业链分为：上游、中游和下游。上游是整个产业价值链的龙头，是产业的技术和工业标准发布地，属技术密集型，具有很强的行业壁垒，上游环节掌握了行业的关键技术，具有很强的技术密集型特点，以及强大的核心竞争力，占据了产业内的最大利润地盘。位于产业中游的是生产厂商，主要是依据上游提供的标准来生产主要部件，对下游企业提供的初级加工产品进行精加工。由于产业上游提供的技术标准使配件已标准化和模块化，一般产业的中游环节的技术含量不高，关键技术和核心技术掌握在上游产业的厂商手中，处在产业中游厂商的技术升级的压力较小，但成本和规模生产的压力较大，基本属于劳动密集型。从利润来看，技术创新给中游厂商带来的超额利润极为有限，即使有也难以维持持久的领先地位，但因为新技术的扩散速度非常快，多数中游厂商都愿意扮演技术追随者的角色，中游厂商的利润主要来自规模经济和专业化生产，而不是技术进步。下游产业对技术、资金、规模的要求极低，进出壁垒也比较低，处于完全竞争市场结构之中。下游产业主要是为中游产业提供零部件加工、配套产品的加工，在激烈的市场竞争中，下游商家往往处于一种"两头被夹"的境地。

在工业化发展中，产业结构的高度化是指产业结构随着需求结构的变化与技术进步逐步向更高一级演进的过程。产业结构的高度化一般需要经历三个阶段：产业结构的重化工阶段、高加工度阶段、知识技术高度密集化阶段，通过产业结构的高度化使工业化由低加工度化、低附加值化、低技术集约化、工业结构的硬化向高加工度化、高附加值化、高技术集约化和工业结构软化方面转化。从产业链的角度来看，工业结构高度化的实质是产业链的延伸和整合过程：一方面工业结构的高度化首先表现为产业链的延伸；另一方面工业结构的高度化表现为产业链的整合。在新的地域空间和产业空间上重新构建与调整产业链环的联结状态，使产业链的环节由低利润区延伸到高利润区，并在高利润区形成产业集聚和企业集群。产业链的延伸和整合具有双重经济效应：一方面产业链的延伸和整合促进了区域工业化的产业结构高度化，使区域工业产业结构由低价值产业区进入高价值产业区，由单一的产业结构演变为多元化的产业结构，为区域经济竞争力的提升奠定了基础；另一方面产业链的延伸和整合促进了工业经济效益的提高，使工业化的经济增长方式由粗放型的规模扩大转变为以技术集约而形成的质量和效率的提高。

这些工业领域虽然发展较快，但是技术含量低，在产业链中处于低端低附加值的层次上，与发达国家相比较，在技术装备水平、生产加工技术、研究开发水平、劳动者素质以及由此引起的劳动生产率、综合生产率、工业增加值、产品的技术水平等方面差距较大。不仅制造业与发达国家存在着差距，而且一般制造业和加工工业也存在着差距；近几年以来，我国高新技术产业也取得了积极的发展，电子及通信设备制造业是我国制造业中的新兴产业，从产业链来看，我国高新技术产业的产业层次也比较低，微电子产业仍以芯片代工为主，IT产业以总机装配为主，生物医药产业的产值也以加工业的产出为主，居于产业附加值较低的环节。具有高新技术产业的属性，但没有高利润，我国高科技产业缺乏核心技术部分的研发、生产、制造和销售能力。在我国的工经济结构中，外资企业占据了很大一部分，特别是我国的高新技术产业是通过引进外资和中外合资的形式建立起来的，随着改革开放的进一步深入，投资环境的不断改善，外商直接投资进一步增加，但是从引进外资行业的产业链来看，总体发展格局仍以外商投资企业为主导，核心技术和关键设备则主要依赖外商或进口，产品亦主要以中低档为主，产品附加值普遍较低，甚至有些加工原料主要来自进口，产品销售还要依赖外资企业的销售网络。外商投资的高新技术行业，出于加强全球竞争力的战略考虑，跨国公司不愿向相同的产业"外溢"技术，中方无缘接触到技术的内核，使不少企业未能通过合资方式吸收和消化先进技术，自主研制开发能力不强，遏制了产业技术进步和实现技术超越的潜力。

新型工业化的发展需要促进经济结构的高度化和经济效益的不断提高，而经济结构的高度化和经济效益的不断提高需要整合产业价值链。21世纪价值链竞争将成为区域产业竞争的主要特征，整合产业价值链，对于工业经济结构的高度化和新型工业化的实现具有决定性意义。因此，在走新型工业化的过程中，要以产业价值链的整合为目标，以"技术吸纳能力的提高和技术创新能力"的增强为手段，推进工业结构的高度化。

### （三）农业的工业化：新型工业化中的继续工业化

农业的工业化是新型工业化不可缺少的环节，意味着新型工业化的再工业化，在走新型工业化的过程中必然要重视农业的工业化。我国是在传统农业部门没有得到根本改造时提前发动工业化的，同时我国传统工业化的次序是以重工业为主，重工业的发展超过轻工业，这种工业化发展的次序单方面地考虑工业自身的发展，忽视了工业对农业的带动，把农业的发展排除在工业化之外，强化了二元经济结构，使大批劳动力滞留在农业领域，使大量农业过剩劳动力无处转移。因此，在走新型工业化的过程中要总结中国传统工业化的经验教训，正确处理好城市与农村、工业与农业的关系，把农业的工业化作为新型工业化不可缺少的内容。新型工业化的目标具有二重性，一方面要促进工业的数字化，提高工业的现代化水平；另一方面要加快完成工业化的任务。总体来看，我国工业化的任务还没有完成，主要是农业产值和农业从业人员的比重高。因此，在新型工业化的实现过程中要大力发展农村工业化，加快对传统农业的改造，加速完成工业化任务。

农业的工业化是实现充分就业的重要途径。实现充分就业不仅意味着要在城市中降低失业率，减少显性失业，而且还意味着要降低潜在的失业。在我国的就业问题中，农村剩余劳动力的有效转移就是解决潜在失业，从而实现充分就业的一个重要表现。我国人口基数大，农业人口众多，随着农村的改革开放和农业劳动生产力的提高，农村的过剩劳动力大量出现，这部分过剩劳动力随着农村经济的放开搞活，农村的非农产业的发展，转移到了乡镇企业和城市非正规部门中，它们主要从事农产品的加工、运输、小型建筑等工作。因此，在新型工业化道路的实现过程中，要重视农村的工业化，通过农村的工业化转移大量过剩的劳动力，促进我国充分就业的实现。

农村工业化是新型工业化任务中加快完成工业化任务的内容。发展经济学对工业化有不同的界定，钱纳里把工业化定义为：第一产业比重的下降和第二产业比重的上升所形成的结构性变化过程。中国发展经济学的奠基人张培刚先生认为国民经济中一系列基要生产函数连续发生由低级到高级变化的过程，不论是钱纳里的定义，还是张培刚的定义都把工业的发展和农业的现代化包括在内，把对传统农业的改造和现代工业的发展都看成是工业化发展的内容。农业的工业化既然是工业化的内容，也必然是新型工业化的重要内容。新型工业化不仅是指工业单方面的发展，而且还是指中国经济在转型背景下，在实现与社会转型、经济增长方式转型、经济体制转型相适应的经济发展方式的转型。因此，在新型工业化道路的实现过程中，要强调农业的工业化，把农业的工业化作为新型工业化的重要内容之一，通过农业工业化实现继续工业化。

## （四）工业化质量的提高：新型工业化中的再工业化

工业化是经济发展的主题，任何一个国家的经济发展都不可能脱离工业化阶段。但是在一个工业化的发展中，工业化是有阶段性的，在工业化的不同阶段，工业化的方式是不同的，从而工业化的特征也具有差别。

在工业化引入时间性的阶段因素之后，工业化可以分为初次工业化和再工业化，初次工业化是落后地区初次开发过程中的工业化，这些地区的产业结构是以农业经济为主的，为了将其产业结构转变为以工业为主，需要努力推进工业化进程，因此一次工业化的实质是推进工业化进程，加速完成某些地区的工业化。而再工业化是在工业化发展有了一定基础的情况下，为了提升工业竞争力，依据技术进步的需要和市场结构变化的需要对工业经济结构进行调整，或者对工业化有了一定发展的地区或者某些行业的工业化进行再开发与再发展的问题。从一般意义上而言，工业化是一个结构转变的过程，是指传统农业社会向现代工业社会转变的过程，是工业化发展到一定阶段之后，依据自然条件、技术条件、市场需求条件以及社会经济的综合条件而对原有工业化道路、发展方向、经济向结构等进行重大调整，并在此基础上充实工业化的产业基础和提高产业素质，在更高层次上推进工业化的过程。在世界工业化发展过程中，再工业化具有一般性，发达国家和发展中国家在工业化发展到一定阶段之后都要依据技术的变化、市场的变化进行工业化发展的结构调整，从而在原有工业化发展的基础上进行二次工业化，二战后美国传统工业开始步入衰退阶段，传统产业内部再没有出现重大的新技术，传统工业部门产量总体上呈下降趋势，在世界份额同步降低，逐步丧失了在世界的领先地位。在这一情况下，从 20 世纪 70 年代开始美国对传统产业进行了数字化改造，改造的目的在于应用战后新技术革命的成果，将信息技术推广到各个部门和领域，使传统工业部门再工业化，升级为技术密集型产业，给传统产业带来生机和活力，促进国民经济向更高的技术层次转化。信息技术不断向传统产业渗透，成为美国传统产业重新焕发生机的主要推动力。20 世纪 80 年代以来，发展中国家的工业化在经过 40～70 年代的发展之后，在 20 世纪 80 年代开始进行工业经济结构的调整，实施经济改革，这也是一次典型的再工业化。一次工业化是再工业化的基础，再工业化是在一次工业化的产业基础上的一次再开发和进一步发展，是工业化由比较优势向竞争优势的转化过程。

中国再工业进程已经越过了 20 世纪 80~90 年代以轻纺工业为主要经济拉动力的一次工业化发展阶段，今后要进入到再工业化阶段，再工业化阶段能源、原材料、成套设备、高性能机械装备制造业、交通设备制造业等资本技术密集型产业将成为拉动中国经济增长的主要动力，新一代数字技术成为新型工业化的驱动力，数字经济成为新引擎，智能制造成为新的生产方式。在新型工业化的再工业化中要加快老工业基地的振兴、传统工业的技术改造、工业结构的调整和工业布局的优化，运用数字技术推动产业数字化进程，实现传统工业化中的产业基础能力高级化和产业链现代化。

### （五）经济发展方式的转变：新型工业化的路径转换

转型发展是中国经济发展的典型特征，中国经济发展中的转型包括由传统社会向现代社会的转化的社会转型，由计划经济体制向市场经济体制转变的体制转型，由粗放型经济增长方式向集约型增长方式转变的经济增长方式的转型，由传统工业化向现代工业化转变的经济发展方式。进入 21 世纪，面对世界经济发展的新趋势，中国经济在体制转型、经济增长方式转型以及由此而引起的社会转型的基础上开始进入到发展型式转型的阶段，新型工业化就是发展型式转型的具体表现。因此，对新型工业化不能仅仅从工业经济发展的视角去理解，而应放在经济转型的背景下，从经济发展型式转型的角度去认识。

一方面，20 世纪 80 年代以来，世界经济发展中的数字化、全球化、市场化、生态化趋势日益明显。由于新的科学技术革命的出现，知识经济的兴起和数字化浪潮的迅猛发展成为世界经济和社会发展的大趋势，这些趋势改变了传统经济的增长方式，极大地推动了人类社会向数字化时代迈进，使经济发展的动力建立在知识的基础之上。随着世界经济结构的调整与转换，要素的跨国流动和各国经济的相互依存程度也日益加深，全球化也对世界工业化产生着深远的影响。与国际工业化水平相比较，我国的工业存在着巨大的差距。在企业规模方面，我国独立核算企业、国有企业、规模以上的非国有企业的平均生产规模都比较小，化学工业、石油加工业、钢铁工业的平均规模的国际差距很为突出。在工业生产效率方面，工业的劳动生产率、工业增加值率、与世界先进水平相比也有较大的差距。同时工业的生产设备、产品质量、研究和开发能力与国际水平相比较差距更大，这在技术密集型产业和高新技术产业中表现得特别突出。目前我国虽然具有了世界工业化中期阶段的典型特征，但是我们也还要看到，要实现新型工业化还有许多艰巨的任务要完成，不仅要加快工业化的进程，而且要提高工业的现代化水平。因此，中国完成工业化不能通过传统的工业化道路来完成，必须进行工业化发展路径的转型。

另一方面，20 世纪 90 年代以来，经济全球化的特征日益明显。特别是中国加入 WTO 以后，中国经济发展开始融入到国际分工体系中。在开放经济条件下，经济全球化给中国工业化发展带来了一系列挑战：一是经济全球化过程中数字化发展的挑战。经济全球化的根本推动力是新技术革命，新技术革命则以信息革命为标志，在新的更高的层次上极大地提高了人类改造和征服自然的能力，促使社会生产由机械化、电气化和自动化向智能化发展。我国在经济的数字化方面迈出了很大的步伐。但从总体上看，我国工业的技术创新能力还很有限，数字化水平与发达国家相比还有很大的差距。二是中国工业化发展面临着生产全球化的挑战。生产全球化居于经济全球化的核心地位，在生产全球化发展中，境外生产在越来越大的程度上替代了传统的出口贸易。我国企业基本上还停留在国内生产、国内销售和国内生产、国际销售的传统状态之中。三是经济全球化加大了中国工业经济在世界市场上的经济竞争难度。经济全球化的本质是市场经济和市场竞争的全球化，在全球化背景下，市场竞争将更为激烈。而中国作为一个发展中国家，在全球化的竞争中，竞争的劣势是技术劣势和综合实力的劣势。经济全球化的日益深化加大了中国经济在世界市场上的经济竞争难度。面对经济全球化所带来的挑战，我国经济发展要在全球化背景下求生存、求发展就必须进行工业化路径的转型。

我国是发展中国家，工业化仍然是经济发展的主要途径，针对世界经济发展的新趋势以及经济全球化对我们的挑战，我们必须在新型工业化的实现中推动中国新发展阶段工业化发展路径的转型：一是要坚持推动传统产业改造升级和培育壮大战略性新兴产业两手抓，加快发展先进制造业，协同推进数字产业化和产业数字化。二是推动产业升级。加快传统产业的转型升级，培育新兴产业和战略性新兴产业，提高产业链的韧性和竞争力，提升产业链供应链韧性和安全水平。以战略性新兴产业和高技术制造业为抓手，逐步提高高端制造业占比，提高产业基础的现代化和产业链现代化。促进人工智能、大数据、云计算等新一代信息技术与高端生产环节紧密结合，推动数字经济和实体经济深度融合。三是提高创新研发能力。新型工业化是重视自主创新的工业化，新型工业化离不开科技体系的支撑，突出关键共性技术、前沿引领技术与颠覆性技术创新，提升产业创新能力。加大对科研机构和企业的支持力度，鼓励技术创新和研发投入，培养和引进高水平的科技人才，提升自主创新能力。目前重点是推动人工智能赋能新型工业化，要夯实人工智能技术底座。强化人工智能技术在制造业全流程融合应用，着力推动大模型算法、框架等基础性原创性技术突破，提升工业化的智能算力水平。四是推动工业化的绿色低碳转型，按照碳达峰、碳中和目标要求，加强绿色低碳关键核心技术攻关，加快低碳技术研发和推广，推动工业化低碳转型，加快绿色制造体系建设。五是强化政策措施保障，完善新型工业化发展的生态建设，制定和完善相关政策，为新型工业化提供有力的政策支持和保障，包括财政支持、税收优惠、金融支持等，促进产业发展与科技创新、现代金融、人力资源高效协同。六是实现新质生产力与新型工业化的双向融合。新质生产力与新型工业化都是新一轮科技革命和产业革命背景下出现的新范畴，都是中国特色的自主知识体系中的重大创新性理论范畴。新质生产力与新型工业化具有双向互动关系，新质生产力是新型工业化的基础，新型工业化是新质生产力的发展载体，两者在实现条件上要通过科技创新实现双向互动，在过程上通过建设现代化产业体系实现双向互动，在结果上通过实现绿色生产力实现双向互动。

### 第二章

# 发展经济学的工业化理论

工业化既是经济发展主题，也是发展中国家改变贫穷落后面貌的重要途径。作为以研究发展中国家经济发展问题为主的发展经济学，从 20 世纪 40 年代产生以来，就一直重视对工业化问题的研究。因此，总结和评析发展经济学对工业化的理论研究、新进展及其理论贡献，对促进中国实现新型工业化具有十分重要的理论指导意义。

## 一、发展经济学对工业化的理论研究

20 世纪 40 年代随着发展经济学的诞生，发展经济学的先驱们就在理论上研究了发展中国家的工业化，在政策主张上强调工业化。总体来看，发展经济学家对工业化问题的研究经历了以下阶段。

### （一）对工业化问题研究的最初阶段

20 世纪 40 ～ 60 年代是发展经济学的初步形成阶段，也是发展经济学家对工业化问题研究的最初阶段。这一阶段发展经济学的先驱者在对发展中国家经济发展的研究中强调了资本积累、工业化与计划化三个方面的问题。形成了早期发展经济学的"唯资本积累、唯工业化和唯计划化"的特征，他们认为发展中国家通过有效使用资本可以促进城市现代经济部门的扩张，这是发展中国家由落后状态向发达状态变化的途径，并把发展中国家经济发展的机制设计为传统农业部门的缩小与现代工业部门的扩张过程。刘易斯模型认为工业部门是经济发展的主导，决定经济成长的关键是工业部门自身的扩张过程，而农业生产率的提高是工业化的前提条件。刘易斯指出："在一个封闭的经济中，工业部门的大小是农业生产率的函数。"[①] 他认为发展中国家的工业化有三种可利用的战略：一是出口更多的农产品，二是强调国内市场，三是出口制成品。这一时期发展经济学的先驱们把工业化问题推崇到了很高的位置上，大多数发展经济学家都非常关注农业国的工业化问题。1938 年威廉·吕彼克（Wihelm Ropke）发表了《农业国的工业化：一个科学的问题》，1943 年罗森斯坦·罗丹发表了《东欧与东南欧工业化问题》，1945 年曼德尔鲍姆（Mandelbaum）出版了《落后地区的工业化》，张培刚的《农业国家的工业化》第一次运用熊彼特的创新理论系统地探讨了农业国家的工业化问题。而且在这一时期，发展经济学家认为"发展从工业化开始，并且在工业化开始时国家必须承担更大的责任"。普雷维什、纳克斯等认为"市场是不会引发工业起飞的"，亚历山大·格申克龙在其论文《十九世纪欧洲工业化的启示》中指出："在工业化过程中相对范围内存在市场失灵，在刚开始经济工业化的国家必须采取有效措施来推进工业化，甚至代替市场。"[②]

### （二）对工业化道路的反思阶段

通过实施工业化战略，使发展中国家的经济发展有了长足的进展，产值收入有了很大的增长。然而随着工业化的发展也出现了一系列的问题：一是工业化进一步扩大了城乡之间的差别。由于发展中国家的工业化是在传统农业没有得到改造的前提下进行的，随着工业化的实施，工业部门的扩张，城乡差别、工业与农业的差别进一步拉大。二是加剧了失业问题。由于发展中国家人口众多，工业化虽然促进了发展中国家的产值增长，但是工业部门新提供的就业机会赶不上人口迅速增长而导致的就业需求，在工业部门扩张和收入不断提高的引诱下，大量农业人口涌入城市加剧了城市的失业。三是损害了农业的发展。发展中国家的工业化是以工业部门的单向突破来展开的，忽视了对传统农业部门的改造，损害了农业部门的发展，使发展中国家的社会基

---

① ［美］W. A. 刘易斯：《增长与波动》（中译本），华夏出版社 1987 年版，第 227 页。

② ［瑞典］克里斯特·冈纳森、马茨·林达尔：《好的、坏的和摇摆不定的政府形式及第三世界国家的经济表现》，引自《发展经济学新方向》，经济科学出版社 2000 年版，第 293 页。

础发生了动摇。四是忽视了市场机制的作用。早期的发展经济学家认为发展中国家的工业化不能指望市场价格机制对其进行自动调节，需要借助国家干预或计划来进行经济结构的调整，通过结构调整来实现工业化，使发展中国家的经济由一个农业占统治地位的经济结构转向以工业和服务业为主的经济结构，但是 20 世纪 60 年代以来，工业化的实践与经济计划化的预期目标相差甚远，忽视了市场机制的作用、不适当的政府干预、资源配置的无效导致了发展中国家经济增长的缓慢。由于上述问题的出现，20 世纪 70 年代发展经济学家对传统工业化道路开始进行反思，提出了一些新的看法：一是重新定位了农业在工业化过程中的地位。认为农业与农村经济的发展不仅能为加速工业化提供劳动和资本而具有工具价值，而且农业本身的发展也是发展中国家工业化的目标。二是强调市场机制的作用，对工业化进程中的计划化的得失进行了重新评估，重新强调了市场机制的作用。

### （三）对工业化问题研究的深化阶段

20 世纪 80 年代经过反思之后，发展经济学对工业化的研究进入了一个新的阶段。在研究方法上通过历史统计分析与比较分析，把工业化与经济增长联系在一起，研究了影响工业化与经济增长的各种因素。以 H. 钱纳里、S. 鲁宾逊和 M. 赛尔奎因等的合作成果《工业化和经济增长的比较研究》为代表，发展了"发展型式"研究的理论与方法，吉利斯、波金斯和罗默等从贸易和工业化的关系入手，研究了发展中国家的两种工业化战略，推进了工业化问题研究的深化。具体表现在：（1）综合运用了投入——产出模型。运用可计算的一般均衡模型等分析工具，分析比较了准工业国家工业化的发展经验和工业化的原因。（2）揭示了工业化促进经济增长与经济发展的机理。认为结构调整是经济发展的主题，而工业化是经济结构转变的重要阶段。工业化不仅从供给方面影响增长，而且需求因素对工业化的作用同样重要。认为"工业化即是以各种不同的要素供给组合去满足类似的各种需求增长格局的一种途径"[①]。（3）研究了工业化的决定因素。认为工业化主要取决于总需求和要素供给的结构。但在需求方面，引起工业化的是中间

---

[①]　［美］H. 钱纳里：《工业化与经济增长的比较研究》，上海三联书店 1996 年版，第 6 页。

需求而不是最终需求。在工业化的不同阶段，影响工业化的各种因素的相对重要性有所不同。（4）划分了工业化的标准式。将工业化的过程大致划分为外向型、中间型和内向型 3 种，揭示了准工业化国家发展经验的区别。（5）研究了贸易和工业化的关系。认为一国工业化是在要素禀赋、结构因素和工业技术性质的制约下开始工业化进程的，在上述约束下政策可以加快工业化进程，改变工业结构，影响所采用的技术。指出"工业化战略的选择，取决于一个国家的贸易方式，为了促进比较优势的转变和改变工业化模式，政府可以采取两种不同的贸易战略：进口替代和外向型发展"。[①]

## 二、发展经济学对工业化研究的新进展

20 世纪 80 年代末期以来，发展经济学在对工业化研究进行深化的基础上，形成了一些新的进展。具体表现在以下几点。

### （一）对发展中国家工业化经历的差异性进行了解释

发展中国家工业化的经历存在着巨大的差异，东亚的新型工业化国家以制造业的发展推动工业化，使工业化成为这些国家收入增长与经济结构转型的发动机。非洲国家只有一些初步的工业部门，生产简单的消费品。对这种巨大差异的传统解释认为是贸易政策导致的结果，认为出口导向型战略比进口导向型战略可以更快、更有效地实现工业发展，并以东亚新兴工业化国家与地区的证据来证明外向型发展战略的优越性。桑加亚·拉尔（Sanjaya Lall）依据激励有效性假设把贸易战略作为工业化成功的主要决定因素。认为激励是"工业化发展的必要条件，而不是总分条件，……激励本身并不会产生工业化所需要的'供给方面'的要素"，[②] 在工业化过程中存在着市场失灵的可能性，而补救的方法则在于政府干预。通过政府干预可以理顺价格，使所有市场都能对激励做出有效反应，这是工业化成功的必要条件，也是充分条件。成功的工业化是激励、能力和制度之间相互作用的结果。在企

---

① ［美］吉利斯，波金斯，等：《发展经济学》，中国人民大学出版社 1990 年版，第 484 页。
② ［美］桑加亚·拉尔：《对发展中国家工业成功的解释》，引自《发展经济学前沿问题》，中国税务出版社 2000 年版，第 138 页。

业层次上，技术努力、新技术、外部信息引起了工业化的差异。而在国家层次上，激励、人力资本、技术努力和制度发展的不同结合引起了不同的工业化成就，形成了不同发展中国家工业化发展的差异。

### （二）提出了成功工业化的衡量标准

桑加亚·拉尔（Sanjaya Lall）认为成功的工业化在短期内意味着物质能力的增加或生产能力的提高，而且这种能力的建立与利用是有效的。在长期中，由于生产率的提高和竞争力的增强，增长是持续的。一个工业化成功的国家表现出以日益增长的本国物质、人力和技术投入来不断使制造业活动复杂化和深化。"因此，确定工业化成功最方便的方法是考察长期中制造业产值的增长，而且把资本——产量比率的提高、全要素生产率的增长、出口增长与多样化，以及国内工业承受能力的保护水平作为效率和活力的指标"，[①] 最后提出工业成功的基本因素是在企业这一级中达到静态与动态效率。而企业层次的效率则取决于它在经济上动员外部因素的能力，把它们结合到其组织中，并产生自己的一套技术、管理和其他能力。现代工业所需要的工业能力的整个范围非常大，可以分为三个广义的范围：企业家能力、管理能力与技术能力。而企业能力的获得则决定于激励、投资和外部支持。对成功工业化标准的提出是发展经济学对工业化研究新进展的一个突出特色，将工业化的研究着眼于微观层次上。

### （三）对国家工业化的成就进行了分析

桑加亚·拉尔认为国家层次上的工业化成就与激励密切相关，在国家工业化成就的取得中正确的激励因素是非常重要的，但还取决于国家层次上的能力与制度。全国层次上的工业化成就是由激励、制度与能力之间的相互作用而决定的。从激励来看，激励产生于贸易战略与国内产业政策，并从中国香港、韩国等新型工业化国家或地区的成功例子说明了这种观点。从能力方面来看，能力可以分为三种：物质资本、人力资本和技术努力。从制度方面来看，国家工业化成就的制

---

① ［美］桑加亚·拉尔：《成功的工业化》，引自《发展经济学前沿问题》，中国税务出版社 2000 年版，第 140 页。

度是指为了克服工业能力发展中特殊市场失灵所建立的实体。由于制度是工业化的一个决定因素,制度支持是工业化战略的一个组成部分。拉尔还用新兴工业化国家与地区的证据来说明了这一点,中国台湾和新加坡在建立支持工业发展的制度方面最用力和最系统,推出了工业标准、质量保证、培训、信息收集、技术推广、研究支持机构等。韩国则有意推动大企业的联合发展,以克服资本、技术和信息市场的市场失灵。

### (四) 研究了工业化过程中的环境税收改革问题

发展中国家偏重于工业化的经济发展战略,形成了经济发展战略和产业结构的缺陷。造成了人口压力巨大,环境污染问题严重,生态平衡遭到破坏,这些问题引起了发展经济学家对工业化中的环境问题的研究。哥伦比亚大学的经济学教授托马斯·斯特纳 (Thomas Starner) 对发展中国工业化中的环境问题进行了研究。在环境政策选择上以税收作为工具来解决工业化中的环境问题,指出,"使用环境和自然资源税可能起到特殊的作用,这种税收需要进一步加强的原因是基于这样一个事实:大多数发展中国家的经济发展在很大程度上依赖于它们的自然资源、农业、渔业、林业和未破坏的环境"。[①] 这一新的进展表明,发展经济学家开始重视研究发展中国家工业化过程中的环境保护,重视在绿色发展的背景下来研究工业化问题。

### (五) 用分工理论对工业化的过程进行了新的解释

工业化是发展经济学的基本问题,工业化为什么能促进一国经济的快速增长,工业化的理论依据是什么,这是发展经济学在工业化问题研究中的一个重要问题。早期的发展经济学家对此进行了研究,提出了不同的依据:罗森斯坦——罗丹、郝希曼、张培刚等从规模经济角度研究了工业化的理论依据;刘易斯、钱钠里坚持结构主义的思路,认为工业化是结构转变的过程,从结构调整和资源再配置的角度研究了工业化的理论依据;普雷维什和辛格从贸易条件研究了工业化的理

---

① [美] 托马斯·斯特纳:《环境税改革:理论、工业化国家的经验及不发达国家的前景》,引自《发展经济学的新方向》,经济科学出版社2001年版,第280页。

论依据。早期发展经济学家的这些研究只是分析了工业化发生的条件，但对工业化的实现过程的研究比较薄弱。新兴古典发展经济学的代表人物杨小凯用分工理论，从专业化和经济组织的角度解释了工业化的实现过程，认为工业化是一个分工和专业化组织的成长过程，指出"工业化的特点是分工演进、商业化和贸易依存度的上升、新机器的出现、每个人专业化水平上升、结构多样化及企业制度、劳动市场发展等现象同时出现"。[①] 他们认为"新层次核心的中间产品的产生意味着新技术和新产业的出现，他们与工业化过程相联系""工业化过程将使一个经济从每个人都自给几种产品且不使用复杂中间产品的自足状态演进为每个人都专门生产一种产品并高度依赖市场和贸易的工业化阶段。在工业化阶段中，产业层系有很多层次，专业生产者生产许多种复杂的中间产品"。[②] 同时还运用分工理论揭示了工业化过程中农业的分工慢于工业领域分工的具体原因，在新的视角上对工业化问题进行了全新的解释。

### （六）对数字经济时代工业化的研究

进入 21 世纪以来，新技术革命与新产业革命不断推进，新一代数字技术中大数据、云计算、人工智能、区块链的进一步发展，推动了新工业革命的产生，在这种背景下一些经济学家从新工业革命角度研究数字经济背景下的工业化。以美国经济学家里夫金为代表的学者关于"第三次工业革命"的呼声，提供了一个工业化研究的新视角，提出建立在互联网与新能源相结合的新经济模式，并提出了第三次工业革命的中五大支柱[③]。同时德国学者施瓦布从第四次工业革命角度研究工业化，认为第四次工业革命是在数字革命基础上发展起来的，人工智能和机器猫开始崭露锋芒[④]。美国学者布莱恩·约弗森和麦卡斯以第二次机器革命研究工业化，他们认为人工智能标志着第二次机器革命的来临，指数级增长。数字化和组合式创新将会比工业革命以来的任

① ［澳］杨小凯、黄有光：《新兴古典经济学和超边际分析》，中国人民大学出版社 2000 年版，第 143 页。
② ［澳］杨小凯、黄有光：《专业化与经济组织》，经济科学出版社 1999 年版，第 306 页。
③ 杰里米·里夫金：《第三次工业革命》，中信出版集团 2012 年版，第 31 页。
④ 克劳斯·施瓦布：《第四次革命》，中信出版集团 2016 年版，第 4 页。

何推动力都要强大。"第二次机器革命时代的特征是数不胜数，十亿互联互通的智慧大脑结合在一起，帮助我们了解和提升这个世界。"①

## 三、发展经济学对工业化研究的理论贡献

工业化是发展经济学研究的一个主要问题，从发展经济学对工业化的理论研究来看，其理论贡献主要表现在以下几个方面。

### （一）把工业化作为发展中国家经济发展的主题

发展经济学家对工业化有多重界定，但典型的界定有两类：第一类是钱纳里的界定，他认为工业化是"一般可以由国内生产总值中制造业份额的增加来度量"，② 把工业化看成是制造业份额的增加和农业份额的下降，这种解释实际上是把工业化看成是一个结构转化的过程。这类解释与权威的《帕尔格雷夫经济学大辞典》的解释具有一致性，该辞典将工业化看成是一个过程，认为"工业化是一个过程。首先，一般来说，国民收入中制造业活动和第二产业、所占比例提高了；其次，在制造业和第二产业就业的劳动人口的比例一般也有增加的趋势"。③ 第二类是张培刚教授的界定，他认为"工业化是国民经济中一系列基要的生产函数（或生产要素组合方式）连续发生由低级到高级的突破性变化（或变革）的过程"④ 这一定义运用熊彼特的创新理论，从技术创新角度对工业化进行了解释。从这两种典型的定义来看，工业化的实质是高效率的工业部门比例上升，而低效率的农业部门的比例下降。所以，发展中国家要实现经济发展则必须通过工业化，原因是工业化可以解决发展中国家失业与就业不足的问题，是改变发展中国家贸易条件的唯一办法，有助于改变发展中国家的经济社会结构，从而有助于发展中国家高水平的经济发展，能促进发展中国家生产效率的提高。

---

① 埃里克·布莱恩约弗森，安德鲁·麦卡菲：《第二次机器革命》，中信出版集团 2014 年版，第110 页。

② ［美］H. 钱纳里：《工业化与经济增长的比较研究》，上海三联书店 1989 年版，第 73 页。

③ ［英］约翰·伊特韦尔：《新帕尔格雷夫经济学大辞典》（中文版），第 2 卷，经济科学出版社 1992 年版，第 861 页。

④ 张培刚：《发展经济学理论》（第 1 卷），湖南人民出版社 1991 年版，第 191 页。

## （二）研究了发展中国家的工业化战略

对工业化战略的划分是发展经济学家对工业化问题研究的一个重要理论贡献。对工业化战略的研究首推发展经济学家刘易斯，刘易斯认为发展中国家有三种可利用的工业化战略："一是出口更多的农产品与矿产品，二是发展自给自足的经济，强调国内市场的开拓；三是出口制成品。"[①] 钱纳里运用实证分析，区分了二战后有代表性的 3 种发展战略：一是外向型初级产品生产导向的工业化战略。以马来西亚、伊拉克、厄瓜多尔为例进行了实证分析。实行这类工业化战略的国家在工业化的过程中采用大量贸易保护政策，大规模推行进口替代，在初级产品出口保持高水平的同时，制成品的出口也有显著增长，但出口收入完全依赖初级产品。二是内向型工业化战略。实行内向型工业化战略的国家大量采取贸易保护政策，在工业化过程中有意遵循有利于为国内市场而生产的保护政策。以墨西哥和土耳其为例进行了分析，这些国家在内向型战略的实施中也大规模地推行进口替代和制成品的国产化。三是中间型工业化战略。以哥斯达黎加、突尼斯、泰国进行了分析，这些国家在工业化的过程中不采取贸易保护政策，实行有限的对外开放，这些国家属于贸易平均水平和平均模式，对国内产业或产品的保护程度属于中等水平。四是外向型的工业生产导向的工业化战略。这种发展战略是外向型政策与初级产品出口缺乏比较优势两种战略相结合的产物。中国香港、新加坡属于这种类型，外向型的工业化战略常常伴随大量的资本深入。[②]

## （三）研究了与工业化有关的一系列经济问题

工业化是一个过程，在这一过程中必然会涉及一系列的经济问题。发展经济学家对工业化研究的理论贡献并未仅仅局限于工业化自身，而且还研究了与工业化有关的一系列经济问题。这些问题有：（1）工业化与城市化。工业化与城市化是紧密相连的，工业发展是城市成长和发展的重要推动力。发展经济学家缪尔达尔提出了城市发展的循环累

---

① ［美］迈耶·西尔斯：《发展经济学的先驱》，经济科学出版社 1988 年版，第 122 页。
② ［美］H. 钱纳里：《工业化与经济增长的比较研究》，上海三联书店 1996 年版，第 129 页。

积因果机制理论，这一理论将工业的增长或城市的扩大看成是一个相关的过程。认为城市规模的扩大、城市人口的增多的原因是城市部门所提供的工资高，就业机会大，从而随着工业化的加深，吸引了大量的农村人口迁往城市，而且认为城市化与工业化是相互促进的。（2）工业化与产业结构的演变规律。对工业化与产业结构之间的演变规律的研究主要是由西蒙库兹涅茨与钱纳里做出的。库兹涅茨把 57 个国家和地区按人均国民生产总值分为 8 组。[①] 通过统计分析了在工业化过程中，各个生产部门的产值在总产值中的份额以及劳动力就业结构中的份额变化。钱纳里运用库兹涅茨的统计归纳法，对工业化进程中产业结构变动的一般趋势进行了更加深入的研究，设计了一个国家生产总值的市场占有率模型。通过他们的研究，提出工业化过程中产业结构演变的规律是随着工业化进程的推进，人均收入水平的提高，第一产业在总产值和劳动就业构成中的份额显著干预，第二产业和第三产业在总产值和劳动就业构成中的份额会显著地下降。（3）工业化与农业发展的关系。对工业化过程中农业的发展问题的研究首推刘易斯教授，他开创了经济发展的二元结构分析方法，他认为工业化过程是传统农业部门的缩小，以及以现代工业为主的现代经济部门的扩张过程。此后费景汉——拉尼斯模型、乔根森模型和托达罗模型在刘易斯模型的基础上，对工业化过程中的农业发展进行了研究。他们认为工业化的过程不仅表现为农业部门的缩小，工业部门的扩张，而且还表现为农业部门自身的发展问题，拉尼斯和费景汉认为农业生产率的增长虽然是保证工业部门扩张和劳动力转移的必要条件，但还必须强调工业部门与农业部门的平衡增长。乔根森认为，一国经济虽然是由于现代工业部门和传统的农业部门构成，但农业部门的发展则是工业部门乃至整个国家经济发展的基础。

### （四）研究了工业化过程中面临的一些新问题

20 世纪 80 年代以来，发展经济学进入反思阶段，与此同时发展中国家包括发达国家的工业化出现了一些新的问题，如环境的污染、数字化的挑战等。面对这些新的情况，发展经济学家对工业化过程中的

---

① ［美］西蒙·库兹涅茨：《各国的经济增长》，商务印书馆 1985 年版，第 111、207 页。

新问题进行了研究。（1）研究了工业化过程的环境问题及其治理手段。发展中国家是以工业化为主线启动其经济发展的。但是快速的工业化造成了环境的严重污染和生态平衡的破坏。针对环境污染问题，发展经济学对工业化过程中的环境污染进行了研究，并对解决工业化中环境污染的税收政策进行了研究。（2）研究了数字化背景下的工业化。20世纪90年代以来，信息技术的发展、计算机技术的普及应用，引起了新的产业革命。在信息技术的冲击之下，发展中国家不仅有工业化的任务，而且还有数字化的任务。在这种背景下，发展经济学对数字化与工业化的关系进行了研究，提出了数字化与工业化的关系：一是传统工业化是数字化的基础，经济发展由以农业为主转变为以工业为主，再到以服务业为主，最后到以信息和技术为主，是一个由低级到高级的提升过程。二是数字化是工业化发展的新阶段，它赋予了工业化以崭新的内容和现代的含义。发展中国家必须实现与数字化相结合的现代工业化，以工业化培育和推动数字化，运用信息技术提升传统工业，以数字化带动和促进工业化。（3）研究了工业化过程中的不同部门的分工问题。在工业化过程中出现了一种新的现象引起了发展经济学家的关注：制造业中的分工发展得如此精细，而农业部门的分工却发展得如此缓慢。新兴古典发展经济学家用分工理论对此进行了解释，认为造成这种现象的原因是在工业化过程中，分工在制造业中会演进，而在农业部门中不会出现分工。（4）研究了新工业革命背景下的工业化问题。大数据、人工智能技术向制造业渗透新技术的"一场信息控制下的制造模式、生产方式和组织形态的变革"[1]。新工业革命背景下如何变革制造业模式成为研究的主要核心问题。

## 四、对中国新型工业化道路研究的启示

党的十六大报告提出了中国的新型工业化道路问题。总结和反思发展经济学对工业化问题的研究及其理论贡献，对中国新型工业化道路的研究具有十分重要的启示。

---

① 王建伟：《工业赋能：深度剖析工业互联网时代的机遇和挑战》，中信出版集团2021年版，第6页。

### （一）要重视研究中国工业化战略的转变问题

与发达国家的工业化道路以及中国传统的工业化道路相比较，新型工业化是中国工业化发展的新阶段。由于我国工业化发展不平衡，总体上处于工业化的中期阶段，部分地区处于工业化的高级阶段，部分地区处于工业化的初级阶段，工业化任务还没有完成，在完成工业化的同时还要叠加数字化的任务。因此，在中国社会由落后向现代转型，经济体制由计划经济体制向市场经济体制转型，经济增长方式由粗放向集约转型的背景下，新型工业化道路的研究中要重视吸收和借鉴发展经济学关于工业化研究的前沿理论，为中国工业化发展战略的创新提供理论依据，以战略的创新推动中国新型工业化道路的实施。在我国新型工业化道路的实现的过程中要实施数字化带动工业化的战略创新、绿色发展的战略创新、科教兴国的战略创新、以自主创新为主的科技战略创新。

### （二）在中国新型工业化道路的研究中要重视运用比较分析方法

要总结世界各国工业化的经验教训，在与发展中国家工业化、发达国家工业化以及中国传统工业化战略的比较中进行中国新型工业化的战略定位，探索中国新型工业化道路的实现对策。中国的新型工业化是在总结世界各国以及中国传统工业化的经验教训基础上提出来的，只有总结经验教训，才能实现创新。因此，在理论上通过世界工业化道路和中国工业化道路的回顾、比较分析与评价，在中国工业化发展的新阶段上来确定中国新型工业化道路的实现思路。在实践上，研究中国新型工业化道路的制度、机制、政策、战略创新、增长方式的转变以及实现途径等问题。

### （三）要重视研究绿色发展背景下的工业化

新型工业化道路是以资源充分利用，生态环境保护为前提的工业化。因此在中国新型工业化的研究中，要重视研究绿色发展背景下的工业化，以绿色低碳原则作为中国新型工业化的约束条件。西方早期的工业化国家走的是一条先发展经济后治理环境的传统道路，当代发展经济学家已经注意到了工业化的绿色发展问题，在新型工业化的实现过程中我们必须总结经验教训，实施绿色发展的战略创新，走资源节约、绿色低碳和环保型的工业化发展道路。由于新型工业化与绿色发展战略是良性互动的，为此我们要充分考虑我国资源短缺、生态脆弱和环境污染严重的基本特点，不断提高工业化的科技含量、降低资源消耗和环境污染，大力发展清洁产业，建立起适合中国国情的资源节约、环境保护型和绿色低碳型的工业化发展道路。

## （四）要重视在现代化的背景下研究工业化

新型工业化是工业技术革命、产业革命、信息革命和产业制度的重大变革，现代化是社会生产方式由不发达状态向发达状态的全面转化。工业化与现代化有着密切的联系，无论是工业化还是现代化，其最重要的本质特征就是技术创新或技术革命，都是组织创新与制度创新的结果，其结果都是从落后的传统经济转变为以现代生产工具为主的社会化大生产型的社会生产方式。"现代化是从工业化起步的。现代化的共同规律无论是东方国家还是西方国家都必须遵守。"[1] "推进新型工业化为中国式现代化进程提供了坚实的物质技术基础和发展动力，新型工业化与中国式现代化具有内在一致性。以包容性的新型工业化战略全面推进中国式现代化进程。"[2] 所以，在中国新型工业化道路的研究中，要以中国现代化为背景，重视在现代化的背景下来研究我国的新型工业化。

## （五）在数字经济背景下研究新型工业化

新一代信息技术、新能源、新材料、生物医药、绿色低碳等交叉融合为特征的新一轮科技革命和产业变革蓬勃发展，引领科技产业发展方向，开辟出新的巨大增长空间。互联网、大数据、区块链、人工智能等新一代信息技术加速突破，与制造业深度融合创新，推动制造业生产方式、不断催生新业态新模式新产业发展模式和企业形态发生根本性变革。世界主要工业大国纷纷制定并发布制造业发展的数字化新战略。在以5G、人工智能、大数据、工业互联网为代表的数字技术

① 洪银兴：《新型工业化道路的经济学分析》，载于《贵州财经学院学报》2003年第1期。
② 黄群慧：《论新型工业化与中国式现代化》，载于《世界社会科学》2023年第2期。

成为引领工业化变革的关键力量的背景下，数字经济为推进新型工业化的强大动能，我们需要重视在数字经济背景下研究新型工业化。

### （六）把高质量发展贯穿于新型工业化的全过程

推进新型工业化要牢牢把握高质量发展的要求，新型工业化的高质量包括工业化全过程的高质量、产业体系全领域的高质量、生产活动全周期的高质量。高质量推进新型工业化，需要从构建现代化产业体系与增强高质量发展的动能两个方面发力[①]，把高质量发展的要求贯彻到新型工业化的全过程，把创新体系健全作为高质量推进新型工业化的动力源泉，把产业体系的优化升级作为高质量推进新型工业化的主线，把产业链供应链韧性和安全作为高质量推进新型工业化的保障。把智能化绿色化作为高质量推进新型化的核心任务，加快构建现代化产业体系，谱写高质量新型工业化的新篇章。

---

① 李晓华：《推进新型工业化要牢牢把握高质量发展的要求》，载于《前线》2024 年第 1 期。

### 第三章

# 新型工业化道路的内涵及其总体定位

新型工业化道路的新型有两个含义：一是相对于我国原有的工业化道路是新型的，二是相对于西方发达国家走过的工业化道路是新型的。新型工业化的特征就如党的十六大报告所说的："科技含量高、经济效益好、资源消耗低、环境污染少、人力资源优势得到充分发挥的新型工业化道路。"[①] 其实质是转变经济发展的模式，进行工业化路径的转换。

## 一、新型工业化道路的内涵与特征

党的十六大报告首次提出新型工业化概念，即坚持以信息化带动工业化，以工业化促进信息化，走出一条科技含量高、经济效益好、资源消耗低、环境污染少、人力资源优势得到充分发挥的新型工业化路子。自党的十六大以来，新型工业化这一概念在党和政府的文件中多次体现[②]。党的十七大报告指出，坚持走中国特色新型工业化道路[③]。加快建立以企业为主体、市场为主导、产学研相结合的技术创新体系，大力推进信息化与工业化融合。党的十八大报告提出，推动信息化和工业化深度融合、工业化和城镇化良性互动、城镇化和农业现代化相互协调，促进工业化、信息化、城镇化、农业现代化同步发展[④]。党的十九大报告提出，更好发挥政府作用，推动新型工业化、信息化、城

---

① 《在中国共产党第十六次全国代表大会上的报告》，中国共产党新闻网，2002 年 11 月 8 日。
② 赵学军：《中国新型工业化的历史逻辑》，载于《南京理工大学学报（社会科学版）》2024 年第 1 期。
③ 《今日理论版：强化又好又快发展的产业支撑》，中国共产党新闻网，2008 年 5 月 21 日。
④ 《"两化"深度融合推动产业升级》，载于《经济日报》，2012 年 11 月 28 日。

镇化、农业现代化同步发展①。党的二十大报告提出，到 2035 年基本实现新型工业化，强调坚持把发展经济的着力点放在实体经济上，推进新型工业化，加快建设制造强国、质量强国、航天强国、交通强国、网络强国、数字中国②。2023 年全国新型工业化推进大会召开，习近平总书记就推进新型工业化作出重要指示指出，以中国式现代化全面推进强国建设、民族复兴伟业，实现新型工业化是关键任务。要深刻把握新时代新征程推进新型工业化的基本规律，积极主动适应和引领新一轮科技革命和产业变革，把高质量发展的要求贯穿新型工业化全过程，把建设制造强国同发展数字经济、产业信息化等有机结合，为中国式现代化构筑强大物质技术基础③。我们依据新型工业化的这些轮式，对新型工业化的基本规定性进行研究。

### （一）新型工业化道路的内涵

新型工业化标志着中国经济发展战略的创新，但是新型工业化是一个全新的概念，为此理论界对新型工业化的内涵进行了研究，形成了以下研究观点：第一种观点认为新型工业化包含两层含义："相对于我国原有的工业化道路是新的，第二相对于西方发达国家走过的工业化道路是新的。"④ 第二种观点认为新型工业化与传统工业化内涵的区别是："在所有制结构的安排上，坚持公有制为主体、多种所有制共存的方针。在经济运行方式上，发挥市场机制在资源配置中的基础作用。三是在发展方式上，追求国民经济的协调发展。在经济增长方式上，改变传统工业化过分强调经济增长速度的做法。"⑤ 第三种观点认为新型工业化内涵的认识主要有三点：要充分利用国际化和后发展国家的优势，在与国际先进国家接轨的过程中，以数字化的带动工业化。把握好就业增加、收入增长、内需增长对工业化的拉动作用。使工业化与环境保护相协调，实现工业化与环境保护相协调的目标。⑥ 第

① 习近平：《决胜全面建成小康社会 夺取新时代中国特色社会主义伟大胜利——在中国共产党第十九次全国代表大会上的报告》，新华社，2017 年 10 月 27 日。
② 习近平：《高举中国特色伟大旗帜 为全面建设社会主义现代化国家而团结奋斗》，人民出版社2022 年版，第 30 页。
③ 《习近平就推进新型工业化作出重要指示》，载于《中国信息安全》2023 年第 5 期。
④ 洪银兴：《新型工业化道路的经济学分析》，载于《贵州财经学院学报》2003 年第 1 期。
⑤ 吕政：《我国新型工业化道路探讨》，载于《经济与管理研究》2003 年第 2 期。
⑥ 张立群：《走新型工业化的总体环境与条件》，载于《经济与管理研究》2003 年第 2 期。

四种观点认为新型工业化是依据我国具体国情，顺应新世纪的时代要求而选择的中国工业化道路。[①]。第五种观点认为新型工业化的内涵有：在观念上不以工业经济和工业社会为重点，在资源上加强信息资源的开发和利用，在全社会广泛应用信息技术，在管理上实现与业务数字化相适应的管理数字化，提升企业管理、政府管理和其他管理的数字化水平。[②] 第六种观点认为"新型工业化道路的精髓在于以数字化带动工业化，也就是通过工业化与数字化的互动融合"[③]，从现有研究成果对新型工业化内涵的认识来看，对新型工业化内涵的认识仍然局限于信息化、技术进步、充分就业和绿色发展几个方面来解释新型工业化，这种表面的解释不利于新型工业化政策的制定。

工业化经典的内涵界定来自发展经济学家，西方发展经济学家钱纳里认为工业化"一般可以由国内生产总值中制造业份额的增加来度量"，[④] 他把工业化看成是制造业份额的增加和农业份额的下降，这种解释实际上是把工业化看成是一个结构性转化的过程。中国发展经济学的奠基人张培刚教授最早把工业化定义为，"国民经济一系列基要生产函数连续发生变化的过程"[⑤]，他用熊彼特的创新理论揭示了工业化的特征。发展经济学家对工业化的认识是从结构转变意义上来解释的，认为经济发展的主题是结构的转变，而工业化是结构转变的一个方面。发展经济学家所揭示的工业化是一种数量型和规模扩张型的工业化。

现有对新型工业化含义的解释是在发展经济学家的经典工业化的意义上来分析新型工业化的，发展经济学家经典工业化的解释是在以一次现代化为背景，以传统工业化技术革命和产业革命为基础的，是结构转变意义上的数量型工业化，这种工业化的含义只是新型工业化内涵的一部分。而新型工业化是以二次现代化为背景，以现代工业新技术革命和产业革命为基础，是质量意义和功能意义上的工业化，表明中国的工业化已经进入到了提高工业化质量和功能的新阶段。因此，在基于科学发展观的新型工业化背景下，工业化具有了新的含义与特

① 黄泰岩：《我国新型工业化的道路选择》，载于《中国特色社会主义研究》2003年第1期。
② 宋海龙：《走新型工业化道路的思考》，载于《科学管理研究》2003年第1期。
③ 周振华：《新型工业化道路：工业化与数字化的互动融合》，载于《上海经济研究》2002年第12期。
④ 钱纳里：《工业化与经济增长的比较研究》，上海三联书店1989年版，第73页。
⑤ 张培刚：《农业与工业化》（上卷），华中科技大学出版社2002年版，第70页。

征，工业化不完全是原来结构转化意义上的数量规模型工业化，而是质量和功能意义上的绿色发展的工业化。在新型工业化的研究中需要从质量意义和功能意义上加深对新型工业化内涵的研究和认识。

发展观是确立发展目标，制定发展战略和政策的依据和指导原则，在不同的发展观指导下，经济发展的目标、战略和政策是不同的，工业化的含义与目标也是不同的。传统的工业化是基于传统发展观的。新型工业化是基于新的科学发展观而提出的。从质量意义和功能意义上来看，新型工业化是在中国工业化任务还没有完成，而又遇到以数字化为主要内容的新工业革命挑战的背景下而提出的，其本质内涵在于：中国必须在加快完成工业化目标的同时，启动和叠加数字化时代的目标，在实现经济现代化的过程中，同时完成工业化时代的目标和数字化时代的双重目标。因而新型工业化不仅是指工业本身的发展，而是代表了中国经济发展方式的转型，是与社会发展由落后到现代的转型，经济体制由计划经济体制向市场经济体制转型，经济增长方式由粗放向集约转型相联系的经济发展方式的转型。其基本内涵应当包括以下方面：一是新型工业化是以数字新技术革命和产业革命为背景的。以数字化带动工业化的跨越式发展。强调了数字化背景下工业化的新特点，是工业技术革命、产业革命、信息革命和产业制度的重大变革。二是新型工业化的动力在于工业经济领域技术贡献的提升。新型工业化的实现过程是现代自然科学技术、现代技术科学和现代社会科学在工业领域广泛地综合运用的过程，强调提高工业领域的科技含量，以技术进步提高工业发展的质量和工业经济效益。三是以绿色发展理念为指导，在人口、资源、环境协调发展的基础上实现工业化的绿色发展。四是以充分就业为先导，在工业化的进程中既促进经济发展，又实现充分就业。五是突出强调了工业化的连续性和阶段性。工业化不是一次性的，而是连续不断的过程，新型工业化是连续不断的工业化过程中的一个新阶段。六是强调工业经济增长方式的转变。在新型工业化道路中使工业经济由粗放型增长向集约型增长转变，由数量型向质量型转变。七是强调新型工业化是中国特色"技术—经济—安全"范式。新型工业化是在新的历史时期，面向大国经济基本特征要求，加快推进生产方式智能化、绿色化、融合化，持续推动生产要素组合方式高级化，塑造中国特色"技术—经济—安全"范式，构建具有完整性、先进性、安全性的现代化产业体系，实现劳动生产率、产业结构韧性共同提升的发展过程①。八是强调新型工业化的高质量发展内涵。我国新型工业化之"新"，体现在依靠自主创新驱动、加快迈向全球价值链中高端的发展主动性，体现在新型工业化、信息化、城镇化、农业现代化同步发展的战略协同性，体现在促进数字经济和实体经济深度融合、加快绿色低碳发展的产业现代性，体现在发挥国内超大规模市场优势、利用好国内国际两个市场两种资源的对外开放性，体现在加快建设现代化产业体系、促进全体人民共同富裕的过程包容性②。

### （二）新型工业化道路的特征

从当前理论界关于新型工业化特征的研究来看，在新型工业化的特征上形成了不同认识：第一种观点认为"新型工业化的特征有：以数字化带动工业化，以科技进步为动力，同时使科技发展战略相结合，充分发挥我国的人力资源优势"③。第二种观点认为"新型工业化道路必须是全面的、整体的，充分体现创新、协调、绿色、开放、共享的丰富内涵，不仅要解决我国工业大而不强、全而不优的问题，突破部分领域和关键环节的突出短板，而且要破解工业发展面临资源约束趋紧、要素成本上升、人口老龄化加重等多重约束"④。第三种观点认为新型工业化的特征有"产业数字化和数字产业化的协同发展，推动了现代化产业体系的构建和新型工业化的新发展。产业数字化利用数字技术提升了传统产业的产业基础能力，促进传统产业形成新的'技术—经济范式'，加快了数字经济与传统产业的融合发展，促进了新型工业化中产业基础能力的高级化和产业链的现代化"⑤。第四种观点认为新型工业化是数字化、智能化、绿色化、服务化相互融合的、具有"时代特质"和"中国特色"的工业现代化⑥。从理论界关于新型工业化特征

① 李宏伟：《理解新型工业化的基本内涵》，载于《南京理工大学学报》2024年第1期。
② 黄群慧：《把高质量发展的要求贯穿新型工业化全过程》，载于《求是》2023年第20期。
③ 林兆木：《关于新型工业化道路问题》，载于《宏观经济研究》2002年第12期。
④ 曲永义：《实现新型工业化是强国建设和民族复兴的关键任务》，载于《红旗文稿》2023年第24期。
⑤ 任保平：《以产业数字化和数字产业化协同发展推进新型工业化》，载于《改革》2023年第11期。
⑥ 余东华，马路萌：《新质生产力与新型工业化：理论阐释和互动路径》，载于《天津社会科学》2023年第6期。

的认识来看，理论界对新型工业化的特征已经做出了积极的探索，但是这些研究成果只是在对传统工业化道路反思的基础上，研究了新型工业化的特征，而尚未依据科学发展观对新型工业化进行系统和全面研究。对新型工业化特征的研究尚且局限于传统发展观意义上的传统工业化，而缺乏联系科学发展观来研究新型工业化的特征。由于新型工业化是技术创新、产业创新和制度创新的结果，是传统工业化的一次革命，因而要有效揭示新型工业化的特征，必须依据科学发展观，并与发达国家的工业化和中国传统的工业化相比较来进行。

与发达国家的工业化相比较，中国新型工业化道路的新特征主要表现在：（1）新型工业化是以数字化带动的跨越式发展的工业化。西方资本主义国家早期的工业化是自由经济的工业化模式，其工业化过程都表现为资本主义生产方式自然历史的发展过程，由个人发动，其开始和完成都遵循自然历史的过程。英国、美国都属于这种模式，这些发达国家都是在工业化之后推行数字化的；我国是一个后发工业化国家，在现代化和新型工业化的建设中，可以参照和借鉴发达国家工业化和市场化进程中的经验和教训，以信息和技术为动力，在相对较短的时间内加速完成工业化进程。近年我国的数字化发展很快，为我国实现新型工业化创造了条件，在新型工业化道路的实现中完全可以在工业化过程中推进数字化，以数字化带动工业化，从而发挥后发优势来实现生产力的跨越式发展，因此，我国的新型工业化是以数字化带动的跨越式发展的工业化。（2）新型工业化是在绿色发展基础上的工业化道路。发达国家的工业化道路是以数量扩张和规模扩大为主线的工业化道路，这些国家在实现工业化的过程中，大多数是以消耗能源和牺牲环境为代价，"先发展，后治理"是其典型特征，造成了人与自然环境关系的紧张，付出了巨大的生态环境代价。我国的新型工业化是在绿色发展的基础上来实现的，是一种质量型和低成本的工业化道路。我国在实现新型工业化的进程中特别强调生态建设、环境保护和资源的有效利用，强调处理好经济发展与人口、资源、环境之间的关系，以降低工业化的社会成本和经济代价。（3）新型工业化是以充分就业为先导的工业化。在工业化的技术路线和主导产业选择上，发达国家由劳动密集型产业向资本密集型、技术密集型的方向迈进，在实现工业化过程中注重机械化和自动化，自工业化加深的同时出现了一些失业问题。我国的国情是人口多，劳动力供给大，而成本较低，所以在新型工业化进程中要以充分就业为先导，要处理好资本密集型与劳动密集型产业的关系，处理好高新技术产业和传统产业的关系，处理好虚拟经济和实体经济的关系，在推进工业化的同时，还要实现充分就业。(4) 中国的新型工业化要把公有制经济和非公有制经济结合起来，强调民间投资对新型工业化的推动作用。西方资本主义国家的工业化是在私有制的基础上，依靠私人力量发展起来的。中国的新型工业化在我国新型的工业化的所有制结构选择上，要实现多种所有制经济共同发展，强调民间投资对新型工业化的推动作用，鼓励、支持、引导非公有制工业经济的发展，提高混合所有制经济和民营经济在整个国民经济和工业经济中的比重。(5) 我国的新型工业化是以政府主导型的市场经济为背景的。西方国家的工业化与其市场化发展是相同步的，其投资方向受到了利润的引导，从工业化发展的力量上来看市场机制对投资规模、方向和速度起到了调节作用。我国的工业化是在计划经济条件下利用计划机制发动起来的，而新型工业化是在经济转型的背景下提出的，是以政府主导型的市场经济为背景的，市场机制对新型工业化的微观投资活动起到调节作用，政府发挥宏观调节作用保证新型工业化发展中的重大比例关系。

　　与中国传统的工业化道路相比较，新型工业化道路的新特征主要表现在：（1）新型工业化在实现机制上强调市场机制的作用。我国传统的工业化道路受到了苏联模式的影响，主要通过国家集中人力、物力和财力兴办工业企业的方式推进工业化的进程，建立了以重工业为主体的比较完整的工业体系。而新工业化道路是在总结我国传统工业化的经验教训的基础之上而提出的，在实现机制上，强调市场机制的作用。在我国新工业化道路的实现过程中资源的配置更加市场化，为此必须建设一个统一、开放、竞争、有序的市场体系。（2）新型工业化道路以政府职能得到切实转变为前提。我国传统的工业化道路完全是政府推动的，是在中央政府的指令性计划约束下，高速度地建立起了以重工业为核心的工业体系。而新型工业化是在实现政企分开的基础上使政府的经济调节、市场监管、社会管理和公共服务职能不断完善的基础上，政府发挥间接调节作用，利用市场机制来实现。（3）新型工业化以绿色发展为基础。在传统工业化的实现中，为了在短时期内建立工业化基础，忽视了成本—收益核算，以高投入、资源的高消耗和环境的严重污染为代价建立了工业化。而新型工业化以绿色发展为基础，坚持保护环境和保护资源的基本国策，把控制人口增长、提高人口质量和追求经济增长放在同等重要位置，在新型工业化发展战略上要做到人、环境、资源的协调发展。（4）新型工业化以集约型经济增长方式为主建设现代化产业体系。我国传统的工业化是以粗放型的经济增长为基础的，通过扩大工业的规模，提高工业产业的从业人员规模来实现工业化。而新型工业化是以集约型经济增长为基础的，在经济增长方式上强调利用技术进步提高经济效益。"引导各类要素资源向实体经济特别是制造业集聚发力，推动制造业从数量扩张向质量提高的战略性转变。要强化高端产业引领，推进产业转型升级，发展高端制造、智能制造，培育具有核心竞争力的主导产业，打造具有战略性和全局性的产业链。"[1] 在实现工业化的集约增长过程中，既要实现快速增长，又要提高工业化的质量，建立现代化产业体系。（5）新型工业化的目标具有二重性。我国传统工业化的目标是建立工业化的体系和物质基础，因而在工业化的实现过程中强调投入，通过高积累实现工业化。新型工业化的目标具有二重性，一是完成工业化的任务，二是实现工业的现代化。最终目的使工业化建立在技术进步基础上，使整个国家工业的主要经济指标达到世界工业化的先进水平。（6）农业的工业化是中国新型工业化不可缺少的内容。由于我国是在传统农业部门没有得到根本改造时提前发动工业化的，同时我国传统工业化的次序是以重工业为主，重工业的发展超过轻工业，这种工业化发展的次序单方面地考虑工业自身的发展，忽视了工业对农业的带动，把农业的发展排除在工业化之外，强化了二元经济结构，使大批劳动力滞留在农业领域，使大量农业过剩劳动力无处转移。而新型工业化道路则内涵了农业的工业化。农业的工业化对整个中国的工业化也有特殊意义。农村工业化已经成为中国工业化的重要方面。配第—克拉克定律表明，随着劳动生产率水平的提高，第一产业所释放出来的劳动力首先向第二产业转移，然后随着工业化的进程会释放出更多的劳动力向第三产业转移，发展第二产业，工业化是吸纳农村剩余劳动力的

---

① 薛丰：《建设现代化产业体系》，载于《经济日报》，2022 年 11 月 3 日。

有效途径。因此在走新工业化道路时必须正确处理好城市与农村、工业与农业的关系，把农业的工业化作为新型工业化的不可缺少的内容。（7）对外开放是新型工业化的典型特征。新型工业化是在开放背景下进行的，重视利用国外资金和先进技术。我国传统的工业化是在封闭经济的环境中发展的，主要利用内部资源来发展工业，忽视社会化大生产和社会分工。而新型工业化建立在现代社会化大生产基础上，积极利用国外资金和先进技术来实现新工业化。在充分利用我国劳动力价格低、有广阔的国内市场等优势的基础上，加大对外开放的力度，提高工业化的对外开放的水平，利用国外资金和先进技术来实现新型工业化。同时通过参与国际分工来实现国内工业产业布局的合理化，使新型工业化中的产业布局更有利于培养国际名牌产品。

## 二、中国新型工业化道路的总体定位

新型工业化道路的提出意味着中国经济发展战略的转型，这一转型是与中国社会由落后向发达转型，经济体制由计划经济向市场经济转型、经济增长方式由粗放向集约转型相联系的一次转型。因此，在新型工业化的实现过程中，需要作好整体战略的定位。

### （一）新型工业化道路的目标和任务定位

我国新型工业化的发展具有双重目标：一方面要完成工业化的任务，另一方面要在数字经济背景下提高工业的现代化水平。从这一目标出发，要完成新型工业化还有许多艰巨的任务要完成。这些任务有：（1）促进数字经济与工业化的结合。把发展经济的着力点放在实体经济上推进新型工业化，充分发挥数字化对新型工业化的驱动作用，促进数字经济和实体经济深度融合打造新型工业化关键引擎。与20年前党中央在党的十六大提出新型工业化相比较，新发展阶段的新型工业化具有新的内涵，其核心要义是数字化、智能化、绿色化相互融合形成的发展动力创新化、发展模式绿色化、产业结构高端化的数字智能的工业化。本质是传统工业化范式的突变，坚持创新驱动，增强自主创新能力。深入推进工业的数字化、智能化转型，在工业化与信息化、城镇化和农业现代化协同中解决中国工业化发展的瓶颈问题。（2）加快农业工业化的进程。农业工业化是中国新型工业化的不可缺少的内容。由于"我国是在传统农业部门没有得到根本改造时提前发动工业化的"[①]，同时我国传统工业化的次序是以重工业为主，重工业的发展超过轻工业，这种工业发展的次序单方面地考虑工业的发展，损害了农业的发展，忽视了工业对农业的带动，把农业的发展排除在外，强化了二元经济结构，使大批劳动力滞留在农业领域。在走新工业化道路时必须正确处理好城市与农村、工业与农业的关系，把农业的工业化作为新型工业化的不可缺少的内容。（3）调整工业经济结构。20世纪80年代以来，中国的工业化以规模扩张为主线取得了突出的成绩，进入21世纪，提高质量和调整结构将成为新型工业的主要任务。因此，在新型工业化的实现过程中，要加大工业结构调整的力度：一是积极发展高新技术产业，提高高新技术产业在制造业中的比重，重点发展信息技术产业、生物技术产业、新材料技术产业。二是加强传统产业的技术改造，通过竞争机制的作用和优胜劣汰的机制，形成企业技术进步的内在驱动力和外在压力，用高新技术对传统产业进行改造和武装。（4）转变工业经济增长方式。我国传统的工业化是以粗放型的经济增长为基础的，通过扩大工业的规模，提高工业的从业人员比例来实现工业化。而新型工业化是以集约型经济增长为基础的，在经济增长方式上强调利用技术进步提高经济效益。中国以数量扩张为主的发展阶段已经基本结束，从现在起工业发展必须转向以提高素质为主的新阶段，从粗放发展走向集约发展的新阶段。在实现集约增长的过程中，既要实现快速增长，又要防止经济过热现象。同时在追求科技进步的时候，使企业真正成为科技进步的主体。（5）推动工业化发展的市场化。新工业化道路是在总结我国传统工业化的经验教训的基础之上而提出的，在实现机制上，强调市场机制的作用。为此在我国新工业化道路的实现过程中，资源的配置更加市场化。必须建设一个统一、开放、竞争、有序的市场体系。进一步放宽国内民间资本的市场准入，逐步发育完善国内资本市场；在市场机制作用发挥的基础上，在新型工业化实现中使政府职能得到切实转变。

---

① 洪银兴：《中国式现代化论纲》，江苏人民出版社2022年版，第149页。

## （二）新型工业化道路的内容定位

从新型工业化的含义出发，与发达国家和中国传统的工业化相比较，我国新兴工业化的内容有以下几点：（1）以数字化带动工业化。我国是一个后发展国家，在新型工业化的建设中，可以参照和借鉴发达国家工业化和市场化进程中的经验和教训，以数字技术为动力，在相对较短的时间内完成工业化进程。以数字化带动工业化，加快产业数字化，深入实施智能制造工程，强化人工智能技术在制造业全流程融合应用。从而发挥后发优势来实现生产力的跨越式发展，在完成工业化任务的同时，提高工业的现代化水平。（2）以绿色发展指导工业化。我国传统的工业化为了在短时期内建立工业化基础，以高投入、资源的高消耗和环境的严重污染为代价发展了工业化。而新型工业化以绿色发展为基础，我国在实现新型工业化的进程中特别强调生态建设、环境保护和资源的有效利用，强调处理好经济发展与人口、资源、环境之间的关系，以降低工业化的社会成本和经济代价。（3）以技术进步推动工业化。新型工业化的实现过程是现代自然科学技术、现代技术科学和现代社会科学在工业领域广泛地综合运用的过程，强调提高工业领域的科技含量，因此新型工业化的目标是实现工业的现代化。目的使新型工业化建立在当代最新科学技术基础上，使整个国家工业的主要经济指标达到世界先进水平。（4）以数字经济与实体经济融合推动新型工业化。通过数实融合为实体经济提供技术支持、内需支持、政策创新支持来实现新型工业化。以数实深度融合创新力提高实体经济的产业基础能力，以数实深度融合培育实体经济产业链的现代化水平，以产业价值链整体水平提高完善新型工业化的价值链支撑[①]。（5）实现充分就业。我国的国情是人口多，劳动力成本较低，所以在新型工业化进程中要以充分就业为先导，在新型工业化的实现中我们必须努力克服传统工业化道路的弱点和弊端，在新型工业化的实现中强调充分就业。在工业化的技术路线和主导产业选择上，发达国家由劳动密集型产业向资本密集型、技术密集型的方向迈进，在实现工业化过程中

---

① 任保平：《数实深度融合推动新型工业化的战略重点、战略任务与路径选择》，载于《西北大学学报》2024年第1期。

注重机械化和自动化。同时要处理好资本密集型与劳动密集型产业的关系，处理好高新技术产业和传统产业的关系，处理好虚拟经济和实体经济的关系，在推进工业化的同时，也要扩大就业，实现劳动力资源的充分利用。

## 三、新型工业化实现中应处理好的几个关系

工业化是经济发展的主题，是促进一国经济由落后走向发达的必要途径，工业化具有阶段性，在不同的阶段具有不同的特征和不同的任务。从我国的现实状况来看，实现工业化仍是中国现代化进程中艰巨的历史性任务。新型工业化道路的实现要做好多方面的工作，因此在实现新型工业化道路中应处理好一系列关系。

### （一）处理好高新技术产业与传统产业的关系

新型工业化的目标具有二重性：一是加速完成工业化的任务，二是实现工业的现代化，以数字化带动工业化。从我国工业经济的现状来看，传统工业与现代工业同时并存。因此，在新型工业化的实现过程中，要协同推进工业化和工业现代化的关系，处理好高新技术产业和传统产业的关系。处理好高新技术产业和传统产业的关系必须做好以下工作：

（1）以科技进步为动力推动新型工业化提高工业的技术水平。一是加强基础研究和应用性研究，瞄准世界科技发展前沿，抓住当代世界科技发展的新特点、新趋势，选择对新型工业化和国民经济发展有重大意义的研究领域，集中力量，加强关键技术创新，为实现工业的跨越式发展提供技术支持。二是加强政策引导，鼓励科技创新。鼓励在工业的关键技术领域和工业技术发展的前沿核心技术领域进行创新，努力形成一批拥有自主知识产权的关键技术，特别是在工业的高技术领域，提高自主创新能力。三是把科技的产业化放在新型工业化和科技发展的突出地位。在新型工业化中实施重大高新技术工程项目的研发，促进科技创新成果的产业化。从中国的资源禀赋出发，选择装备制造、农产品深加工、资源综合利用等重要领域，加快开发能够推动传统产业升级的共性技术、关键技术和配套技术，加快传统工业产业

的技术改造和升级。

（2）以技术进步提高工业的生产能力。通过技术进步，使工业化在生产能力和规模上上档次，不仅要在总量上保持优势，而且要使一些行业进入世界前列，使一批企业的生产能力和技术水平也走到世界的前列。要优先发展以信息技术为先导的高新技术产业，使其在国民经济中的地位和作用不断增强，特别是在信息技术产业领域内，形成具有自主知识产权的核心技术以及核心设备的制造能力，提高数字产业的国际竞争能力。

（3）通过技术改造使传统的工业企业实现现代化，提高高新技术产业的比重。在继续保持我国劳动密集型产业比较优势的基础上，用科学技术提高劳动密集型产业的现代化水平，不断提高劳动密集型产业的劳动生产率。同时提高工业的研发能力、技术创新能力和技术的产业化能力。通过提高研发能力使大型龙头企业的研发能力达到世界先进水平。不断增加研发费用，使部分工业领域的研发能力达到世界先进水平。

### （二）处理好新型工业化与农业工业化之间的关系

中国经济结构不仅具有发展中国家二元经济结构的典型特征，而且是特殊的"双层刚性二元经济结构"，从总体上是城市与乡村的二元经济结构，而每一元中又分为两层：从城市来看是现代工业与传统工业并存；从农村来看是传统农业与以乡镇企业为代表的现代农业的并存。由于我国是在传统农业部门没有得到根本改造时提前发动工业化的，这种工业化发展的次序单方面地考虑工业自身的发展，强化了二元经济结构，使大批劳动力滞留在农业领域。而新型工业化道路则内涵了农业的工业化。农业的工业化对整个中国的工业化也有特殊意义。农村工业化已经成为中国工业化的重要方面。因此在走新工业化道路时必须正确处理好城市与农村、工业与农业的关系。要处理好新型工业化与农业工业化的关系，必须做好以下几个方面的工作。

（1）要用工业化的生产方式改造传统农业。在新型工业化的实现过程中，要把传统农业的根本改造放在重要位置，提高工业对农业的带动能力。在农业产量稳步增长和农村市场经济进一步发展的基础上，用工业技术设备对农产品进行深加工，增加农业的附加值，推进农业的产业化经营，加快传统农业向现代农业的转变。

（2）促进乡镇企业的二次创业。乡镇企业是农业工业化的主要形式，20世纪80年代末乡镇企业的异军突起，不仅推动了农业的发展，而且促进了城乡一体化的进程。在新型工业化的实现过程中，要支持、引导乡镇企业推进技术进步、结构调整和体制创新，提高乡镇企业的素质和水平。使乡镇企业再创优势，重塑新的机制，推动乡镇企业的二次创业和现代化发展，增强乡镇企业在农业工业化过程中的带动作用；同时将乡镇企业融入到大工业体系之中，加大结构调整的力度，提高乡镇企业的产业集中度，把乡镇企业的发展和小城镇结合起来，促使乡镇企业、农业的工业化和城镇化同步发展。

（3）促进农业的专业化分工。在新型工业化的实现过程中，通过农业的专业化分工，推动农业的工业化进程。以农业为主，随着高产高效农业的发展，在农产品总量提高的基础上，通过结构调整进行高价值作物和特色作物的开发，迫切需要发展农产品加工业来增加农产品价值，稳定农业和增加农民收入。通过农产品加工业的发展，增加农产品价值，提高农产品商品率，促进高产高效农业的发展。推动农村工业资源的开发。在非农产品资源丰富，具备资源开发的优势的地区，通过资源开发，在转移劳动力、增加农民收入的同时，使部分利润回流对农业发展产生良好影响。

（4）大力发展农村市场和农产品的流通，推动城乡工业的一体化。农村工业化演进的过程同时也是农村商品流通发展与变革的历史过程，因此在新型工业化的实现过程中，要走城乡一体化的工业发展路子，通过市场的引导作用，实现城乡工业之间的合理分工与协调发展。一方面，农村商品流通的每一步变革，都是在工业化演进的历史背景下，依靠工业化过程中工业对农村经济、社会、文化的改造作用而得以实现的；另一方面，农村工业化的每一步推进，又都是在农村商品化程度不断提高的现实背景下，依靠农村商品市场的发育所诱致的农村产业结构的不断优化而得以实现的。农村工业化与农村商品流通相互联系、相互促进。因此，在新型工业化背景下推进农村的工业化，必须大力发展农村商品市场发育、净化农村商品流通秩序，以便更好地推动农村工业化。

### （三）处理好工业化和数字化的关系

数字化是工业现代化的一个重要体现，在现代化和新型工业化的建设中，要以数字技术为动力，在相对较短的时间内加速完成工业化进程。因此，我国的新型工业化是以数字化带动的跨越式发展的工业化，在新型工业化的实现中要处理好工业化与数字化的关系。为了处理好两者的关系，我们必须实施数字化带动工业化的战略创新。工业化是数字化的物质基础和需求之源，数字化是工业化的最新发展阶段和引擎。我们必须充分利用全球数字化的最新技术成果带动工业化，促使数字化与工业化进程相互推动。

（1）在宏观上推进国民经济的数字化。国民经济的数字化是指"加快国民经济各部门之间、部门内部和企业间的数字化沟通和交流"，使国民经济适应数字新技术的发展和不断变化的市场需求。在国民经济各个领域广泛应用数字化技术，实现劳动工具的数字化、社会生产力系统的数字化和社会生活的数字化。形成以数字技术产业为先导、基础产业和制造业为支撑、服务业全面发展的产业格局，提高数字经济在国民经济中的比重，把工业化与数字化相结合，用数字化创造智能型生产力，形成数字化带动工业化和工业化促进数字化的工业产业新格局。

（2）在中观上促进产业数字化。一方面要优先发展数字产业。数字化极大地拓展和丰富了传统工业化的内涵，也为加速推进我国工业化提供了可能，因此要大力发展以数字化产业为龙头的高新技术产业，加快高新技术和数字技术的产业化步伐，实现高新技术产业和数字产业的跨越式发展，使高新技术产业和数字产业成为我国国民经济的前瞻性产业。另一方面要用数字技术改造传统产业，实现工业产业结构的高级化和合理化，提高工业产业内部的数字化、高级化和现代化水平。

（3）在微观上推进企业的数字化转型。用数字经济带动工业化，离不开微观经济领域的企业数字化。企业的数字化一般分为三个方面：管理过程的数字化、生产过程的智能化和营销过程的数字化。从我国工业经济领域的企业数字化情况来看，管理过程的数字化发展较快，生产过程和营销过程的数字化相对滞后，在新型工业化的微观企业数字化过程中要加快生产过程和营销过程的数字化和智能化。

### （四）处理好工业发展和环境保护的关系

新型工业化是在绿色发展基础上的工业化道路。发达国家的工业化道路是以数量扩张和规模扩大为主线的工业化道路，这些国家在实现工业化的过程中，大多数是以消耗能源和牺牲环境为代价，"先发展，后治理"是其典型特征，造成了人与自然环境关系的紧张，付出了巨大的生态环境代价。如果继续走其他国家以及中国传统的工业化道路，会影响我国的资源、环境和生态的承载能力，造成人与自然关系的紧张，影响经济发展的可持续性。我国在实现新型工业化的进程中要特别强调生态建设、环境保护和资源的有效利用，强调处理好经济发展与人口、资源、环境之间的关系，以降低工业化的社会成本和经济代价。因此，在新型工业化的实现过程中，要处理好工业发展与环境保护的关系。要处理好工业发展和生态环境保护的关系，必须实施绿色发展的工业战略创新。

（1）走资源节约、绿色低碳和环保型的工业化发展道路。由于新型工业化与绿色发展战略是良性互动的，为此我们要充分考虑我国资源短缺、生态脆弱和环境污染严重的基本特点，不断提高工业化的科技含量、降低资源消耗和环境污染，建立起适合中国国情的资源节约、绿色低碳和环保型的工业化经济体系。

（2）要以经济效益、社会效益和生态效益的结合作为新型工业化的目标。中国提出新型工业化道路，就是要吸取西方发达国家工业化特别是中国传统工业化经验教训的经验基础上，走绿色发展的工业化道路，既要实现经济发展，又要实现生态环境的保护，实现经济效益、社会效益和生态效益相结合的新型工业发展目标。在工业发展中要处理好工业化与人口、资源、环境之间的关系，增强工业发展的持续能力。在实现新型工业化的过程中特别强调生态建设和环境保护，强调处理好经济发展与人口、资源、环境之间的关系，把新型工业化建立在绿色发展的基础之上。

（3）促进工业产业制度和产业结构的变革。以生态和环境成本最小化、资源消耗减量化、循环利用和成本内生为原则，建立绿色工业产业制度，促进我国工业产业制度和产业结构的变革。绿色工业产业制度既是新世纪全球工业经济发展呈现出的一个新态势，也是中国新型工业化发展的新方向。在实现新型工业化的过程中，必须用绿色技术改造传统工业产业体系，大力推行清洁产业，使中国真正走上新型工业化道路。

（4）建立质量型低成本运行的工业化的考核指标体系。制定新型工业化的产业政策与产业规划时把各种产业、各种产品的资源消耗和环境影响作为重要的考虑因素。严格限制能源消耗高、资源浪费大、污染严重的产业发展。积极扶助质量效益型、科技先导型、资源节约型的产业发展。强化产业结构调整中的环境管理力度。把经济规律与生态规律相结合，实现经济系统与生态环境系统的协调。

### （五）处理好政府与市场的关系

我国的工业化是在计划经济条件下利用计划机制发动起来的，而新型工业化是以政府主导型的市场经济为背景的，市场机制对新型工业化的微观投资活动起到调节作用，政府发挥宏观调节作用保证新型工业化发展中的重大比例关系。因此，在新型工业化的实现中要处理好政府与市场的关系。新型工业化的实现中要处理好政府与市场的关系必须做到以下几点。

（1）在新型工业化的实现机制上，强调市场机制的作用。在我国新工业化道路的实现过程中资源的配置更加市场化，为此必须建设一个统一、开放、竞争、有序的市场体系；从工业化发展的力量上来看，要发挥市场机制对投资规模、方向和速度起到了调节作用。

（2）要转变政府职能。新型工业化道路以政府职能得到切实转变为前提。我国传统的工业化道路完全是政府推动的，是在中央政府的指令性计划约束下，高速度地建立起了以重工业为核心的工业体系。而新型工业化是在实现政企分开的基础上使政府的经济调节、市场监管、社会管理和公共服务职能不断完善的基础上，政府发挥间接调节作用，利用市场机制来实现。

（3）搞好新型工业化实现的宏观调节。稳定的宏观经济环境是实现新型工业化的基本条件。由于市场本身的不健全和自我调节滞后，必然使生产与需求之间存在一定的脱节，引起经济波动，矛盾激化到一定程度会导致宏观经济整体的总量失衡。因此，政府应运用财政政策和货币金融政策，通过调节总需求处理好总供给与总需求之间的关系，维护工业经济总量的大体平衡，减少经济波动，保持宏观经济稳定。

（4）为新型工业化的实现提供基础设施。交通运输、邮电通信、供水供电、环境保护等公共设施和公用事业以及一些市政设施，是从事各种生产活动所不可缺少的基础条件，具有产业基础的机能，这些部门具有投资规模大、建设周期长、外部经济效果不显著等特点，在市场经济条件下，单纯依靠市场机制的作用，会由于利润引诱不足造成投资不足，影响新型工业化的实现进程，因此需要政府正确地运用公共财政对这些基础设施进行投资或组织市场主体投资，发挥作用，使基础设施建设为新型工业化顺畅运作的基础条件。

（5）支持工业基础产业的发展。单纯依靠市场机制进行资源配置，某些重要的基础产业在一定时期会由于生产周期长、投资风险大、投资限额高、利润引诱不足等原因而得不到相应的发展，影响工业化的协调发展。政府还应采取一定措施，通过重点扶持那些产业关联度大、附加价值高、具有巨大市场潜力的主导产业，推动工业产业结构的演进与升级，从而推动新型工业化的实现。

（6）带动工业化的地区间平衡发展。市场经济条件下，地区间比较优势的差异造成资源在区位间的移动和不均衡分布，从而形成区位间比较效益的差异和地区工业经济发展的不平衡。因此，我国政府应注意对地区间的资源配置结构进行一定程度的干预和调节。政府应引导资源向特定区位流动，通过产业在区位上相对集中配置，形成直接集聚效益和间接基础效益，充分发挥规模效益，从而加快新型工业化的发展。

## （六）处理好公有制与非公有制之间的关系

西方资本主义国家的工业化是在私有制的基础上，依靠私人力量发展起来的。中国的新型工业化要把公有制经济和非公有制经济结合起来，强调民间投资对新型工业化的推动作用。在我国新型工业化的所有制结构选择上，要实现多种所有制经济共同发展，强调民间投资对新型工业化的推动作用，鼓励、支持、引导非公有制工业经济的发展，提高混合所有制经济和民营经济在整个国民经济和工业经济中的比重。在新型工业化的实现中，要坚持"两个毫不动摇"，处理好公有制与非公有制之间的关系必须做到以下几点。

（1）加强工业经济领域的所有制改革，改变国有工业的垄断地位。引导非国有企业向原料工业部门流动，通过提高各所有制工业在这一领域的竞争程度，改变国有工业的垄断地位，促进原料工业部门提高生产率；同时利用经济相对紧缩从而加强工业领域竞争激烈的有利条件，加快传统产业的技术改造，促进乡镇工业特别是农村工业提高生产技术水平，降低物质消耗比重，减轻对原料工业部门的需求压力，使工业结构继续高加工度化。在保持非国有工业在技术密集度较高的产业部门发展势头的条件下，通过加快乡镇工业的技术进步来提高它们在这些产业的技术层次和加工深度。

（2）加强国有及国有控股工业在发展支柱产业和高新技术产业中的主导作用，使工业所有制结构的变动与加工工业结构的高度化和技术集约化的发展结合起来。在国有工业垄断性较强的部门，应当在所有制结构的变动中进一步引进和发展非国有企业，适度降低国有工业的比重和垄断地位，提高各所有制工业的竞争程度，促进资源流动和优化配置。

（3）要积极大胆地寻找非公有制经济的多种实现形式，开拓工业经济领域的新增长点。除继续大力发展机制灵活的个体、私营经济和外资企业外，要在公有制工业企业改革、改制、改组中，通过承包、兼并、租赁、购买、参股等形式，拓展非公有制经济在工业经济领域的实现形式和增长点。同时非公有制工业经济本身也要实现组织形式和管理制度的不断创新。非公有制经济，特别是个体、私营经济，需要按现代企业制度的要求，进行内部制度的不断创新；按照市场经济发展和新兴工业化的要求，拓展财产组织形式。要解决非公有制经济在银行贷款、项目投资等方面的体制和政策障碍。在健全法律、法规的基础上，在新型工业化的实现过程中将非公有制经济推向更为广阔的领域，实现与其他经济成分的公平竞争。

### （七）处理好工业化与城市化的关系

城市化是工业化的基础，工业化是城市化的必然结果，两者是相互促进的。城市化是由于生产力的发展与生产方式的变化所引起的现代产业向城市的聚集过程，以及由此所决定的人口集中过程与城市生活、生产方式扩大过程的统一。从我国工业化的实际来看，城市化的滞后是工业化的根本阻滞。因此，在新型工业化的实现过程中，必须协调好工业化与城市化的关系，加快城市化进程。

（1）正确认识城市化对工业化的推动作用。在市场经济的条件下，工业化离不开城市化。因为发展工业必须重视规模经济和集聚效益，城市化可为工业在一定地域的集聚和形成合理的生产规模提供较好的投资环境和销售、流通市场。而且一个国家或地区的整个工业化过程，就是使其产业结构由以第一产业为主，逐步转向以第二、第三产业为主的过程。工业愈是向深加工、高技术发展，对第三产业的依赖性也愈大。在新型工业化的进程中，必须正确认识第二、第三产业的发展与城市化的进程是密切相关的，尤其是第三产业的发展必须以城市为主要依托。我国现有工业企业分散重复建设较多，总体效益欠佳，第三产业的发展不快，在产业结构中的比重偏低，这一切与我国的城市化进程长期滞后于工业化不无关系。因此，在新型工业化过程中要协调城市化与工业化的关系。

（2）推动城市化与城镇化的结合。城市化是指人口向城市的集中过程，城镇化是农村人口向县城范围内的城镇集中和农业人口就地转移为非农业人口的过程。因此，中国的城镇化道路是城市化、农村城镇化与农村非农化并举。与中国二元经济结构相一致，我国城市化也是二元的：一方面是国家投资进行的城市化；另一方面是地方投资和农民投资进行的农村城镇化。鉴于我国城镇化的二元性和我国农村剩余劳动力转移任务的艰巨性，在新型工业化的实现过程中应实行城市化和农村城镇化同样并举的二元城市化战略：一方面，利用一次城镇化形成的城市基础，大力发展交通和通信业，推行以发展城市圈带为特点的网络型城市化；另一方面，充分发挥现有农村非农企业作用，以县城为依托，推进农村城镇化的进程。

（3）优化城市结构，提高城市的聚集能力。一方面要控制大城市人口和一般工业的增长，防止大城市的过度膨胀；另一方面要改善大城市的空间结构，发展多中心的网络城市，提高城市的自然和环境承载能力。积极发展城市的基础设施，以把城市中心与周围的卫星城镇连接为一个有机的整体。加强对大城市周围卫星城镇基础设施和生活服务设施的建设，改善其生活环境，并创造较多的就业岗位，以疏散大城市中心区的人口和工商业活动，缓解其过度拥挤的状况。鼓励工业、居住、商贸和公共等用地在小区内的混合使用，发展多样性、相互支持、互为补充的社区，以方便居民就近就业、购物、社交，减少对机动交通的需求，减少交通能源的消耗，从而减少机动车排出的废气对环境的污染。加强区域间、城市间、城乡间、城乡建设与区域基础设施之间、建设布局与资源环境之间的空间综合协调。在充实规划队伍，提高规划质量，理顺规划体系，健全法治建设的基础上，强化对区域开发建设的规划管理与空间调控，为在新型工业化中合理有序地加速城市化进程提供可靠的保证。

### （八）处理好工业化与人力资源开发的关系

新型工业化强调工业经济领域技术水平的提升和工业经济领域科技含量的提高。而技术提升和科技含量的提高依赖于人才作用的发挥。因此，在新型工业化的实现过程中，要处理好工业化与人力资源开发的关系。要处理好工业化与人力资源开发的关系，必须实施人力资源开发的战略创新。

（1）要推进教育创新，深化教育体制改革，为新型工业化培养人才。高素质的人才是科技创新和现代化建设的前提，也是实施新型工业化道路的关键性条件，我国人力资源与发达国家还有很大差距，这是影响我国科技创新和新型工业化发展的最大瓶颈。因此需要发挥我国的人力资源优势，通过教育的创新与发展，培养高素质的人才。教育是人才的"母机"，是发展科学技术和培育人才的基础，在工业现代化建设和新型工业化发展中具有先导性、全局性和战略性的作用，必须坚持把教育摆在优先发展的战略地位，大力推进教育创新，深化教育体制改革，优化教育结构，推行素质教育，扩大教育资源，加快创新人才的培养。把教育创新与技术创新相结合，为新型工业化培养人才。

（2）提高工业劳动者素质，为新型工业化提供人力资源保障。抓好科技创新人员的培育和数字化人力资本的积累，不断提高工业劳动者素质，为我国实施新型工业化造就高素质劳动者和创新人才。在人才培养中既要培养大量优秀的科技人才，又要培养大量优秀的管理人才，还要培养大批优秀的技术工人，使劳动力资源得到更加充分的利用，使人才结构更加趋于合理，使我国的人力资源优势真正得以发挥，在新型工业化的实施中把科技战略创新与人才培养战略创新相结合。

（3）进行分配体制和人事体制创新，加强人力资源的开发和利用，为新型工业化提供人才激励。收入分配是社会成员之间经济利益关系的主要表现形式，合理有效的分配制度有利于人力资源作用的发挥。因此，在新型工业化的实施中必须进行分配体制和人事体制创新，建立新型工业化的人才激励机制。同时建立一个公平透明，有利于人才脱颖而出的机制和环境，通过实施人才工程加速我国的新型工业化进程；以充分就业为先导，促进劳动力资源的充分利用。走新型工业化道路既是第一、第二、第三产业结构调整优化的进程，也是一个不断创造和扩大就业领域的过程。因此，新型工业化以充分就业为先导，我们要在推进工业化的同时也扩大就业，正确处理好劳动密集型产业与技术密集型产业的关系，实现科教兴国战略与劳动力充分利用战略的结合。

### （九）处理好工业化与制度创新的关系

由传统工业化向新型工业化的迈进，标志着一定生产力水平的飞跃，而生产力水平的飞跃又与一定的制度变革紧密结合在一起。因此，新型工业化道路实现中，既有工业内部结构的调整、技术创新等，也与制度变革有很大的关系。因此，在新型工业化道路实现过程中要处理好工业化与制度创新的关系。处理好工业化与制度创新关系的思路为以下几点。

（1）加快工业经济所有制结构的调整。传统工业化是以国家投资为主体来推动的。改革开放以来，工业经济领域中的国有经济比重已经有所下降，非公有制经济的比重已经有上升。在新型工业化道路的实现中，要以所有制结构的调整作为工业经济制度创新的突破口，形成以国有经济为主导，混合所有制经济为主体，多种所有制经济发展为补充的新所有制格局。大力发展非国有经济，发挥民间投资在新型工业化中的积极作用。

（2）进行市场制度的创新。新型工业化是在市场经济条件下进行的，为了发挥市场机制的作用，在新型工业化的制度创新中首先要进行市场制度的创新，进一步促进市场体系的发育，消除市场发育的障碍，变市场直接干预为间接调控，切实打破市场的条块分割。进一步完善市场体系，特别是要促进生产要素市场的发育。

（3）推进现代企业制度建设的步伐。加快对国有工业企业规范的公司制改革，把国有工业企业改造成为股份公司，改变国有企业产权结构单一的状况，强化产权的激励和约束，并在此基础上完善企业的法人治理结构。以建立完善的法人治理结构和新的国有资产管理体制为前提，使政企职责分开。

（4）促进工业产业制度的创新。产业制度的创新是中国新型工业化的重要内容，产业制度的创新既要面对世界工业化发展的数字化、智能化和绿色化的趋势，又要立足于中国工业化的现实状况。一是要作好主导产业的选择。依据主导产业更替的作用机理和中国新型工业化的目标，应当把数字化产业和高新技术产业作为提高工业现代化的主导产业，把重化工、耐用消费品和非耐用消费品作为加速完成工业化任务的主导产业。二是建立我国的生态工业体系。生态工业体系最典型的特征是把生产过程纳入生态系统的物质循环过程之中，实现工业经济发展的生态化。依据我国工业经济发展的现状，在新型工业化的实现过程中要大力发展生态工业，建立生态工业体系。依据生态学原理，从生态工艺的要求出发，淘汰老工业工艺，从产品的设计、制造到销售全过程都按照生态工业的要求，进行工艺流程的设计。完善环保产业政策，促进和扶持环保产业的发展。三是进行产业政策的创新。在经济体制发生明显变化的情况下，依靠传统的产业政策会产生许多负面效应。因此在新型工业化的实现过程中，要进行产业政策的创新。

### （十）处理好内部与外部的关系

我国传统的工业化是在封闭经济的环境中发展的，主要利用内部资源来发展工业，忽视了社会化大生产和社会分工。而新型工业化建立在现代社会化大生产基础之上，是在开放背景下进行的，对外开放是新型工业化的典型特征，特别是在中国加入世界贸易组织（WTO）的情况下，加快工业经济的对外开放，重视利用国外资金和先进技术是新型工业化的重要内容。因此，在新型工业化的实现过程中，要处理好内部与外部的关系。在新型工业化的实现过程中要处理好内部与外部的关系，必须注意以下几点。

（1）实施高水平对外开放在实现新型工业化的过程中，进一步提高我国工业经济领域的高水平对外开放。在充分利用我国劳动力价格低、有广阔的国内市场等优势的基础上，加大工业经济的对外开放的力度，提高工业化的对外开放的水平。通过参与国际分工来实现国内工业产业布局的合理化，使新型工业化的产业布局向更有利于培养国际名牌产品的方向上发展，提高我国工业经济的国际竞争力，不断提高我国工业在国际上的竞争优势。

（2）大力发展贸易新业态。扩大高水平对外开放要加快转变外贸发展方式，促进外贸新业态发展。一是推动服务贸易高质量发展。顺应我国装备制造业"走出去"的趋势，发展生产性服务贸易。二是积极发展研发设计、检验检测、法律、会计等商务服务，促进服务贸易与对外投资紧密结合[1]同时顺应全球数字经济发展潮流，积极打造大规模、高质量数字贸易发展新格局。

（3）畅通国内国际双循环。统筹利用国内国际两个市场、两种资源，畅通国内大循环，促进国内国际双循环，以更高水平开放和更高质量发展推动新型工业化。在经济全球化新形势下和中国迈入高质量发展新阶段后，为充分发挥外资在现代化建设中的作用，在推进新型工业化中应加快构建新发展格局，依托超大本土市场规模优势，在实施扩大内需战略、加快国内市场一体化和制度创新的同时积极参与全球生产网络和价值链分工体系，以形成利用外资"稳中提质"的新优势[2]。

## 四、新发展阶段新型工业化的时代内涵与特征

新型工业化是一个具有中国特色、中国场景和中国语境的概念，既有别于西方的工业化，也不同于我国过去的工业化道路。2002 年，党的十六大报告就提出要"坚持以信息化带动工业化，以工业化促进信息化，走出一条科技含量高、经济效益好、资源消耗低、环境污染少、人力资源优势得到充分发挥的新型工业化路子"[3]。党的二十大报告将基本实现新型工业化作为 2035 年基本实现社会主义现代化的一项

---

[1] 任保平：《努力扩大高水平对外开放》，载于《人民论坛》2023 年第 24 期。

[2] 戴翔：《"双循环"促进利用外资"稳中提质"的效应评估》，载于《西安交通大学学报（社会科学版）》2024 年第 1 期。

[3] 《十六大以来重要文献选编》（上），人民出版社 2005 年版，第 16 页。

重要目标①。全国新型工业化推进大会上，习近平就推进新型工业化作出重要指示，强调把高质量发展的要求贯穿新型工业化全过程为中国式现代化构筑强大物质技术基础②。与党的二十大之前的新型工业化相比较，新发展阶段的新型工业化具有新的时代内涵：一是工业化新动力。数字化、智能化、绿色化等新的生产技术不断成熟，以数字技术为代表的新一轮技术革命和产业变革成为新发展阶段新型工业化的新动力。二是工业化新目标。基础能力是一个国家整个工业赖以生存和发展的基础，产业基础能力薄弱是制约我国工业化发展的关键问题，产业基础能力高级化、产业链现代化、产业竞争力提升成为新发展阶段新型工业化发展的新目标。三是工业化新路径。新发展阶段工业化的路径从主要依靠要素投入的规模扩张向主要依靠创新驱动、布局优化、结构优化促进发展转变。四是新工业化模式。由于新一代数字技术和人工智能的发展，智能化生产模式正成为工业发展新趋势。新发展阶段的新型工业化要应用人工智能和大数据技术，加快形成人工智能制造业新模式。

新一轮科技革命和产业变革引发了技术—经济范式的转变，数字技术和数据要素的双轮驱动使得新发展阶段的新型工业化呈现出新的时代特征：一是高质量发展是新发展阶段推进新型工业化的目标要求。新型工业化是强调质量优先的工业化，是以新发展理念为引领、把高质量发展要求贯穿始终的工业化。传统工业化的主要目标是推动增长和产业结构转型，而新型工业化在此基础上则更加突出增长和转型的质量。通过质量变革、效率变革、动力变革提升工业竞争力和全要素生产率，实现产业基础高级化、产业结构高度化合理化、产业链现代化。二是创新体系是新发展阶段推进新型工业化的动力源泉。新型工业化是重视自主创新的工业化。尽管传统工业化也提到了技术创新的概念，但新型工业化更加突出"自主可控"的技术创新。创新驱动是新型工业化的主要动力，新型工业化就是要从主要依靠资本、劳动等要素的投入拉动，转向主要依靠提升创新能力和全要素生产率。强化

---

①　习近平：《高举中国特色社会主义伟大旗帜　为全面建设社会主义现代化国家而团结奋斗》，载于《人民日报》2022年10月26日，第1版。

②　习近平：《把高质量发展的要求贯穿新型工业化全过程为中国式现代化构筑强大物质技术基础》，载于《人民日报》2023年9月24日，第4版。

科技创新主体地位，推进重点领域关键核心技术攻关，推动创新链和产业链深度融合。三是建立产业体系是新发展阶段推进新型工业化的重要内容。党的二十大报告强调"建设现代化产业体系。坚持把发展经济的着力点放在实体经济上，推进新型工业化"[①]。建立产业体系是新发展阶段推进新型工业化的重要内容，要加快形成企业为主体、需求为导向、产学研用紧密结合的产业创新体系。加快新技术、新材料、新模式在传统产业中的转化应用，加快人工智能、物联网、元宇宙、新能源等未来产业发展赛道，提升战略性新兴产业、高新技术产业、装备制造业增加值占制造业的比重。加快运用新技术新模式改造升级传统产业，推动战略性新兴产业融合集群发展。四是绿色化是新发展阶段推进新型工业化的重点。新型工业化是落实绿色低碳的工业化，摒弃传统工业化过程中高耗能、高污染和高碳排放的生产方式，避免资源过度开发、生态环境恶化等，走一条降低资源消耗、保护环境的绿色工业化之路。以实现碳达峰碳中和目标为导向，打造绿色供应链，构建绿色制造体系，实现工业的绿色低碳循环发展，走更加绿色低碳的新型工业化发展之路。五是数字经济与实体经济融合是新发展阶段推进新型工业化的重要途径。融合发展是新型工业化的重要特征。新型工业化是要走传统产业改造不断升级，新产业不断扩张，新旧产业不断融合发展的工业化道路。推动互联网、大数据、人工智能等新一代信息技术与实体经济深度融合，通过数字经济与实体经济在要素融合、技术融合、设施融合、流程融合、产品融合等多个维度的深度融合释放数字经济对工业化的赋能效应。推进制造业与服务业融合，互联网、大数据、人工智能与实体经济融合，形成新型实体经济。

## 五、新型工业化中的产业融合

新型工业化是为了迎接世界信息化的潮流而提出的我国工业化发展的新方向，目前世界发达国家相继完成了工业化任务，开始进入信息化和数字化时代。而中国经典工业化的任务还没有完成，而又遇到

---

① 习近平：《高举中国特色社会主义伟大旗帜　为全面建设社会主义现代化国家而团结奋斗》，载于《人民日报》2022年10月26日，第1版。

了信息化和数字化的挑战，为了迎接信息化和数字化时代的挑战，我们提出了走新型工业化道路的任务，以实现工业化路径的转型。新型工业化有多方面的内涵，从目标上来说是以技术进步提高工业经济效益，从后果上来说是实现充分就业，降低工业化的代价，实现工业可持续发展，而从产业性质上来讲，新型工业化是以信息化和数字化的发展带动工业化，通过产业融合来带动工业化的跨越式发展。因此，在新型工业化背景下，要在加速完成工业化任务的同时，大力发展信息产业、数字经济产业和高新技术产业，以产业融合来推进工业化的进程。

### （一）产业融合是新型工业化的本质属性

信息化和全球化一样是当前世界经济发展的主要潮流，以信息技术为核心的新技术革命以前所未有的力度冲击着全球社会经济的发展，将全球带入了一个全新的信息化时代，发达国家在完成工业化任务的同时快速进入到了信息化过程之中，发展中国家虽然没有完成工业化的任务，也受到了信息化的全面冲击。在信息化发展的推动下，20 世纪 90 年代以来各国政府和国际组织积极采取措施促进信息化的发展，1993 年美国提出了"国家信息基础结构计划"，1994 年欧盟提出了建立信息社会的计划，确定了欧洲信息社会的应用领域。信息技术和信息产业的迅速发展使国际竞争出现了新的特点，由原来的资源竞争、产销竞争转向了技术竞争，由过去市场需求导向转向了市场竞争导向。在信息产业的国际竞争中开始注重通过合作、合并与并购，实现跨产业、跨地域和超空间的渗透。

在信息化的潮流中，伴随着跨行业、跨区域的企业并购、企业联盟浪潮出现了产业融合。关于产业融合问题，"美国学者认为产业融合是为了适应产业增长而发生的产业边界的收缩或消失。我国学者认为产业融合是高新技术及其产业作用于传统产业，使两种产业合并成一体，逐步成为新产业的过程"。[①] 目前世界范围内经济的发展已经超越了信息化和自助化，已经进入到数字化和智能化阶段。产业融合之所以产生是基于三个方面的原因：一是数字技术的产业化为产业融合提供了技术基础和产业基础，由于数字技术的发展，电子信息技术与其

---

[①]　厉无畏：《中国产业发展前沿问题》，上海人民出版社 2003 年版，第 188 ~ 189 页。

他技术相互渗透，在产业融合过程中不断出现了新的产业和产业生长点。由于新产业的不断出现，传统产业抓住机遇，使传统产业的战略调整和产业重组成为产业融合的重要内容，不仅使资本密集型产业的数字技术含量提高，而且劳动密集型产业中数字技术含量也在提高。二是产业结构的高度软化趋势。依据产业结构理论，在工业化发展中工业化的次序是：轻纺工业阶段—重化工业阶段—高新技术工业阶段，在工业化后期由高加工工业向高信息技术过渡时，产业结构将出现软化趋势，产业结构的软化趋势意味着产业向混合方向发展，非物质产业向物质产业渗透，非物质产业在产值构成中的比重不断在提高，与此同时产业的界限开始模糊，彼此相互融合。三是大型企业组织的不断出现。大型企业和跨国公司是推动产业融合发展的主要载体，大型企业和跨国公司具有研发组织，是推动技术进步的主要动力，这些大型企业和跨国公司会不断加大科技投入，运用科技创新推动了产业融合的发展。同时跨国公司在国际范围内优化布局，把国际分工转变为了企业内部的分工，使过去的产业分立转变为了产业融合。产业融合的出现首先改变了传统的产业组织，使产业内部的竞争逐步演变为产业之间的竞争，竞争将会更加激烈，行业界限逐步淡化，产业边界逐步收缩。

从目前世界范围内的产业融合来看，已经从信息化融合转向了数字化融合。主要表现为四种方式：一是信息产业内部的融合。20世纪70年代，通信技术与信息处理技术的不断革新，推进了通信、广播、报刊等传媒产业之间的通力合作，形成了信息产业内部的融合。最典型的例子是IP电话和移动电话的出现，标志着电话机融合相关的数字技术之后，提供了许多新的信息处理服务。二是信息产业与传统产业的融合。信息产业的高渗透性，使得传统产业的份额与信息产业相融合，形成了信息产业与传统产业的融合，使传统产业加快信息网络建设，开展电子商务活动。与此同时，传统产业利用信息技术不断地改善管理系统，使传统的物流活动与信息流活动相融合，不断提高传统产业中企业的核心竞争力。三是信息产业与高新技术产业相融合。从目前世界范围内产业融合的进程来看，信息技术不仅在其内部融合而且在其外部融合，在其外部融合的过程中，不仅表现为信息产业与传统产业的融合，而且表现为以高新技术产业的融合，带动了高新技术产业中新材料、新能源、生物技术等高新技术产业的发展。四是数字经济与实体经济的融合。大数据、云计算、5G、人工智能、区块链、元宇宙等新一代数字技术加速向实体经济渗透。从技术产业、企业、生态四个层面进行融合，形成了产业融合的新特征与新趋势。

我国的新型工业化道路是信息化发展的产物，是在全球信息化和数字化发展的背景下，经典的工业化任务没有完成，而又遇到了信息化和数字化的挑战背景下而提出的工业化发展的新路径，可以说新型工业化不是传统工业化的延伸，而是传统工业化任务与信息化和数字化时代任务的双重叠加。因此，新型工业化从产业特征上来说是产业融合的进一步发展。主要原因是：（1）新型工业化与传统工业化是两种不同的经济形态。传统工业化是以要素投入、分工分业、规模经济、产业分立、实体关联为特征的迂回生产方式，在这种生产方式下，工业化的发展主要通过物质要素投入的增加来实现规模经济，通过规模经济实现工业经济的增长，经济的增长是建立在高物耗的基础上。而在新型工业化中，经济的增长是以网络经济、知识投入、技术创新、产业融合和虚拟关联为特征的，在新型工业化背景下经济增长不是建立在物质要素高投入的基础上，而是通过信息的传输来提高经济效率，促进知识的累积和扩散，以低消耗来求得经济增长的，这种高效率和低代价是以产业融合为基础的。（2）产业融合促进了传统工业化向新型工业化的重大路径转换。在新型工业化的实现中，通过信息化的发展，加速了产业融合的步伐，促进了传统工业化路径下的产业分立向新型工业化路径下产业融合的，实现了工业化路径的根本性转变。一方面信息技术和高新技术具有宽广的适用性与渗透性，信息技术和高新技术使产业边界收缩和淡化，促进了新的产业的成长；另一方面在产业融合的过程之中，高新技术和信息技术向传统产业的渗透加速了传统产业的改造，提高了传统产业的劳动生产率，加快了传统产业体系中产品的更新换代，增强了产品的竞争能力，促进了传统产业的结构转变，为传统工业产业提供了新的平台与运行环境。（3）产业融合是新型工业化实现的基本途径。新型工业化的基本内涵是技术进步、经济效益好、环境污染低、充分就业的工业化。这些内涵和目标的实现依赖于产业融合。一方面通过信息技术和高新技术的广泛运用，在技术层面上实现融合，技术层面上的融合促进了工业技术的进步和工业经济效益的提高；另一方面通过产业融合，使工业生产方式逐步软化，使工业化的发展不再完全建立在物质体系支撑的基础上，而是建立在知识和技术体系支撑为主的基础之上，从而使工业发展中的物耗降低，污染减少。同时由于产业融合的发展，产业链条的衍生和扩展，产业配套进一步加深，产业厚度进一步提高，相关服务业不断发展，提供了更多的就业岗位，实现了新型工业化的充分就业目标。

因此，新型工业化的本质内涵在于产业融合上，由于产业融合使传统工业化的生产方式发生了根本性的转变，"使产业间对信息共享、知识协同和服务交互等方面的同质性大大增强，而且使产业在实体产品、制造工艺和物耗等方面的异质性则相对缩小，从而使传统工业化的产业分离走向新型工业化的产业融合，实现跨越式发展和可持续发展的有机统一"。[①] 所以在新型工业化的实现中，不仅仅是提高技术进步、降低环境污染问题，也不是工业结构的简单调整，而是要为产业融合创造条件，以产业融合为主渠道，实现工业化路径的转换。

### （二）产业融合的形式

传统意义上的工业化是结构转变意义上的工业化，即工业化的过程是第一产业比例逐步下降，而第二、第三产业比例逐步上升的过程，传统工业化是以产业分立为基础而发生的。在数字技术发展的基础上，由于信息技术和高新技术的发展，出现产业融合，产业融合是在数字技术和高新技术发展的前提下产业边界收缩的动态化过程。一般来说，产业融合的形式有以下几点。

（1）在技术层面上的产业融合。技术融合是产业融合最直接的条件，也是产业融合最早的实现方式，在传统工业经济发展的历史进程中，最早就出现了技术融合。在技术融合中，一些新型生产过程被其他众多的生产过程所采用，或者某一产业的通用技术融合到其他产业中，提高了其他产业的生产效率。技术革新由于开发出了替代性或关联性的技术、工艺和产品，使这些产业可以对传统产业进行渗透，从而改变了原有产业的技术路线以及产业经营的内容和形式，其直接的经济后果是导致产业边界的收缩或者消失，形成了融合关系。

---

① 周振华：《信息化与产业融合》，上海三联出版社2003年版，第348页。

（2）经营业务层面上的产业融合。技术融合并不一定意味着产业融合，技术融合只是产业融合的基础和起点，要促进真正意义上的产业融合，必须在技术融合的基础上，加快经营业务层面上的产业融合。技术融合出现以后，需要调整原有的产业发展战略，整合企业的物质、技术、人力和管理资源，在创新技术的基础上，积极开展新业务，努力提高企业的核心能力。

（3）市场层面上的产业融合。技术融合和业务融合应以市场融合为导向。市场融合是产业融合得以实现的必要条件。只有创造出足够的需求，才能实现技术融合和市场融合的价值。在市场融合的过程中，企业应建立新型的竞争合作网络，以实现资源共享，降低市场融合的风险。

（4）在政策层面上推进产业融合。政策层面上的融合是依据产业管制环境的变化，放松管制使原来独立发展的自然垄断产业得以凭借技术和经营优势互相介入，使企业间的竞争进一步激化。同时不同产业之间的竞争使得原来产业内部的规制失去了意义，促使产业管制进一步放松，从而为产业融合创造良好的条件。

## （三）产业融合的形效应

由于这四个层次的产业融合使传统工业化的机制发生了重大的变化，形成了新的工业化效应。

### 1. 产业融合扩展了竞争的范围

传统工业化是通过物质要素的投入来实现经济增长的，这种经济增长是以比较优势来实现经济增长。而在新型工业化背景下，产业融合是信息技术和高新技术在不同产业之间的渗透带来的产业边界模糊化，从而提高产业的增长效率来实现工业化的。在产业融合过程中多媒体和联网技术正为在全新的行业中创造和获取价值建立新的边界，"并通过创造新的竞争优势来源和重新评价现有竞争优势而迅速重组许多现有行业"。[①] 在这种情况下，会出现两种新的变化：一是产品的可替代性增大。原先两种不具有替代性的产品可能转变为具有替代性，或原先两种只具有潜在替代性的商品可能转变为具有现实替代性，或

---

① 周振华：《产业融合中的市场结构及其行为方式分析》，载于《中国工业经济》2004 年第 2 期。

原先两种具有很小替代性的商品转变为具有更大的可替代性。二是产品的差异化增大。这两个方面的新变化表明，在产业融合的过程中传统的市场边界正发生着变化，出现了交叉或模糊化的倾向。同时这些变化也表明产业融合能够通过建立与实现产业、企业组织之间新的联系而改变竞争范围，促进更大范围的竞争。但是需要正确认识的是，尽管信息技术的广泛应用使利用新的竞争范围的机会增加，但这只是必要条件，其充分条件则是融合。产业融合在弱化网络资产专用性的同时，也强化了网络产业的范围经济。由于网络产业的生产成本主要沉淀于网络建设，如果用单个业务去分摊网络建设的成本，其成本相对较高，而在同一网络上开发多种业务，实现过去多个网络才能够实现的业务，就可以用多种业务去分摊网络建设的成本，使每种业务的成本大幅下降。这种范围经济带来的成本节约使一些自然垄断行业的平均成本曲线和边际成本曲线向下移。同时在产业融合的市场变革中，厂商的市场行为，既不是在行业分析基础上选择适当的战略位置，再实施战略的方式，也不是在衡量自身竞争优势的基础上确定战略的方式，而是一系列强有力的、多种多样的战略的总和。也就是，在各方面创造一系列不相关的竞争优势，并巧妙地把各个优势串联起来，形成一种半固定式的战略趋向。

2. 产业融合使工业化的结构高度化出现了新的表现形式

传统的工业化理论认为工业化过程是一个产业结构的优化和高度化过程，产业结构的优化是指通过产业结构调整，使各产业协调发展，并不断满足社会需要的过程。产业结构的高度化是指产业结构随着需求结构的变化与技术进步逐步向更高一级演进的过程。产业结构的高度化一般需要经历三个阶段：产业结构的重化工阶段、高加工度阶段、知识技术高度密集化阶段，通过产业结构的高度化使工业化由低加工度化、低附加值化、低技术集约化、工业结构的硬化向高加工度化、高附加值化、高技术集约化和工业结构软化方面转化。从这种基本思路出发，形成了对产业结构高度化的不同理论解释，配第一克拉克定律指出工业化中产业结构演变的基本规律是随着工业化的深化，第一产业的产值比重和劳动力比重在不断地下降，第二、第三产业的劳动力比重和产值比重在不断地上升。库茨涅茨在克拉克研究的基础上，从国民收入和劳动力在产业间分布两个方面着眼，收集了20多个国家的数据，把三次产业分别称为"农业部门""工业部门""服务业部门"，指出工业化结构高度化的基本趋势是农业实现的国民收入在整个国民收入中的比重以及农业劳动力在全部劳动力中的比重随着时间的推移在不断的下降。工业部门国民收入的比重大体是上升的，工业部门的劳动力比重大体不变或者是略有上升。服务业的劳动力比重几乎在所有国家都是上升的。传统工业化理论中的这种产业结构高度化的表现方式是在产业分立的条件下发生的，周振华先生把这种传统工业化中的结构高度化方式概括为：在传统产业分立条件下，"产业优势地位的部门替代"，即新的高增长部门取代增长的减速部门，潜在的高增长部门又取代原来所占的高增长部门，使产业结构的高度化表现为产业优势地位不断更迭的动态化过程。

在新型工业化背景下，由于信息化的发展，形成了产业融合，在产业融合的情况下，工业结构的高度化将由传统产业分立背景下新型部门对衰退部门的替代、高增长部门对减速增长部门的替代演变为多元新兴部门的兴起与发展，使多元化新兴部门的兴起成为工业结构高度化的主要表现形式。在传统产业分立的工业化背景下，产业结构的高度化之所以表现为一种替代效应，关键是技术因素在起作用，由于技术进步的周期性，使工业化的结构高度化表现为一种替代效应。而在新型工业化的产业融合背景下，由于信息技术和数字技术的融合与渗透，结构高度化中技术因素的作用将下降，而信息要素的作用进一步得到提升。信息技术与数字技术由于融合而成为各个产业的通用技术，信息成为主要因素，在信息技术的普及和应用下，各个产业间和部门间由于信息系统的互联、集成而成为一体化。从而使工业化的结构高度化不再是单纯地表现为部门替代、产业替代，而是新兴部门、新兴产业的广泛兴起。

3. 使传统工业化中的纵向一体化向横向一体化转变

从产业组织的角度来看，传统工业化是纵向一体化的，即单个企业向某种产品的加工或经销的各个阶段的延伸过程，或者是企业通过纵向兼并建立新的生产设施或经销渠道进入另一个加工或销售渠道的行为。在传统工业化背景下，之所以会发生纵向一体化，其原因是传统工业化是在产业分立背景下来进行的，在产业分立的条件下，纵向一体化就是将产业内某一个阶段上的单一加工过程或具有单一功能作用的专业化企业与各个阶段上的生产经营活动结合在一起，把企业之间的市场协调变为企业内部的非市场协调。而且在传统工业化的产业分立背景下，企业之间的纵向一体化随着行业的生命周期而变化，新兴行业存在着大量的纵向一体化，随着行业的壮大，纵向一体化区域结束，而当行业衰落时又会形成新的纵向一体化。

在新型工业化的产业融合背景下，产业组织中的纵向一体化趋于减弱，由于产业融合产业的界限趋于收缩或者淡化，在信息技术和高新技术的扩张与渗透的作用下，使产业组织由纵向一体化向横向一体化方面发展。在产业融合的发生过程中，由于信息技术的扩展与普及，信息技术更加通用，工业标准更加开放，产业之间的横向环节呈现出分流状态，产业与市场日趋多样化和专业化，纵向一体化的产业组织被打破，而横向一体化得以成长。同时在产业融合的背景下，政府也逐步放松了产业管制，在政府放松产业管制和产业融合所形成的技术融合的共同作用下，融合性的产业逐步表现出了横向的市场结构，而不再表现出纵向的市场结构，企业之间的竞争转向横向控制市场，"通过创造新的组合将互补性的元件组合为新的产品束。在产业融合中，产业的主导者由控制了技术的企业转变为控制了市场标准的企业，标准竞争将成为产业融合过程中一个重要的竞争手段，并且竞争围绕着信息和网络而展开"[①]。

### 4. 形成了提高工业经济效益的新方式

在传统工业化背景下，工业经济效益的提高是以物质投入的不断增加为前提，即通过所谓的规模经济来提高经济效益。这种经济效益的提高是以物质体系为支撑条件，并以物质投入的增加为主要实现方式的。在这种工业化中，技术进步的作用仅仅表现为提高效率或者降低物质消耗，提高物质资源的利用率，在此方式基础上来提高工业经济效益。

而在新型工业化的产业融合背景下，工业经济效益提高的途径发生了新的变化，形成了提高经济效益的新方式：一是通过资源有效使用来提高工业经济效益。由于信息技术有较强的渗透性，使其具有广泛的应用性。同时信息技术和数字技术也有很强的带动性，不仅带动

---

① 张磊：《产业融合与互联网管制》，上海财大出版社 2001 年版，第 31 页。

了产业内部的融合发展，而且带动了产业外部许多产业的融合发展。在信息产业和数字产业的内外部融合中，由于信息产业和数字产业的带动性，使资源的有效性得到了提高，由于产业融合所导致的产业边界的收缩，使企业行为由纵向一体化演变为横向一体化，企业进入其他领域经济横向扩展时，可以使现有的资源更加充分地利用，使现有的人才、品牌、技术仍然能得以充分发挥作用，从而大大降低成本，提高经济效益。二是通过降低边际成本和交易费用。由于信息技术具有倍增型的特点，尽管其生产成本很高，但是复制成本却很低，形成了信息产品生产的低边际成本、高产出和高附加值的特点，倍增型的特点是信息产业可以实现低成本的扩张，加速产业内外的融合，提高传统产业的效率，降低边际成本，使传统产业分离背景下的边际收益递减转为边际收益递增。同时由于产业融合所形成的纵向一体化，提高了交易规模和速度，使企业可以将部分交易费用内部化，解决交易费用，在交易费用节约的基础上来提高经济效益。三是通过分享"范围经济"的好处来提高经济效益。范围经济是在产业融合背景下而形成的一种经济现象，是指在产业融合的前提下，通过扩大经营范围，从而利用现有资源的基础上提高经济效益的途径。它与规模经济不同的是范围经济是在产业分立的背景下发生的，规模扩张只是在行业内扩张，而范围经济是在产业融合背景下而出现的，由于产业融合所导致的产业边界的收缩，企业可以在更大的范围内进行扩张，可以突破产业边界进行扩张，通过在更大范围内的扩张，既扩大了经营范围，又使现有资源得到了充分利用，从而降低整体经济成本，提高了经济效益。

### 第四章

# 数字经济背景下的新型工业化

新型工业化不仅是指工业本身的发展，而且代表了中国经济发展方式的转型，是与社会发展由落后到现代的转型，经济治理模式由单一向多元转型，经济增长方式由粗放向集约转型相联系的经济发展方式的转型[①]。数字经济是世界科技革命和产业变革的先机，是新一轮国际竞争的重点领域。在推进新型工业化的过程中要充分释放数字经济对新型工业化的赋能效应。基于此，有必要基于经济学理论研究数字经济赋能新型工业化的理论机制以及实现路径与政策。

## 一、数字经济背景下新型工业化的新特征

新型工业化的特征表现为科技含量高、经济效益好、资源消耗低、环境污染少和人力资源优势得到充分发挥。随着数字技术的迅猛发展，中国进入数字经济时代，在此背景下，当前的新型工业化出现了一系列新特征。

### （一）数字经济背景下的新型工业化具有新的发展动能

每一次科技进步和产业革命都会为工业化提供新的发展动能。数字经济作为新一轮科技革命和产业革命最活跃的领域，其涌现的大量颠覆性数字技术及其应用通过创新驱动、产业融合和扩大内需为新型工业化提供了新动能。

---

① 任保平：《21 世纪的新型工业化道路》，中国经济出版社 2005 年版，第 82 页。

（1）数字经济赋能科技创新，为新型工业化提供新动能。传统的工业化主要依靠要素驱动实现经济增长的高速度，往往会经历高消耗、高污染的重化工业阶段，由此带来严重的环境问题。新型工业化借助高新技术跨越或缩短重化工业阶段，以科技创新提高工业发展的质量和工业经济效益。进入数字经济时代，数字经济为工业领域的科技创新及其应用提供了新型基础设施和协同创新体系支撑。一方面，人工智能、工业互联网、物联网等新型基础设施为新型工业化过程中的科技创新能量释放提供了平台，夯实了新型工业化的产业基础，为创新成果工业化应用奠定了良好基础，孕育了新型工业化新阶段的新动能；另一方面，借助数字技术打造的数字化创新平台，"政、产、学、研、用"各类有利于促进新型工业化的创新主体，能够实现高效对接，共建跨时空、跨领域、跨行业的新型工业协同创新体系，创新驱动工业高质量发展的活力进一步迸发。

（2）数字经济优化工业结构，为新型工业化提供新动能。新型工业化的实质是经济结构的优化，以此实现工业与国民经济各产业的协调和高质量发展。在此过程中，既要积极发展高新技术产业，又要加强传统产业的技术改造。进入数字经济时代，数字经济通过数字产业化和产业数字化双向为高新技术产业发展和传统产业技术改造注入新动能。一方面，数字产业化需要制造业为其提供芯片、传感器、通信设备、超高清显示器等硬件产品，数字产业化成为新型工业化的重要动力。与此同时，随着数字产业化规模的不断扩大，快速发展的数字产业成为重要的增量产业部门和工业经济发展的主要驱动力，从而优化了工业经济结构。另一方面，产业数字化促进了数字化与传统产业的深度融合，实现再工业化，激发了传统产业的新活力，培育新的价值增长点。

（3）数字经济助力扩大内需，为新型工业化提供新动能。进入全面建设社会主义现代化国家的新征程，工业发展面临的国内外经济环境发生了深刻变化，外需对工业增长的拉动作用明显减弱，内需的拉动作用则得到进一步加强，而数字经济发展有利于形成统一大市场，扩大国内消费和投资需求，从而拉动工业增长。一方面，中国幅员辽阔，加之区域发展不平衡，这就决定了国内市场消费需求具有潜力大和多样性的特点，数字经济通过互联网电商平台，能够将不同区域、不同个体的消费需求有效集中，进而实现精准适配，这为国内统一大市场的构建创造了前提条件，成为新型工业化的内需动力①；另一方面，数字经济打破了传统消费市场的时空限制，降低了信息的非对称与非完整程度，使消费者能够及时获取市场及其产品的相关信息，还能针对消费者的个性化需求，实现产品消费场景体验与优化，扩大消费的可能性边界，创造新型消费，形成消费新动能。此外，数字经济的发展还拉动了新型基础设施建设的投资需求，进而推动制造业转型升级，赋能新型工业化发展。

### （二）数字经济背景下的新型工业化具有新的发展模式

工业化是一个历史范畴，在不同的历史阶段，具有不同的发展模式。中国早期的工业化主要是为了解决人民日益增长的物质与文化需求同落后生产力之间的矛盾问题，因此，当时的工业化采用数量扩张方式，通过增加要素投入来建立工业化体系和物质基础。当前中国社会的主要矛盾已经发生变化，这对新发展阶段新型工业化提出了新的要求。数字经济的迅速发展为新型工业化提供了新的历史机遇，在更好地满足人民生活新需求、提高经济发展效率和提升经济发展质量等方面促进新型工业化发展，重塑新型工业化的发展模式。

（1）数字经济满足人民生活新需求，为新型工业化提供新模式。新型工业化强调社会要以尽可能少的资源支出，最大限度地满足人民群众的需要。当前，中国社会的主要矛盾已经转变为人民日益增长的美好生活需要和不平衡不充分的发展之间的矛盾，这就从需求侧对新型工业化提出了新要求，主要表现在：一方面是需求范围的扩大，即在物质文化生活需求基础上，进一步增加了对民主、法治、公平、正义、安全、环境等方面的需求；另一方面是需求层次的提升，即更加注重产品和服务的质量，个性化的需求日益增多。数字经济能从扩大供给范围和提高供给质量两个方面不断满足新发展阶段人民对美好生活的多重需要：一方面，数字经济通过网络效应为消费者更好地了解、参与工业经济活动提供了条件，其多维度的需求在数字经济背景下能

---

① 任保平、迟克涵：《数字经济背景下中国式现代化的推进和拓展》，载于《改革》2023 年第 1 期，第 18 ~ 30 页。

够得到更好的满足。同时,消费者还可以借助互联网平台进行工业产品和服务的开发设计乃至生产,拓展生产可能性边界,形成更多新的满足人民扩大范围需求的供给。另一方面,数字技术能够使工业产品和服务的供给方便捷且低成本地精准了解市场需求,进行针对性地高效供给,更好地满足人民多样化、个性化消费需求。

(2)数字经济提高经济发展效率,为新型工业化提供新模式。经济效率是指人们在运用和配置资源上的效率,经济效率分为资源利用效率和资源配置效率两个层次:资源利用效率是针对单个资源开发利用者的行为而言,强调用既定的生产要素生产出最大量的产品,体现为全要素生产率的提高;资源配置效率是针对多个行为主体参与的经济行为而言,强调在不同生产单位、不同区域、不同行业之间分配有限的经济资源而达到高效配置,体现为帕累托最优状态。数字经济的发展能够驱动上述两个层面的变革,提高工业经济效率。在资源利用效率方面,数字经济的发展促使单个资源开发利用者增加科技创新和人力资本投入,劳动力与人工智能结合成为普遍的生产方式,这既提高了劳动生产率,又促进了自然资本、人造资本和人力资本的科学配置,进而提高全要素生产率。在资源配置效率方面,数字经济通过网络化提高了生产要素供需匹配效率,有利于形成有效的竞争市场,实现经济系统的帕累托最优。

(3)数字经济提升经济发展质量,为新型工业化提供新模式。中国早期的工业化是通过数量型扩张实现的,进入新时代,更加注重工业发展的质量和效益。数字经济通过创新驱动、绿色发展、结构优化等多方面的综合作用实现工业发展质量的提升。首先是数字经济的创新驱动作用。数字技术作为新一轮科技革命和产业变革的代表,其本身就蕴含着无数创新,能够驱动工业高质量发展。其次是数字经济的绿色发展作用。数字经济的发展不仅打破了传统要素有限供给对工业增长的制约,还打破了传统消费市场的时空限制,促进生产要素从高消耗、高排放的生产部门进入低消耗、低排放的生产部门,推动了绿色产品创新和绿色工艺创新,实现经济发展与生态环境保护的协同推进,提升工业发展质量。最后是数字经济的结构优化作用。数字经济的创新特质促进了工业产业组织模式和产业结构的变革,新业态、新经济管理方式、新盈利模式使工业经济结构更趋合理,进而提升工业发展质量。

### （三）数字经济背景下的新型工业化具有新的发展优势

中国早期的工业化建设主要依靠在国际分工中具有的劳动力丰富、生产要素价格低廉的比较优势，随着我国工业化水平的不断提高，这种比较优势逐渐减弱。进入新征程，中国特色新型工业化的目标从追赶型发展为赶超型，需要塑造新的竞争优势，数字经济的发展从生产要素、需求条件和治理机制等方面塑造了这种新优势。

（1）数据成为新的生产要素，为新型工业化提供新优势。根据迈克尔·波特的理论，初级生产要素逐渐走向没落，高级生产要素对一国竞争力的影响越来越大[1]。在数字经济背景下，数据要素成为新型的高级生产要素，并逐步在生产要素中占据核心地位，在使用价值和价值生产两个方面都做出了重要贡献，为新发展阶段新型工业化塑造了新优势。一方面，就数据要素的使用价值贡献来看，数据产品生产，能够显著增强劳动、资本等其他生产要素之间的协同性，在降低生产风险、控制成本和改进效率等方面发挥重要作用，是未来服务型制造产业发展的重要内容；另一方面，就数据要素的价值贡献来看，数据要素不仅带来了生产、交易和消费模式创新[2]，推动形成了新的产业部门，扩大了劳动者的范围，从而在实体经济增长的基础上获得了新的增长点，有助于创造更多价值；还能够提高劳动生产率，使商品的使用价值量表现为更多的价值量[3]，为新发展阶段新型工业化铸就了新优势。

（2）数字经济提高消费者信息能力，为新型工业化提供新优势。马克思分析了消费对生产的作用，强调"产品只是在消费中才成为现实的产品""消费创造出新的生产的需要……是生产的前提"[4]，因此，塑造新发展阶段新型工业化新优势就要增强消费对工业发展的基础性作用。消费取决于消费者信息能力的高低，这里的信息能力是指消费者对产品信息的知晓程度。数字经济发展过程中产生的海量数据极大

---

① 迈克尔·波特：《国家竞争优势：上》，中信出版社 2012 年版，第 70 页。
② 夏杰长：《数据要素赋能我国实体经济高质量发展：理论机制和路径选择》，载于《江西社会科学》2023 年第 7 期，第 84～96，207 页。
③ 《数字经济重大理论与实践问题的政治经济学研究》，格致出版社，上海人民出版社 2023 年版，第 26～33 页。
④ 《马克思恩格斯选集》（第 2 卷），人民出版社 2012 年版，第 691 页。

地提升了消费者的信息能力，在推动新型工业化的进程中形成需求条件方面的新优势。一方面，随着消费者信息能力的逐渐提升，会出现懂行且挑剔型消费者，他们愿意尝试新产品，从而引领新消费需求，创造出新的生产需要，形成企业新的竞争优势；另一方面，根据新供求关系理论，当消费者的信息能力提升到一个特定值的时候，工业企业利润开始下降，这就倒逼工业企业要么进行技术创新，提高原产品的生产效率；要么开发新产品，提高产品的多样性，从而提升其市场竞争力。可见，数字经济引发的消费者信息能力提高为工业市场结构演化提供了驱动力，塑造了新发展阶段新型工业化的新优势。

（3）数字经济优化了治理效能，为新型工业化提供新优势。新制度经济学制度变迁理论强调，制度作为内生变量对经济发展具有重大影响，为了提高经济效率，需要反思已有制度存在的缺陷并加以修正。习近平总书记强调，要"加快用网络信息技术推进社会治理"[1]。作为对传统经济治理模式的变革与升级，数字经济治理运用大数据技术建立动态化、协同化的分析系统，能够精准掌握工业经济发展中的各类信息，为提高工业经济发展竞争力，推动新型工业化形成制度新优势提供基础和支撑。一方面，在数字经济治理模式下，数字技术能够很好地解决工业经济信息收集的维度、层次和时效问题，更能反映真实的工业经济发展状况，政府根据这些数据资源能够高效制定工业经济改革制度，打造促进新型工业化的制度供给新优势；另一方面，数字经济治理模式能够减少信息孤岛现象，推进线上线下有机结合的双向互动，实现工业经济治理的跨层级、跨区域、跨部门、跨系统、跨业务的综合协同，有利于提高政务服务效率，打造推动新型工业化的制度环境新优势。

## 二、数字经济背景下新型工业化的推进机制

数字经济背景下的新型工业化强调以数字技术改造传统产业，用数字化、智能化、生态化带动工业化，实现工业经济发展动能、发展模式和发展优势的全面演进和重塑，提高工业现代化水平和竞争能力。

---

[1] 陈肇雄：《加快推进新时代网络强国建设》，载于《人民日报》2017年11月17日，第007版。

数字经济背景下新型工业化的推进机制主要包括创新驱动机制、深度融合机制和协同联动机制。

## （一）创新驱动机制

数字经济背景下的新型工业化必须解决好驱动力问题，即由投资和要素驱动转向创新驱动，通过科技创新、制度创新和产业创新建立对新型工业化的驱动支撑，为新型工业化赋能。

（1）数字经济赋能新型工业化的科技创新。科技创新作为驱动新型工业化的核心力量，其生产过程就价值链视角而言，主要包括科技研发和科技成果转化两个阶段，数字经济在这两个阶段均能发挥驱动效应。一方面，数字经济能够集聚大量科技创新要素，打破信息交流壁垒，提升技术研发成功率；另一方面，数字经济能够优化工业科技创新系统结构，不仅促进了科技创新成果供需双方的有效对接，提升科技创新转化效率；还能通过互联网云平台重塑科技创新系统中的知识创造、共享与扩散，为区域间科技创新成果的推广与交流学习提供途径，形成知识与技术溢出效应。同时，科技创新成果数字化网络交易平台的应用，提高了技术交易市场竞争的公平性，有利于促进科技创新成果的高效公平转化。

（2）数字经济赋能新型工业化的产业创新。新型工业化的核心要义是产业创新。产业创新是把产业自身及其与之相关联产业的关联要素进行重新组合和优化配置，打造现代化产业体系的过程，既包括战略性新兴产业的发展，也包括传统产业的转型升级。数字经济不仅是新经济增长点，也是改造提升传统产业的重要驱动力，其通过数字产业化和产业数字化双轮驱动产业创新。一方面，从数字产业化的角度看，数字经济孕育了包括大数据、云计算、人工智能等新的产业集群，并依托其较强的正外部性效应和要素融合效应，不断发展形成新经济、新产业，实现产业的持续创新；另一方面，从产业数字化的角度看，数字产业与传统产业的有机融合，打破了传统产业的空间形态与边界，形成产业集聚效应与产业结构升级效应，驱动传统产业朝着数字化、智能化、生态化的方向创新发展。

（3）数字经济赋能新型工业化的治理创新。治理创新是利用新技术、新方法或新组织形态提高治理水平与治理能力的过程，这一过程将资源从低效率配置转向高效率配置，促进经济增长。数字经济的发展促使社会治理模式发生深刻变革，传统的政府单一监管治理模式逐步转变为多元主体协同共治模式。首先，数字技术的快速迭代与普及推广，为打造信息公开的政务类 App 提供了可能，解决了单项式治理手段下民众与政府信息不对称问题。其次，数字技术的使用，使政府能够精准定位、解决人民群众在经济社会领域的"急难愁盼"问题，提供更多优质服务。最后，数字政府建设打破了条块分割和业务壁垒，构建区域协同、部门协同、数据共享的整体性治理体系。

### （二）深度融合机制

数字经济的发展推动生产、生活、生态之间呈现深度融合发展态势，在这种态势下，数字经济赋能新型工业化就要在数字经济与实体经济、数字文明与新型工业文明、数字经济与共同富裕之间构建深度融合机制。

（1）数字经济与实体经济的深度融合。数字经济与实体经济的深度融合是指数字技术和数据要素全面渗透实体经济，驱动实体经济进行全方位、全链条的数字化改造，生成新经济实体的过程[①]。促进数字经济和实体经济深度融合是推动新型工业化的应有之义，以数字化带动工业化、以工业化促进数字化是数字经济时代新型工业化的鲜明特征。首先，数字技术与工业技术创新的深度融合能够将数据要素全面融入传统工业特别是传统制造业中，推动传统工业朝着数字化、网络化、智能化方向发展，形成较为完善的产业链和产业集群，提高全要素生产率，促进工业质量变革、效率变革、动力变革和生产方式变革，加快新型工业化进程。其次，数字经济与工业创新的深度融合，能够优化工业经济资源供需匹配模式和价值创造模式，完善产业生态规则，促进中国工业经济结构迈向全球价值链中高端。最后，数字经济与工业企业组织创新的深度融合能够实现平台经济与工业企业组织的有机结合，重塑工业企业管理模式、业务模式和商业模式，提高工业企业的创新能力和国际竞争力。

---

① 洪银兴、任保平：《数字经济与实体经济深度融合的内涵和途径》，载于《中国工业经济》2023年第2期，第5～16页。

（2）数字文明与新型工业文明的深度融合。传统的工业文明侧重产出导向，不注重降低工业化的资源环境成本，造成其发展会面临增长极限的困境。数字文明是继农业文明、工业文明后的新型文明形态，它以数据为中心，以数字技术为基础，形成数字经济占主导地位的文明新形态[①]。在新型工业化的发展进程中，以数字化转型推动经济实现可持续发展，逐渐成为新发展阶段新型工业文明的重要内涵。首先，数字经济具有的共享和外溢效应有利于摆脱传统工业化过程中对资源环境造成严重污染和破坏等弊端，实现发展和安全的有机统筹。其次，依托数字技术改造工业全流程，有利于推动工业绿色低碳发展，筑牢新型工业化的生态根基，推进中国式生态现代化。最后，数字技术具有的便捷、实时、共享等特点，能够有效消除新型工业化过程中生态环境治理的信息壁垒和数据孤岛等难题，提高生态环境治理水平。

（3）数字经济与共同富裕的深度融合。实现全体人民共同富裕是推进新型工业化的根本目的，是社会主义的本质要求。数字经济能够有效打破时空阻隔，提高资源配置的共享度、普惠度，成为新型工业化发展中促进共同富裕的重要力量。数字经济与共同富裕的深度融合就是强调在发展数字经济的同时，促进高质量就业，实现扩大中等收入群体比重、增加低收入群体收入的目标，使新型工业化成为包容性增长的工业化，从而在推进新型工业化进程中实现全体人民共同富裕的现代化。首先，数字产业化规模的持续扩大能够创造大量新增就业，促进劳动者充分就业，提高劳动者的收入水平。其次，数字技术的应用与普及提高了劳动者的职业技能，提升了他们的劳动报酬。最后，数字经济能够通过赋能乡村振兴提升农村居民收入水平，进而扩大中等收入群体规模，有利于实现共同富裕。

### （三）协同联动机制

随着数字经济的发展，数据作为一种新型生产要素进入工业经济体系，能够实现工业经济系统中数据要素与传统要素、数字化与工业化、有效市场与有为政府的协同联动，进而优化经济发展模式，提高

---

① 任保平：《数字经济与中国式现代化有机衔接的机制与路径》，载于《人文杂志》2023 年第 1 期，第 2～7 页。

经济发展质量。

（1）数据要素与传统要素的协同联动。数字经济时代，数据作为一种新型生产要素介入经济体系，其具备的使能性和通用目的性特征使其成为连接传统生产要素，促进经济增长的关键要素[①]。数据要素与传统要素的协同联动体现在以下三个层面：一是在数字产业化层面，数据要素依托数字产业化有机融入到支撑实体经济运行的各类数字基础设施中，为人才、资本等传统要素的优化配置提供基础环境，以此提高数字化产业的增加值。二是在产业数字化方面，数据取代劳动力和资本成为驱动工业转型升级和区域协调发展的关键生产要素，能够协同联动不同组织、不同产业集群，从而提高传统要素流转效率，实现对实体经济结构的数字化改造，催生新的产业模式与业态。三是在全要素数字化方面，数据要素成为劳动力、资本、技术、管理等各方面生产要素流转的核心纽带，重构原有产业的要素配置结构，实现国民经济的全要素数字化转型与效率提升。

（2）数字化与工业化的协同联动。在数字经济背景下，新型工业化的本质就是通过数字化和工业化的协同联动为现代化产业集聚赋能，发挥数字生产力与工业生产力的叠加优势，实现效益型工业化的发展目标。这里的数字化是指数据作为新型生产要素、数字技术作为关键技术进入国民经济各领域并渗透到全社会的过程，这一过程不仅表现为数字产业的发展，更表现为数据资源与数字技术的开发与应用，以此提高经济综合能力。数字化与工业化的协同联动主要体现在以下两个方面：一是在技术层面，数字化作为技术手段改造提升传统工业，工业化作为重要载体为数字化提供支撑。二是在组织层面，数字化促进了传统产业企业组织方式变革，这一过程反过来又会影响数字产业的生产经营组织创新。总之，工业化是数字化的物质基础和需求之源，数字化是工业化的最新发展阶段和引擎，两者的协同联动孕育出新技术、新模式、新组织和新质生产力。

（3）有效市场与有为政府的协同联动。数字经济背景下的新型工业化既要发挥社会主义市场经济条件下的新型举国体制优势，做好数

---

① 王建冬、童楠楠：《数字经济背景下数据与其他生产要素的协同联动机制研究》，载于《电子政务》2020年第3期，第22~31页。

字经济赋能新型工业化的宏观调控；又要发挥市场机制对数字经济赋能新型工业化的微观投资活动的调节作用，提高各类资源的配置效率。有效市场与有为政府的协同联动主要体现在以下方面：一是发挥市场机制调节作用，建设统一、开放、竞争、有序的市场体系，实现对数字经济投资规模、方向和速度的有效调节。二是提高政府宏观调控能力，高水平运用数字化、智能化治理手段，引导数字经济赋能新型工业化高质量发展。三是完善新型数字基础设施，为数字经济赋能新型工业化奠定基础条件。四是对地区间的数字资源配置结构进行一定程度的干预和调节，实现数字经济赋能新型工业化的区域协调发展。

## 三、数字经济赋能新型工业化的实践路径

数字经济已成为新型工业化的新推动力，其对新型工业化赋能的实践路径主要体现在微观、中观和宏观三个方面。

### （一）数字经济赋能新型工业化的微观路径

企业是推动创新、促进就业和改善民生的重要力量，数字经济赋能新型工业化在微观层面就是要推动企业在现有业务基础上，充分利用数字技术手段全面提高各项业务的数字化程度，打造全产业链数字工厂，提高企业运营效率和价值创造能力，激发和释放企业活力。

（1）促进企业组织和管理的全方位数字化转型。数字化转型作为企业能力提升的重要手段，需要在组织和管理领域进行全面的转型，推动企业的发展理念和价值导向从过去的产能驱动型向数字驱动型转变。一方面，在销售决策方面，要促进企业决策观念从人工经验判断向数字化、智能化转变。传统的企业依靠人工经验做出的销售预测难免会出现预测准确率不高，产销动态协同能力差等问题。利用数字技术，通过对客户需求、市场容量、技术供给等进行较为精准的分析预测，能够高效洞察市场需要，进行针对性的产品研发与营销，提升企业经营效益。另一方面，在组织重构方面，要成立数字化转型的专门机构，推动企业数字化转型，利用数字技术提升生产力。

（2）开展业务模式和商业模式创新。企业数字化转型不仅要发挥数字技术对企业传统业务的赋能效应，还要发挥数字技术在产品创新

和商业模式创新方面的重要作用，打造全产业链数字工厂。首先，要加强数字技术对企业传统价值链各环节的数字化改造，推动生产过程全自动化、客户服务智能化、营销方式数字化，实现企业传统业务的提质增效。其次，要借助数字技术促进产品创新，通过构建数字化的产品研发体系，打通产品研发和应用的数据闭环通路，联通社会各界的科研资源，以数字化、智能化赋能产品创新。再次，要建设共性服务平台，为用户在线提供个性化需求服务，创新业务模式，增加业务收益。最后，要打造能够及时捕捉顾客需求趋势的数字化产业系统，构建新价值创造的信息网络，实现商业模式创新。

（3）进行多主体协同的价值共创。企业数字化转型的核心是能够实现多方主体的协同联动，创造更多的价值。一方面，要建立企业与其供应商的数字化协同平台，实现双方数据的互联互通，这不仅有利于企业掌握订单生产进度和进行质量追溯，还能基于大数据分析，实现最优化的订单分配，提升整个供应链的运营水平，为供应链上的所有企业带来新价值增长点；另一方面，要建立客户云平台，不仅能实现企业和客户高度适配的供需信息交换，带动产品创新和新价值创造；还能使客户更好地掌握企业的生产信息，提高客户自助服务能力，降低企业售后服务成本，改善客户消费体验。同时，客户云平台还能够实现产品信息在线共享，帮助客户出租、出售闲置产品，提高资源整体利用效率，促进绿色低碳发展。

## （二）数字经济赋能新型工业化的中观路径

数字经济赋能新型工业化的中观路径就是要以数字化全面赋能实体经济高质量发展，构建全要素工业生态体系和新型制造模式，提升全产业链数字化水平，推进数字产业化与产业数字化的深度，夯实全面建成社会主义现代化强国的物质基础，全力塑造国际竞争新优势。

（1）构建全要素工业生态体系和新型制造模式。数字经济时代，数字技术的集成创新实现了产业要素的全域连接。因此，要建立良好的数字生态系统，促进产业及产业链的融合，形成新经济增长点。一方面，要打破工业原有产业边界，推动数字技术、数据要素全面渗透工业领域，引导实体经济、科技创新、现代金融和人力资本等协同发展，弥合数字鸿沟，构建全要素工业生态体系，促进产业模式创新；

另一方面，要加强工业领域的网络、算力等数字基础设施建设，打造以数字技术为核心驱动、数据为关键要素、平台为主要支撑、开放协同为显著特点的新型制造模式，推动制造业价值分配由按环节分配向服务增值、用户赋值和平台创值等方向拓展，实现制造业全环节数字化、智能化转型。

（2）深化数字技术的制造业应用。中国产业数字化转型取得了很大成效，但在核心技术自主研发和综合性服务商服务能力方面还存在一定不足。因此，持续推动工业数字化转型，就要瞄准这些不足精准施策，推动数字技术深入嵌入到实体经济的全产业链，加快重点制造领域装备数字化。一方面，要加强核心技术攻关，促进技术创新和应用创新，构建制造业创新网络，消除科技创新中的"痛点"与"堵点"，促进数字技术在制造业领域的创新融合；另一方面，要培育高质量的数字化转型服务商，提高其数字化转型服务供给能力，为数字技术深度融入制造业，提高关键核心产品可靠性进行全链条赋能。

（3）深度协同推进数字产业化与产业数字化。数字经济不仅能把数据信息转化为生产要素形成新产业，还能运用数字经济改造传统产业带来新价值，因此，促进数字经济赋能新型工业化就要深度协同推进数字产业化与产业数字化。一方面，要聚焦数字产业化战略前沿，培育壮大数字经济核心产业和新兴数字产业，打造具有国际竞争力的先进数字产业链和产业集群，提高数字产业韧性与辐射带动作用；另一方面，针对当前产业数字化转型中出现的企业"不会转、不敢转、不愿转"等问题，要准确把握不同产业特点和差异化需求，充分发挥中国海量数据和丰富应用场景等优势，利用数字技术驱动传统产业朝着数字化、网络化、智能化方向进行全方位、全链条改造，塑造新产业模式，形成新实体经济。

### （三）数字经济赋能新型工业化的宏观路径

数字经济赋能新型工业化的宏观路径就是要发挥数据要素市场的作用，双向打通工业互联网和消费互联网，打造平台经济和新业态经济，以此提升全社会资源整合效应，形成新发展阶段的新动能、新优势。

（1）培育数据要素市场。数据作为新型生产要素，是驱动新型工业化的核心基础，数字经济赋能新型工业化，就要加快构建中国特色数据基础制度，培育数据要素市场，实现数据要素的经济价值。首先，要完善数据产权、数据要素流通交易和数据要素收益分配等方面的制度，确保数据产权结构设置合理、数据要素交易合规畅通、数据要素收益分配公平高效。其次，要充分发挥政府、企业和社会组织等不同主体的积极性、主动性和创造性，构建有效市场和有为政府有机结合的数据治理新格局，优化数据要素市场发展环境。最后，要强化技术创新，建设数字化转型开源生态，构建大数据应用创新中心，促进工业大数据的分类分级开发利用，夯实数据要素市场技术支撑体系。

（2）双向打通工业互联网和消费互联网。消费互联网是以个人为用户，通过提供高质量内容和有效信息吸引顾客消费，进而实现流量变现的互联网类型，消费互联网主要解决的是信息不对称和商品销售渠道不顺畅的问题。工业互联网作为数字技术与工业系统深度融合形成的产业和应用生态[①]，解决的是人、机、物、系统的全方位连接与协同。数字经济赋能新型工业化要推动以互联网为代表的数字技术与工业经济深度融合，驱动互联网从消费领域逐步扩展到生产领域，从虚拟经济扩展到实体经济。不仅推动工业全产业链网络化、绿色低碳化转型升级，还要协调优化区域产业链与供应链布局体系，提升产业集聚水平和产业链韧性[②]。

（3）完善开放包容的数字化经济治理体系。要围绕实现共同富裕这一新型工业化的根本目标，正确处理好政府与市场的关系，充分利用数字化手段，不断优化治理手段和治理模式，构建开放包容的数字化经济治理体系。首先，要加强数字化赋能新型工业化的顶层设计，推动数据、科技、知识、金融、劳动力、资源等要素的高水平协同，推动产业平衡与区域协调发展，促进经济发展向普惠性和包容性转变。其次，要利用数字治理等新型治理模式，开展预警监测、科学评价与精准施策，提高经济数字化治理效能。最后，要拓展国际交流合作，在保障安全的前提下，不仅吸引国际领先的数字经济企业参与国内竞争，倒逼国内企业不断提升技术水平和竞争力；还要积极布局海外市

① 肖鹏、李方敏：《工业互联网赋能的企业数字化转型》，电子工业出版社 2023 年版，第 175 页。
② 王薇：《数字经济背景下中国式工业现代化的转型》，载于《西安财经大学学报》2023 年第 2 期，第 12～20 页。

场，扩大数字经济"中国方案"的竞争力和影响力[1]。

# 四、数字经济赋能新型工业化的政策支持体系构建

习近平总书记强调，"推进新型工业化是一个系统工程"[2]。数字经济背景下新型工业化的关键是要发挥社会各界力量，从产业、人才、科技创新、财税金融等方面构建满足新发展阶段数字经济赋能新型工业化要求的政策支持体系，加快推动新型工业化建设。

## （一）数字经济赋能新型工业化的产业政策支持

进入新发展阶段，数字经济影响下的中国产业发生了巨大变化，但产业政策尚未完全跟上这种变化，这就需要从产业技术、产业组织和产业结构等方面完善产业政策，以便更好地发挥数字经济对新型工业化的赋能效应。

（1）推动产业技术进步。数字经济背景下，传统的依靠简单技术引进实现经济高速增长的模式已经不再适用，需要走自主创新之路，提高产业技术进步水平，以此突破"卡脖子"技术和关键零部件封锁。在推动产业技术进步方面，要从以下三个方面着手：一是要加大基础创新研发投入力度，并对经费使用及其研究绩效进行跟踪评估，确保经费获得有效利用。二是要改革现有人才培养体系，加大对技术创新人才的培育力度，为产业技术进步提供高质量的人才供给。三是要促进政、产、学、研协同联动，实现产业技术创新上、中、下游的高效对接与耦合，提高科技成果转化和产业化水平，加快形成新质生产力，推动产业转型升级。

（2）提高产业组织效率。数字经济背景下，数字技术与人工智能的有机结合能够革新传统产业组织管理制度，提升产业组织效率，为此，需要积极调整产业政策，创造条件实现数字经济发展下的产业组织优化。一方面要发挥数字经济开放性、协同性特征，将推进新型工

---

① 张立：《促进数字经济和实体经济深度融合　打造新型工业化关键引擎》，载于《学习时报》，2023 年 8 月 16 日第 1 版。

② 《习近平就推进新型工业化作出重要指示强调：把高质量发展的要求贯穿新型工业化全过程　为中国式现代化构筑强大物质技术基础》，新华社，2023 年 9 月 23 日。

业化放在全球经济分工合作的大逻辑中进行产业布局，处理好自立自强与对外开放的关系，做好规则对接的软联通工作，稳步扩大规则、规制、管理、标准等制度型开放，提高中国产业链供应链韧性和安全性；另一方面要根据新型工业化数实融合发展的新趋势，构建数字产业化与产业数字化的新型监管模式，坚持放管结合，厘清互联网平台竞争边界，营造新赛道下公平竞争的市场环境，使市场机制能够充分发挥高效配置资源的作用。

（3）优化产业组织结构。数据要素的加入能够使生产要素结构发生变革，提升全要素生产率。因此，要实现数字经济背景下的新型工业化，就要在以下方面优化产业组织结构政策：一是要建设数字化服务型政府，简政放权，提高企业审批效率，减少政府投资控制与目录指导，鼓励企业进行数字化、智能化、绿色化转型的探索与创新，提高产业发展活力。二是要坚持绿色化、低碳化的新型工业化发展方向，实施绿色制造工程，打造更多的绿色制造示范园区、绿色厂房、绿色企业和绿色品牌。三是要坚持数字经济发展的包容性、普惠性方向，构建更加平等包容的数据资源共享体系和普惠繁荣的网络空间，让更多人受益于数字经济的发展。

### （二）数字经济赋能新型工业化的人才政策支持

在推进新型工业化的过程中，人才是关键。产业发展的新趋势和市场新需求，对人才提出了新需求和新目标，因此，要通过提高人才培养质量、加大人才引进力度、优化人才配置制度等政策措施，为数字经济赋能新型工业化提供充足的人才供给保障。

（1）提高人才培养质量。传统的高校教育体系已经无法满足当前新型工业化对数字经济领域人才的需求，在数字化与工业化协同发展的背景下，需要加大对基础研究的支持力度，通过数字技术手段和数字网络共享平台，在增强学生数字经济相关必修课程的基础上，培养学生的创新思维和实践动手能力，着重培养具有科技创新能力的数字经济发展所需人才。坚持科研反哺教学理念，促进高校数字经济领域的科研项目与成果在教学中的应用与推广，提高学生对数字经济领域前沿知识的认知水平，提升他们与之相关的科研素养与实践创新能力，为新发展阶段的新型工业化建设输送高质量的数字经济发展所需人才。

（2）加大人才引进力度。高技能型人才对促进数字经济发展起到关键性作用，人力资本质量高低直接关系到数字经济对新型工业化的驱动效果。因此，无论从企业层面还是国家层面，都要加大数字化人才的引进力度。对于企业来说，既可以通过扩大自身规模，激发人才虹吸效应；也可以采用产学研深度合作等手段，吸引数字化人才，促进企业数字化转型。对于国家来说，要在现有的"千人计划""长江学者奖励计划"等系列人才引进计划基础上，持续加大对数字化高层次人才的引进力度，并将人才引进与团队建设、人才培育有机结合，稳步培养后备人才。

（3）优化人才配置结构。以数字经济驱动新型工业化，要加大数字经济领域人才的开发力度并使其得到合理配置。要基于新型工业化建设目标和经济结构调整的现实需要，制定相应的数字经济领域人才发展规划，建立、完善数字经济领域人才库，定期开展人才工作评估和发布人才发展报告，明确数字经济领域人才需求的缺口和方向，针对性地进行相关人才培养与引进，满足数字经济领域的人才需求，不断优化人才结构，实现人尽其才、才尽其用，最大限度发挥数字经济领域人才的作用。

**（三）数字经济赋能新型工业化的科技创新政策支持**

科技创新是数字经济发展背景下，驱动新型工业化的核心因素之一，要从优化科技创新供给、扩大科技创新需求和改善科技创新环境等方面构建政策支持体系支持科技创新。

（1）扩大高水平科技创新供给。当前我国科技创新成果产出较多，但存在结构失衡和质量不高等问题[1]，主要表现为应用性研究成果较多，基础性和核心技术研究成果不多，科技创新供给质量较低。为此，一方面，要加大对前沿基础研究领域创新的资金投入与政策激励，激发研究人员的创新能力；另一方面，要实施普惠性科技创新政策，避免具有过多竞争性因素的政策刺激创新主体产生大量低质量创新，造成资源浪费。同时，政府要加强对科技创新的监管，并根据科技创新成果等级进行科研资源分配，推动科技创新正传导。

---

[1] 任保平：《数字经济驱动经济高质量发展的逻辑》，人民出版社2022年版，第315页。

（2）扩大科技创新市场需求空间。科技创新需求端存在的主要问题是政府主导和引导作用发挥不足，为此，要从以下方面进行政策调整：一是要利用好公共采购政策，将创新产品、创新技术或服务纳入公共采购标准中，引导企业开发与应用创新型技术，从事创新型产品或服务的生产与供给，形成全社会崇尚创新消费的新风尚。二是要建立科技创新成果转化应用平台，促进科技创新成果消费与应用，并"反哺"科技创新投入，形成科技创新良性循环机制。三是要畅通科技创新产品海外销售渠道，推动中国科技创新产品走出国门、销往世界，打造一批具有国际竞争力的科技创新型企业。

（3）改善科技创新环境。政府要履行好科技创新体系建立者与维护者的责任。一方面，要提升行政效能，减轻企业科技创新的成本负担，维护科技创新投资者、经营者和消费者的合法权益，打造高效透明、促进科技创新效率增长的服务体系；另一方面，要不断优化产业准入负面清单，激励创新型企业积极融入高端装备制造、新能源等重点领域，参与高端化、数字化、绿色化产品生产环节，为各类企业科技创新造就公平的竞争环境。同时，要营造良好的社会舆论环境，激励企业从事科技创新的自觉性、主动性，造就科技创新正向激励环境。

### （四）数字经济赋能新型工业化的财税金融政策支持

数字经济前期投入相对较大且回收周期长，导致一些企业投资动力不足，因此，要综合运用财政、税收和金融等手段，解决数字经济赋能新型工业化过程中面临的投资成本高、融资难和融资贵等问题。

（1）完善财政政策。政府要建立数字经济财政投入增长机制，引导财政资金向数字经济赋能新型工业化领域倾斜，确保数字经济投资增长速度高于国民经济增长率。为此，一方面，要引导财政资金投向新型数字基础设施建设领域，形成城乡均衡、区域协调的新型数字基础设施网络，为数字经济赋能新型工业化提供基础设施支撑；另一方面，要设置专项资金，完善数实融合的激励机制，促进数字化和绿色化协同发展，推动形成新质生产力，引领经济高质量发展。

（2）优化税收政策。首先，要扩宽数字经济税收优惠政策的适用范围，通过赋予从事数字经济相关产业的企业享有研发费用加计扣除、高新技术企业低税率优惠和投资税收抵免等优惠政策来推动数字经济发展。其次，要将数字经济基础设施建设项目列入税收优惠目录，提高税收政策的适应性，降低企业数字化转型压力。最后，要探索调整国内税制结构的改革措施，通过提高个人所得税和企业所得税等直接税的比重来促进数据要素公平合理地参与收入分配。

（3）改善金融政策。首先，要改革金融系统绩效考核导向[①]，引导金融系统加大对数字经济赋能新型工业化行为的让利幅度，推动信贷资金向数字经济领域倾斜，降低企业从事数字经济相关产业发展的融资成本。其次，要拓宽科技融资途径，加大对数实融合产业链上下游科技型中小企业的资金支持，切实解决科技型企业融资难的问题。最后，要进一步完善直接融资市场[②]，推动更多科技型企业在国内外各层次资本市场上市融资，引导各类社会投资基金向新型工业化领域倾斜，解决科技型企业融资贵的问题。

---

[①] 中国社会科学院工业经济研究所课题组：《新型工业化内涵特征、体系构建与实施路径》，载于《中国工业经济》2023 年第 3 期。

[②] 师博、方嘉辉：《数字经济赋能中国式新型工业化的理论内涵、实践取向与政策体系》，载于《人文杂志》2023 年第 1 期。

### 第五章

# 数字经济与新型工业化深度融合发展

习近平总书记在党的二十大报告中明确指出："建设现代化产业体系，坚持把发展经济的着力点放在实体经济上，推进新型工业化，加快建设制造强国、质量强国、航天强国、交通强国、网络强国、数字中国。"① 新型工业化自党的十六大正式提出已有 20 余年，在此期间，我国经济蓬勃发展，一跃成为工业规模世界第一的工业大国和世界第二大经济体，拥有最为完善的工业体系。新时代新征程，在数字经济时代，新型工业化即将迈入新的篇章，被赋予更为深刻的内涵。2023 年 9 月，习近平总书记就推进新型工业化作出重要指示指出，要"把高质量发展的要求贯穿新型工业化全过程，把建设制造强国同发展数字经济、产业数字化等有机结合，为中国式现代化构筑强大物质技术基础"②。为探究数字经济时代新型工业化的发展模式，本章将从数字经济与新型工业化的关系、数字经济与新型工业化深度融合的理论机理和数字经济与新型工业化深度融合的实现路径对此展开研究。

## 一、数字经济与新型工业化的关系

新中国成立后，国家将工业化放在经济发展的首位，以重工业优先发展战略为导向，迅速建立起较为完整的工业体系，夯实大国工业发展基础。改革开放后，我国凭借劳动力资源丰富且成本低廉的比较优势，融入全球生产网络体系，一跃成为工业大国，工业现代化的推

---

① 《坚持把发展经济着力点放在实体经济上》，中国社会科学网，2022 年 10 月 25 日。
② 《把高质量发展的要求贯穿新型工业化全过程》，求是网，2023 年 10 月 16 日。

进成为我国经济发展的重要任务。随着信息技术逐步受到各国重视，党的十六大正式提出，坚持以数字化带动工业化，以工业化促进数字化，走出一条科技含量高、经济效益好、资源消耗低、环境污染少、人力资源优势得到充分发挥的新型工业化路子[①]。新型工业化是在新发展理念指导下对经济发展模式的不断探索，新型工业化的新有两重含义，即相对于中国原有的工业化道路要新、相对于西方发达国家走过的工业化道路要新（洪银兴，2003）。一方面，新型工业化要摒弃我国过去粗放发展、盲目扩张、产业低端、忽略环境的老路子，走绿色集约、创新高效、产业高端的新路子。另一方面，新型工业化要吸取发达国家工业化道路的教训，避免在工业化迈入数字化转型阶段时过早去工业化，造成失业增加、贫困加剧以及社会动荡等经济增长代价（任保平和李培伟，2023）。新型工业化应当是一条中国特色的道路，是一条不断探索、推陈出新的道路。

当今世界正经历百年未有之大变局，新型工业化也进入了新时代新征程。一是新一轮科技革命带来的技术进步与日俱进，数据要素作为核心生产要素参与生产后，带动产业革命不断推进，全球产业分工、产业布局与产业组织形式都在发生转变。二是国际局势越发动荡，世界和平与发展受到强烈威胁，对全球化造成恶劣影响。三是世界各国对自然环境的重视程度逐步提升，绿色经济在经济发展中的地位不断抬升，环境友好的工业化成为各国产业发展的重要目标。在此，本书将新时代新型工业化的推进要求总结为以下三点：一是要坚持创新、协调、绿色、开放、共享的新发展理念，以高质量发展为指导，稳步推进新型工业化。二是要将新型工业化中数字化和工业化"两化融合"的核心要点进一步深化拓展、与时俱进，根据时代背景赋予新型工业化更深刻的内涵。三是要将新型工业化作为建成"双循环"的重要抓手，为中国式现代化构筑强大物质技术基础。

我国正在从工业经济时代迈向数字经济时代，而数字经济则是信息经济、互联网经济的进一步延伸。数据规模扩张催生大数据、工业互联网、5G、云计算等对庞杂数据充分优化利用的新型数字技术，以及利用数字技术对数据加工得到的新生产要素——数据要素，此类核

---

① 中共中央文献研究室：《十六大以来重要文献选编》（上），人民出版社 2005 年版，第 16 页。

心通用技术的应用为数字经济赋予了天然优势。一是广泛赋能的特性。数据要素作为全新生产要素，自身价值有限，其特殊之处在于对各类传统产业的赋能作用。数据要素参与生产将促进企业、产业乃至宏观经济进行数字化转型。充斥于生产生活中的数据让各行各业为数据要素的融入敞开大门，降低了数字经济体量扩张的门槛。二是开放共享的理念。数字经济脱胎于信息经济和互联网经济，继承并弘扬着开放、共享、去中心化、平等、自由选择、普惠和民主的互联网精神（谢平、邹传伟和刘海二，2015），数字经济发展本身就是对互联网精神的进一步传播，精神的传播将会使参与到数字经济的主体规模更大、参与程度更深，并通过各类经济主体对宏观经济领域内的生产生活方式进行数字化改造，是数字经济时代新模式、新业态不断诞生的核心动力。三是高效集约的技术。数字技术参与到生产活动当中，带来最大的改变在于对生产效率的提升。数字技术将生产过程产生的技术加以搜集、整理和分析，利用人工智能等技术对生产过程中各个环节的损耗进行控制，并对生产环节的衔接进行优化，提高资源利用率，降低交易成本，缩短生产周期，将生产模式向高效集约的方向推进。由此三种优势，数字经济衍生出了两种发展方式。一是数字产业化，通过5G、大数据、云计算等数字技术对庞杂的数据进行收集、整理、分类、优化、总结，使其转化为具有赋能效用的数据要素，参与到各行各业的生产当中。二是产业数字化，利用数字技术将现有产业进行数字化升级改造，提升劳动效率，对现有产能增量提质，是数字经济的核心发展方式。数字经济的三大优势和双重发展方式组合形成数字生态覆盖，让其具有了与其他经济模式融合发展的前提、方式和动力。

新型工业化与数字经济相互促进、融合发展。首先，数字经济和新型工业化都以高质量发展为导向，秉承着创新、协调、绿色、开放、共享的新发展理念。数字经济以其高效、便捷、创新的优势，正在成为全球经济发展的新引擎。新型工业化则以数字化、智能化、绿色化为导向，推动工业实现高质量发展，成为支撑中国经济持续发展的重要力量。在实现高质量发展的过程中，数字经济和新型工业化相互促进，共同推动中国经济向更符合新发展理念的层次迈进。其次，新一轮科技革命和产业变革引发的技术—经济范式转变，特别是数字经济领域大量颠覆性创新的涌现及其广泛应用，才使得当前的新型工业化呈现出一系列新特征（中国社会科学院工业经济研究所课题组，2023）。这些新特征包括但不限于技术创新的不断涌现、生产效率的大幅提高、智能化和自动化的广泛应用、新产业和新业态的快速崛起，以及市场需求的不断变化等。这些新特征的出现，不仅改变了传统工业生产的模式和方式，也深刻影响着整个经济社会的运行和发展。数字经济是新型工业化在当今时代深化内涵的重要抓手，数字化作为数字化的进一步拓展，将对新型工业化"两化融合"的要点赋予更深刻的含义。最后，新型工业化和数字经济的融合发展的推进将在实践中催生新应用、新技术、新需求，为数字经济发展提供动力、注入活力、挖掘潜力。新型工业化和数字经济的融合发展旨在将数字化技术应用于工业生产中，以提升生产效率、改善产品质量、降低生产成本、减少污染排放并创造新的增长点。同时，二者的融合发展将在实践中催生出许多衍生产业，在促进低技能劳动者就业的同时，为数字经济发展提供持续动力。综上所述，数字经济与新型工业化具有深度融合发展的潜力。二者秉持着新发展理念，数字经济将新型工业化核心内涵之一的数字化进行拓展深化，对新型工业化的推进模式、发展效率、创新体系产生多维度影响，促进新型工业化的数字化、智能化、集约化、绿色化。新型工业化则为数字经济规模扩张提供广阔的空间和重组的养分，同时为数字技术的创新发展提供沃土，在促进产业数字化的同时，深化数字产业化。为更好地促进数字经济与新型工业化深度融合发展，需要以新发展理念为核心，进一步研究数字经济与新型工业化的深度融合发展的理论机理，助力新发展格局的构建和中国式现代化的推进。

## 二、数字经济与新型工业化深度融合的理论机理

数字经济与新型工业化的深度融合，其本质为数字技术、数字精神和数据要素渗透新型工业化的全过程，以数字产业化和产业数字化双轮驱动与新型工业化进行深度融合，在扩大数字经济规模的同时，破除新型工业化面临的掣肘。在此，分四个部分阐述数字经济与新型工业化融合发展的理论机理：一是数字产业化将强化科技自主创新，破除新型工业化自强创新瓶颈；二是产业数字化将促进全链条现代化，

解决新型工业化效率优化困境；三是数字化转型将利好绿色低碳生产，完善新型工业化绿色体系建设；四是数字化市场将以新型工业化为着力点，助力构建新发展格局。

## （一）数字产业化强化科技自主创新

我国虽已成为工业规模世界第一的工业大国，但基础研发能力相对薄弱和缺乏自主创新驱动等困境的存在，严重影响我国由工业大国向工业强国转变。在数字经济时代，数字产业化将成为我国抓住"第二种机会窗口"，强化新型工业化自主创新驱动，实现跨越式发展的关键。数字产业化以创新发展为核心动力，将会在数字经济与新型工业化深度融合发展中，促进形成协同分布式数字创新体系，强化科技自主创新。随着移动互联网用户数量攀升，可用于生产的数据量呈指数级趋势递增，数字产业化以大数据、云计算、人工智能、区块链等新一代信息技术，将离散、杂乱、低价值的数据进行筛选、分类、整理、分析，形成高价值的数据要素，以渗透的方式融入宏观经济体系当中，对各类传统体系进行数字化改造，包括创新体系。传统的创新体系存在参与主体单一、创新手段薄弱、创新激励不足的问题，导致创新驱动"疲软"，而数字产业化推进下的数字创新体系将从以下三个方面缓解上述问题。

一是数字产业化将创新的主体从企业拓展到了个人层面。得益于数字产业化对繁杂信息的处理，每个个体都可以成为创新的主体。通过互联网和移动终端，人们可以方便地获取和分享信息，也可以自由地表达和交流思想，成功的创新将以极短的速度被复制扩散，并在扩散过程中进一步发生泛用化创新。数字经济所宣扬的开放共享的精神和低门槛的利益分配模式，使更多主体能够参与到新型的分布式创新中来，从而扩大新型工业化创新主体，推动大众创新浪潮。二是数字产业化拓展了创新手段。在数字经济时代，人们可以通过数字产业化形成的大数据分析、云计算模拟、人工智能决策等方式，对产品和技术进行更深入地研究和开发。此类新一代信息技术，不仅能够帮助人们更好地理解和掌握市场需求和竞争状况，也能够更快地实现产品和技术的升级换代。这种多元化的创新手段，使得新型工业化创新的效率和质量都得到了提升。三是数字产业化增强了创新激励。数字经济时代下，各行各业的发展都在发生日新月异的变化，得益于数字产业化的加持和大国经济体量，数据要素的高价值被广泛认可，流量变现的速度和创收体量日异月更。新型商业模式、新型制造体系、新型衍生业态的红利量大期短，加之创新主体的多元化，一批批的新模式如昙花一现，迅速兴起，又悄然落幕，收益持续化的方式在于不断创新，在大浪淘沙后历久弥坚。这种周期短、收益大、门槛低的创新激励方式，在新型工业化的推进下，最终形成的却是研发投入大、创新意愿强、经济活力充沛的新型数字企业。

### （二）产业数字化促进全链条现代化

新型工业化的推进过程中，创新链、产业链、价值链和人才链的现代化水平的提升至关重要，且各链条之间紧密联系、相互影响，现代化的重点应落在对全链条产生协同式影响。在数字经济发展背景下，产业数字化通过数智赋能机制，将数据要素、数字理念和数字技术融入传统产业，促进创新链、产业链、价值链和人才链多链条串联协同，可在新型工业化推进过程中提升全链条的现代化水平。

一是产业数字化通过数字创新体系夯实创新链、人才链支撑。国内创新链与产业链的关系多为滞后型，即指创新链落后于产业链结构升级，且缺乏内驱力（中国社会科学院工业经济研究所课题组，2021）。如前文所述，数字创新体系的加持将对传统创新链的创新主体、创新手段和创新激励进行变革，扩大主体、丰富手段、增强激励，促进创新链与产业链关系向协调型方向转型，并增强创新内驱力。数字创新体系的建立也将从需求侧强化人才链支撑，提升对创新型人才、复合型人才的需求程度，影响高校人才培养类型倾向。二是产业数字化通过工业互联网提升产业链现代化。产业数字化的推进将促进工业互联网生态的形成，提升产业链现代化水平。数智化赋能的思路将促进政府、高校、企业、用户之间出现发展合力倾向，工业互联网则为这一倾向提供技术支撑。跨领域跨行业工业互联网平台的建立，将整合多方主体的资源、技术和知识，迸发产业链现代化改造动能，推动新型工业化与中国式现代化向前迈进。三是产业数字化通过区块链技术破除价值链掣肘。区块链技术的核心要点在于分布式网络带来的分布性、公开性和安全性，低成本、大范围点对点通信手段将推进世界的扁平化，通过开放增强价值链的灵活性和流动性，造福于大众，注重人的现代化，且能有效防范数字经济发展导致新型数字寡头出现（唐塔普斯科特和亚力克斯·塔普斯科特，2016）。四是产业数字化将促进多链条串联协同，推进全链条现代化。产业数字化通过5G、大数据、工业互联网、区块链等新一代信息技术，分别提升了多种链条的现代化水平，但其更大的优势与潜力在于发挥数字经济的串联特性，以数据要素和数字理念为纽带，提升创新链、产业链、价值链和人才链开放程度，使得多链条串联协同，以数字化转型强化各链条间的衔接程度的形式，促进全链条现代化。

### （三）数字化转型利好绿色低碳生产

数字化转型虽具有高效、低边际成本、赋能优化等利好绿色经济发展的特性，但需以新型基础设施的铺设为前提，其赋能范围和赋能效果与新基建的覆盖率和数字化设备的有效运行直接相关。然而，新型基础设施的扩张和数字化设备的运行是高耗能项目，对环境负担有一定压力，数字经济也因此被部分学者认为具有"亲碳"效应。杨刚强等（2023）研究发现数字经济的发展整体上有助于减少碳排放，在产业数字化占比高而数字产业化占比低的地区数字经济的替代效应远远超过了"亲碳"效应。因此，数字化转型整体来看仍利好绿色低碳生产，在此将其机制总结为以下两个方面。

一方面是数字化转型提升能源利用效率，降低生产过程的碳排放量，促进新型工业化中循环经济的发展。循环经济是以资源的高效利用和循环利用为核心的经济模式，强调的是对有限资源的最大化利用，以减少浪费并保护环境。数字化转型后的企业可以通过物联网技术，实时获取生产设备的工作状态和运行数据。另外，基于神经网络运行的新型人工智能，则可以通过多层次的深度学习实现自主学习，通过机器学习归纳统计特征，针对性修改自身代码，从而及时发现并解决生产过程中出现的问题，提高生产效率的同时，降低无谓的能源和原材料损耗。同时可更为精准地把控生产过程细节，优化生产流程，减少碳排放的产生，也有利于提高库存周转率，推动实现产品的全生命周期管理，加强产品的回收和再利用，促进新型工业化中资源的循环利用，促进节能减排。另一方面是数字化转型为绿色企业打开新的发展路径。首先，数字化转型丰富了绿色生产技术。工业互联网、大数据、云计算等数字技术的加入，对二次利用、生产流程改进、污染防范等传统绿色生产技术进行数智化赋能，将自动化、智能化技术带入绿色企业，提升绿色生产技术的现代化水平，提升绿色企业生产率。其次，数字化转型将带来数字普惠金融，有效缓解绿色企业的融资约束，扩张绿色企业边界，扩大绿色企业规模，使绿色企业有充足的资金进行绿色技术研发、绿色产品生产与低碳生产模式改进。最后，数字化转型将带来扁平化管理模式，取代传统的层级管理模式，在提升信息传递效率的同时，有效降低绿色企业的搜索成本、签约成本、协调成本和信任成本，利好绿色企业的低碳生产模式。

### （四）数字化市场赋能新发展格局

数字经济规模日渐扩张，所占国内生产总值比重逐步提升。在此过程中，数字经济扩大的不仅是经济规模，还包括数字产业化和产业数字化带来的一系列数字化改造成果：反应迅速、产能高效的数字化供应，注重个性、挖掘潜在需求的数字化消费，基于平台统筹协调的数字化交易，分布合理且衔接紧密的数字化分工。各种数字经济发展产物协调配合，赋能卖方、买方以及商品的生产和交换，形成数字化市场，在进一步扩大数字经济规模的同时，对我国的发展格局产生深远影响。面对越发复杂的国际局势，我国提出构建以国内大循环为主体，国内国际双循环相互促进的新发展格局，而数字化市场的形成，对构建新发展格局亦具有重大作用。

第一，数字化供应对产业基础能力的提升是全方位的，有助于加快双循环的速度和效率。数字化供应链的形成促进我国企业生产效率提升、物流运输障碍削弱、上下游企业交接效率优化。如此，一方面，数字化供应能更好地满足体量庞大的国内需求，刺激内需，通过新型工业化强化国内大循环。另一方面，数字化供应能为出口企业创造良好发展环境，巩固国际循环渠道，并通过数字化技术破除产业全球布局的空间局限性，进一步摸索出数字经济时代我国的国际贸易新模式。另外，对外开放同样是驱动企业数字化转型的重要动力（王冠男等，2022），国际循环的畅通也有利于数字化供应能力的进一步提升。第二，数字化消费对于激发潜在消费能力、充分释放内需市场以及优化国内消费结构有着显著影响，有助于强化国内大循环动能。数字化消费以平台消费、共享消费、绿色消费、新型借贷消费等新型消费方式为表征，降低了消费者参与市场交易的成本与风险、提升了社会闲散资源利用率、促进了低污染低能耗产品销售、激发了消费市场活力（任保平和苗新宇，2021），以高质量发展为引导，在优化消费结构的同时，起到了扩大内需、强化国内大循环的作用。第三，数字化分工优化产业布局，包括国内区域布局和国际产业布局。一方面，数字化分工提升要素利用率，促进企业更为有效地利用劳动力要素、资本要素、技术要素及数据要素。企业可通过数字化平台更为合理、灵活、有效地对生产布局进行调整，使其更为高效准确地满足更广范围内的客户需求变化。另一方面，数字化分工将基于工业互联网在全球范围内更为及时准确地调整供需两端，扩大分工范围，细化分工类别，由地理空间集聚转向虚拟网络集聚，提升企业生产效率与核心竞争力，使得企业能根据国际市场变化及时调整策略，促进国际大循环发展。

## 三、数字经济与新型工业化深度融合的路径

数字经济与新型工业化的深度融合发展，在理论层面来看，具有丰富的内涵和重要的意义。这种融合不仅有助于经济的高质量发展，还可以促进中国式现代化的推进。为了更好地促进数字经济与新型工业化深度融合，应当从决定二者融合基础、融合广度以及融合深度的关键问题出发，对数字经济与新型工业化深度融合的实现路径进行讨论。首先是数字经济与新型工业化融合基础问题。顺利推进数字经济与新型工业化深度融合的前提在于大力推动企业数字化转型，夯实二者融合基础。无论是数字经济的发展还是新型工业化的推进，都以企业数字化转型为核心表征，解决企业数字化转型难点是夯实融合基础的重中之重。其次是数字经济与新型工业化融合广度问题。有效放大数字经济与新型工业化融合效应的重点在于合理优化产业生态系统，以合理化、高效化、系统化的方式在更大范围、更多领域、更多行业内促进二者融合。最后是数字经济与新型工业化融合深度问题。充分发挥数字经济与新型工业化融合效应的关键在于搞好实体经济，以实体经济为基本盘，改造实体经济发展的核心驱动、生产方式和组织形

式，从更深纬度挖掘二者融合发展潜力。基于此，本书将数字经济与新型工业化深度融合的实现路径总结为以下三个方面。

以数字平台推动企业数字化转型，夯实数字经济与新型工业化融合的基础。企业的数字化转型既是数字经济发展的主要表征，也是数字经济与新型工业化融合发展的基础。当前企业数字化转型面临的主要问题包括复合型人才储备不足导致的"不会转"，数字发展环境不完善的"不想转"，以及产业基础薄弱导致的"不敢转"，这些问题阻碍了企业数字化转型的进一步推动，影响了数字经济与新型工业化融合发展的基础。本书在此将数字平台推动企业数字化转型的实现路径总结如下：第一，通过完善公共综合数字教育平台建设，加强企业员工数字素养，培养企业数字化转型所需的复合型人才，解决"不会转"问题。公共综合数字教育平台旨在以数字平台为基础，降低接受教育所需成本和再教育难度，由政府牵头、高校协同，帮助在校大学生和数字化转型企业的员工加强基础编程能力、创新能力、管理能力、规划能力在内的综合数字能力，培育符合发展数字化企业所需的复合型人才，解决企业数字化转型的"不会转"问题。第二，通过扩张数字平台覆盖范围和规范数字平台建设，完善数字发展环境，解决"不想转"问题。要以数字平台为抓手推动企业数字化转型，一方面在于扩张可搭建数字平台的建设范围，即扩大数字基础设施建设范围，优化数字发展硬环境。另一方面则需要吸取以往"先污染，后治理"的教训，吸取绿色经济发展经验，增设数字平台监督部门，在数字平台建设初期，尽力规范数字平台建设，完善数字发展软环境。二者结合，完善数字发展环境，解决企业数字化转型的"不想转"问题。第三，通过强化数字平台融合深度，推动产业基础能力高级化，解决"不敢转"问题。强化数字平台融合深度，需要强化数字化技术应用指导和增加数字化转型政府补贴齐头并进。一方面，加大数字化转型成功企业经验交流会、数字技术与应用博览会的组织力度和宣传力度，鼓励数字化企业和数字化转型成功的企业进行经验分享。另一方面，加大对数字化转型企业的补贴和扶持力度。解决数字化转型前期投入高、试错风险大导致的"不敢转"问题。

以数字生态优化产业生态系统，扩大数字经济与新型工业化融合的广度。产业生态系统是创新生态系统、生产生态系统以及要素供给、基础设施、政策体系等构成的环境因子集合或者有机系统（任保平，2023），是新型工业化建设的关键一环。数字生态则是以数据要素为核心，由数字经济社会的各类参与主体通过数字技术进行生产、交易、沟通而形成的相互作用的社会经济生态系统。通过发展数字生态可以从以下三个方面优化产业生态系统，拓宽数字经济与新型工业化融合发展的广度：一是通过数字生态的构建，可以促进产业之间的融合与协同，打破传统产业之间的界限，形成更加紧密的产业生态系统。数字技术的广泛应用，使得不同产业之间的联系更加紧密，突破体系约束造成的分割式发展，可以实现资源共享、优势互补，提高整个产业生态系统的效率和竞争力，提升产业体系的现代化程度，拓宽数字经济与新型工业化融合发展的广度。二是通过数字生态可以改进生产生态系统，优化要素供给和资源配置，提高生产效率和经济效益。通过数据要素的流通和应用，可以帮助企业更加精准地掌握市场需求和供给情况，加强资源协调和整合，实现资源的优化配置。数字生态在提高生产效率和产品质量，改进生产生态系统的同时，产业生态系统的完善和新型工业化的推进也将拓展具有数字经济特色的新市场和新领域，反哺数字生态发展。三是通过数字生态可以促进创新和产业转型升级。数字生态中的各种参与主体可以通过数字技术进行快速的信息交流和知识共享，促进创新思维和创新实践的产生，可以帮助企业适应数字化时代的需求，为产品研发、核心生产技术突破和创新场景应用提供有力支持，实现产业转型升级和创新发展，进一步完善创新生态系统。

以数实融合打造新型实体经济，强化数字经济与新型工业化融合的深度。实体经济是推动新型工业化的关键引擎。数字经济与新型工业化的融合，将促进数字经济与实体经济的深度融合，对传统实体经济中的企业进行数字化的赋能、改造、演进，形成创新驱动、数智赋能、互联共享的新型实体经济，成为推动新型工业化的新引擎。新型实体经济并不改变传统实体经济的范围，也不是对传统实体经济的推倒重来。相反，它是通过利用先进的数字技术和创新的数字化管理方式，提高生产效率，降低成本，增强企业的竞争力和绿色发展能力，使传统实体经济焕发新的生机和活力。通过数实融合打造新型实体经济，可深入改变当前生产方式，从以下三个方面强化数字经济与新型工业化融合的深度：一是数实融合强化新型实体经济创新驱动，带来发展模式可持续化转变。数字经济以创新为核心驱动，衍生出一系列新产业新业态以适应日新月异的经济环境变化。通过数实融合诞生的新型实体经济也具有以创新促发展的可持续化发展模式，将破除传统实体经济自主创新活力的弊病，为创新生态的革新添砖加瓦。二是数实融合深化新型实体经济数智赋能，带来生产方式高端化转变。数实融合以数字技术将新型工业化和数字化统一起来，推动智能化、自动化、数字化的产业升级，形成新型实体经济[①]。这种数智赋能形成的高端化生产方式将提高生产效率和产品质量，增强企业的核心竞争力，推动实体经济产业结构迈向产业价值链中高端，构建新型智能制造体系。三是数实融合转化新型实体经济互联共享，带来组织形式开放化转变。通过数字化手段实现企业间的互联互通和资源共享，打破传统实体经济的封闭性和局限性，推动组织形式的开放化转变。这种互联共享的组织形式将促进企业间的合作与协同创新，推动平台化产业集群的形成和发展。

---

① 洪银兴、任保平：《数字经济与实体经济深度融合的内涵和途径》，载于《中国工业经济》2023年第2期。

第六章

# 数字经济与实体经济深度
# 融合的内涵和途径

　　党的二十大报告在建设现代化产业体系部分指出"坚持把发展经济的着力点放在实体经济上"，并且要求"加快发展数字经济，促进数字经济和实体经济深度融合，打造具有国际竞争力的数字产业集群"①。数字经济与实体经济的深度融合是党中央立足全局、面向中国式现代化做出的重大战略抉择。数字经济与实体经济的融合是实体经济的数智化，主要涉及一系列由于数字经济带来的新概念和新范畴，具体包括数据要素、数字技术、平台经济、共享经济等。数据成为新的生产要素引发了数字经济与实体经济的深度融合问题，数字技术与技术创新的融合，推动了数字经济与实体经济在研发创新层面的深度融合。创新链与产业链的融合，导致了数字经济与实体经济在产业层面的融合。平台经济与企业组织的融合，产生了数字经济与实体经济在企业层面的融合。数字经济的共享性和万物互联，提供了数字经济与实体经济深度融合的生态系统。

## 一、数字经济与实体经济深度融合的内涵

　　实体经济是高质量发展的底座，实体经济是全面建设社会主义现代化国家的坚实基础，推动实体经济的高质量发展是建设现代化产业体系的核心。而进入新发展阶段，推进实体经济高质量发展关键在于

---

　　① 习近平：《高举中国特色社会主义伟大旗帜　为全面建设社会主义现代化国家而团结奋斗》，载于《人民日报》2022 年 10 月 26 日。

实现数字技术与数据要素的双轮驱动，实现数字经济与实体经济的深度融合，提高实体经济的现代化水平，数字经济和实体经济深度融合是建设现代化产业体系的内在要求。

数字经济与实体经济的深度融合是以数据成为新型生产要素为基础的。2019年党的十九届四中全会首次明确数据成为生产要素。就是说，数字经济是以数据作为关键要素的。每个人的经济活动都在提供数据，但成为生产要素的数据是经过采集、处理、分析、用于某种生产和服务目的的数据。因而也被称为大数据。大数据的特点在于对海量数据进行分布式数据挖掘，大数据具有海量、高速、多样、价值的特点。数据作为生产要素在数字经济与实体经济产业深度融合中参与生产和流通，对其他要素具有乘数作用，可以提高生产效率。数据参与分配，对原有生产要素产生替代效应。数据凭借外部经济特征，对国民经济各部门具有辐射带动作用，有助于提升实体经济的全要素生产率。

作为生产要素的数据渗透到实体经济生产流通的全过程，产生实体经济所需要的信息和知识，对资源配置产生优化和重组。"数据+算法+算力"与实体经济生产活动深度融合，形成数字生产力。数据能够把不同生产要素进行连接从而产生倍增效果，有助于推动数字经济与实体经济深度融合；以数据为基础的信息网络构建了网络连接、平台型企业、数智化企业、智能化管理等数字生产关系。互联网、云计算、区块链等新技术的加速发展，使得数据对提高生产效率的乘数作用凸显。由此，作为一种新的经济形态的数字经济，数字生产力与数字生产关系结合形成信息经济、网络经济、平台经济、人工智能经济等新型生产活动和生产方式，实体经济在数字经济背景下产生新优势。这样，发展的实体经济已经不是传统意义上的实体经济，而是在数字化、网络化和智能化转型以后生产效率提升、动能转换、生产模式变革以后的新实体经济。

我国数字经济发展从20世纪90年代末开始，已经经历了信息互联网时代、消费互联网时代，目前已经进入产业互联网时代，并且超越了自动化、数字化，开始进入数智化阶段。中国信息通信研究院发布的《中国数字经济发展报告（2022年）》显示，2022年我国数字经济规模达到50.2万亿元，同比名义增长10.3%，占GDP比重达到41.5%。

产业数字化转型持续向纵深加速发展，成为经济发展的主引擎，2022年产业数字化规模达到41万亿元，同比名义增长10.3%，占数字经济的比重为81.7%，占GDP的比重为33.9%。数字产业化发展正经历由量的扩张到质的提升的转变，数字产业化规模为9.2万亿元，占数字经济的比重为18.3%，占GDP的比重为7.6%。

党的十八大以来，习近平总书记多次明确提出做大做强数字经济，尤其是强调数字经济与实体经济的深度融合。数字经济与实体经济从融合走向深度融合的目标是：以数字经济与实体经济深度融合作为构建现代产业体系的引擎，推动实体经济高质量发展，助力现代化产业体系的构建。数字技术与实体经济互动融合是进一步释放数字化红利、构建现代化经济体系的主要抓手。在宏观上，数字技术与实体经济深度融合对畅通国内国际双循环、构建新发展格局发挥着重要的促进作用。在中观上，工业互联网等新兴数字技术应用与制造业深度融合，可以大幅改进工业企业生产流程的效率，改进产品和服务质量提供更好的技术保障。在微观上，数字技术创新及其扩散可以帮助企业大幅提升对需求的感知和挖掘能力。围绕这些目标，数字经济与实体经济的深度融合着重要解决的问题。

一是数字经济与实体经济融合的充分性与均衡性，着力解决"不能融合"和"融合不全"问题。由于关键核心技术受制于人，基础设施不健全，重大科技设施和创新平台不完善，存在"不能融合"的问题。还由于数字技术在企业、产业和地区覆盖不全造成的"数字鸿沟"，存在"融合不全"问题。需要深化数字技术在传统产业研发创新、生产加工等全环节的渗透和应用，加快数字技术研发与突破，摆脱数字技术受制于人的局面，实现数字经济在技术方面的自立自强。在数字技术可能出现颠覆性创新的领域进行细分，开展预研并推动示范性应用，力争在全球数字竞争中抢占先机，解决数字经济与实体经济融合中"不能融合"和"融合不全"问题。

二是构建智能制造体系，解决数字经济与实体经济"融合不深"的问题。由于数字技术没有形成对我国实体经济全产业链的赋能机制，工业软件和控制系统与世界先进水平相比有明显差距，存在"融合不深"的问题。需要深化数字科技在生产、运营、管理和营销等诸多环节的应用，把数字经济与新型工业化相结合，依托工业互联网推动实体经济和制造业数字化转型，分层次加快推进实体经济和制造业智能化改造，实现产业链融合，推动工业互联网智能终端、服务平台、产业应用等各个环节的互联互通。把产业数字化与数字产业化结合起来，降低产业数字化转型门槛。加快产业数字化转型，对传统产业进行资本投入，提升传统产业数字化、数字化基础，加快5G、大数据中心、工业互联网的布局和建设。打造数字、智能、信息科技与实体经济深度融合的"新实体经济"。形成数字化车间、智能生产线、工业互联网、云制造、柔性生产等构成的智能制造体系。

三是推动企业的数字化转型，解决数字经济与实体经济"不愿融合"问题。数字经济与实体经济融合是以企业数字化转型为基础的。企业数字化转型的成本高，企业数字化转型积极性不够高，存在"不愿融合"问题。为此企业要从工业经济时代迈向数字经济时代的要求，重塑企业经营管理模式，打造数字时代企业业务运行模式，推动企业发展模式的变革创新，构建企业数字竞争力，不断加强互联网、大数据、人工智能、区块链等数字新技术在企业的应用创新。提高对企业业务创新的数字技术支撑能力，建立企业数字化转型的支持体系，降低企业数字化转型的成本，推动深度融合的微观机制构建，解决数字经济与实体经济在企业层面的"不愿融合"问题。

四是完善融合生态系统，解决数字经济与实体经济"不便融合"的问题。由于数字经济与实体经济治理体系、标准体系、监管体系不完善，融合生态系统不健全，存在"不便融合"问题。需要搭建数字经济与实体经济深度融合治理体系的结构，设立数字经济与实体经济深度融合治理机构，统筹数字经济与实体经济深度融合政策制定并协调政策执行。完善监管体系和标准体系，建立和健全数字经济发展的法律法规。围绕发挥数据作为核心生产要素的作用，破解经济融合发展的底层问题，解决数据资产属性和数字技术标准问题。突破现有部门分割、行业分割、产业分割、政策分割的体制约束，构建起数字经济与实体经济深度融合的数字生态系统。

学术界对数字经济与实体经济融合进行了多方面的研究，但是现有研究对"融合深度"缺乏明确界定。依据当前我国数字经济发展的新特征，建设现代化产业体系和实体经济高质量发展的新要求，本书把"深度融合"问题界定为数字技术和数据要素渗透到实体经济的全过程。以数字要素与数字技术双轮驱动对实体经济进行改造。从流通环节的融合深入到技术研发环节、生产制造环节和数字生态环节，重点推进前端、中端和末端的融合，推动数字经济与实体经济在技术研发环节、生产环节和生态环境多方面的深度融合，使数字技术和数据要素深入到实体经济全过程。具体表现：一是技术创新与数字经济融合。将数据要素融入实体经济的全生命周期和全产业链。二是产业创新与数字经济融合。以数字技术将新型工业化和数字化统一起来，推动智能化、自动化、数字化的产业升级，形成新型实体经济。三是企业组织创新与数字经济融合。扩大平台经济的数字技术和数据要素的外溢效应，扩展到企业的资源配置、生产设计、制造、流通、消费等各个环节，实现平台经济与企业组织的结合。

实现数字经济与实体经济的深度融合，需要运用"技术融合—产业融合—企业融合—生态融合"的系统性思维，着力解决数字经济与实体经济"不能、不全、不愿、不深、不便"融合的难题[①]。从技术、产业、企业的层面形成推动数字经济与实体经济深度融合的生态系统，实施数字技术和数据要素双轮驱动，推进实体经济业务逻辑重构、组织形态变革、价值模式创新，促进产业链、供应链、价值链延伸拓展，驱动实体经济质量变革、效率变革、动力变革和生产方式变革，在数字经济与实体经济深度融合中建设现代化产业体系。

## 二、数字经济与技术创新深度融合

数字经济与实体经济技术创新深度融合战略定位于加快建设科技强国，实现高水平科技自立自强。技术创新是用新的生产方式对已有技术的替代或者新组合，而创新的过程就是技术组合的演化过程。数字经济与实体经济的深度融合在技术层面主要是实现数字技术与技术创新的融合，在融合中不断发展的各种数字技术通过创新过程组合形成"数据＋算法＋算力"的集成创新能力，使实体经济的生产工具由工业技术转变为信息技术与智能技术，劳动者的生产载体由生产车间

---

① 杨道玲、傅娟、邢玉冠：《"十四五"数字经济与实体经济融合发展的五大难题》，载于《中国发展观察》2020 年第 5 期。

变为信息互联网、智能互联网平台。使实体经济以大数据技术为动力与枢纽系统，以计算技术为计算存储系统，以人工智能技术为决策分析系统，以区块链技术为数字化信息系统。

世界范围内的第四次工业革命背景下的技术创新已经由信息技术时代（IT）进入到了数字技术时代（DT），"信息技术时代是以自我控制、自我管理为主。数字技术时代则以服务大众，激发生产力为主"[1]。信息技术侧重于技术层面，数字技术侧重于应用层面，数字技术以信息技术为基础。特别需要我们引起注意的是第四次工业革命背景下的技术进步具有新的特点，技术"连点成线"，发挥技术影响力时，关注的是"系统，而非技术"，是"赋能，而非支配"[2]。

数字技术一般包括人工智能技术、区块链、大数据和云计算。数字技术与技术创新的融合要求人工智能技术把日益海量化的数据、不断优化的算法模型、持续提高的计算能力应用于实体经济，提高实体经济的智能化水平。云计算技术在数字经济与实体经济深度融合中的运用要求把许多计算资源集合起来，通过软件实现自动化管理。区块链技术优化了传统实体经济产业升级中遇到的信任和自动化问题，增强共享和重构助力传统产业升级，重塑信任关系。实现商流、信息流、资金流的合一，建立起高效的价值传递机制。大数据技术通过数据库软件工具捕获、存储、管理和分析能力的数据集，有效把握经济走向，提高实体经济企业的决策水平，给实体经济带来价值。人工智能技术、云计算技术可以提高实体经济的生产力，区块链技术和大数据技术可以改变实体经济的生产关系。

数字经济与实体经济技术深度融合的实质是把产业技术与数字技术融合起来，重要目标在于解决中国关键核心技术和重要零部件长期受制于人的问题，加快数字技术向实体经济渗透，扩大人工智能技术、区块链、大数据和云计算在实体经济中的应用场景。数字经济与实体经济技术深度融合解决的重点问题在于：一是构建"卡脖子"技术的攻关机制，深化数字经济与实体经济头部企业在基础性数字技术研发、应用性场景拓展方面的互动合作，进行"卡脖子"技术的协同攻关。

① 宋爽：《数字经济概论》，天津大学出版社2021年版，第127页。
② ［德］克劳斯·施瓦布，［澳］尼古拉斯·戴维斯：《第四次工业革命》，中信出版社2018年版，第15页。

引导数字经济与实体经济头部企业加大数字关键技术的研发投入。同时完善数字经济核心技术攻关的新举国体制，以协同攻关实现前沿技术的突破。二是数字技术推动传统实体经济创新模式和行为的革新，以更低成本使创新主体能够有效进行知识共享和合作，形成分布式创新的新模式。三是数字技术衍生出数字化技术与产品物理组件的融合以及新产品、新工艺或新商业模式的出现以及伴随着更高层次社会—技术结构关系的变化，形成数字经济与实体经济技术深度的数字技术创新基本范式。四是推动数字技术在实体经济各个方面、各个环节的广泛应用，消除产业间、企业间、产业链和供应链上下游的数字鸿沟，使实体经济的生产、运营、管理实现革命性变革，提高实体经济的现代性。

数字经济与技术创新深度融合主要是推动形成数字创新机制。进入经济高质量发展时代，实体经济发展动力革新方向在于构建数字创新体系。数字创新体系形成的基本逻辑是以数据驱动和工业互联网为底层技术支撑，实现工业技术与数字技术的结合，创新多主体跨边界的协同分布式创新，激发制造业的潜在高附加值，形成先进制造业与数字经济融合的叠加效应和乘数效应。关键核心技术攻关和传统产业数字化转型是实现数字经济与实体经济深度融合的重点任务，前者是技术研发问题，后者是技术应用问题。

数字经济与技术创新深度融合有三条基本路径：一是突破核心技术瓶颈，补齐核心技术短板，支持产业链上下游企业技术合作攻关，深化数字技术的开放合作。同时深化数字技术从企业内到企业外，由传统工业系统到新产业系统全过程应用，从研发、设计、生产、运营、管理全流程的全景应用。二是实体经济以数改智转为基本途径，激活创新链动能。不同层次实体经济企业在数字化赋能创新中有明确的创新链定位，"链主"要形成"大"带"小"的协同创新，使中小企业成为创新链的基本骨架支撑。三是政府在数实技术深度融合方面形成差异化有的放矢的扶助政策，为实体经济企业"破局前行"提供助力。政府精准施策，发挥产业政策在助力数实技术融合的有为作用。利用产业技术创新政策提高知识创新、技术创新、产业创新、产品创新等创新环节的协同性。

数字技术是数字经济与实体经济深度融合的原动力，把科技自立自强作为数字经济与实体经济技术深度融合的核心支撑，相应的技术创新制度和政策安排主要涉及：一是加大数字技术领域的研发力度，通过前沿数字技术研发推动推进数字产业化和产业数字化，提高数字经济与实体经济技术深度融合的效率。推动前沿技术的自主知识产权布局，占领数字技术创新的制高点。二是增强数字技术成果的应用转化能力。数字科技成果的价值在转化与应用按照市场机制配置数字科技资源，提升数字科技成果市场化应用程度，促进数字科技成果转化的市场化技术创新体系，为数字科技成果转化提供良好环境。普及数字孪生技术应用，全面采集工业数据，让生产线与虚拟数字孪生系统高度融合，不断改进生产与制造流程。三是扩大数字科技应用场景。数字经济与实体经济技术层面深度融合的本质是"智改数转"，应用场景是数字技术赋能实体经济，"智改数转"是价值的重要环节。从需求端引导数字科技供给能力，推动"智改数转"科学技术不断创新。推动实体企业全生命周期"智改数转"的数字化赋能。四是鼓励支持大型互联网平台企业输出数字化技术。发挥大型互联网平台企业数字技术工具在实体经济各个环节中的应用，引领带动实体经济中小微企业实现数字化转型。探索数字科技工具组合和综合使用能力，提升全实体经济企业应用数字科技的能力与水平。五是教育、科技、人才一体化推进。党的二十大报告指出：教育、科技、人才是全面建设社会主义现代化国家的基础性、战略性支撑。教育、科技、人才一体化推进也是数字经济与技术创新深度融合的政策的基本逻辑。在与技术深度融合中，坚持科技作为推动数字经济与实体经济深度融合的第一生产力、人才作为支撑推动数字经济与实体经济深度融合的第一资源、创新作为引领推动数字经济与实体经济深度融合的第一动力，并使三者在推动数字经济与实体经济深度融合中结合起来，构建数字经济与实体经济技术深度融合的坚实基础和智力支持。

## 三、数字经济与产业创新的深度融合

数字经济与产业创新深度融合主要表现为数字技术的产业化和产业的数字化两个方面，目标是依靠数字经济实现产业基础的高级化和产业链现代化。积极抢占产业发展制高点，全面重塑实体经济产业核心竞争力。在这一过程中数字经济改变着实体经济行业资源与需求的匹配模式、价值创造模式，并重构产业生态规则，推动实体经济产业结构迈向产业价值链中高端。

数字经济与产业创新深度融合的理论逻辑在于：一方面把新一代数字技术渗透到实体经济产业中，通过构建完整的数据采集、传输、存储和反馈的闭环，推动产业链的数据流通，建立全新的数字经济体系。实现数字产业化与产业数字化的融合发展，拓展产业发展空间，改变产业链组织结构形态，以全新的数字化、系统化思维引导实体经济产业链的解构与重构过程，实现数字经济下实体经济的转型升级。另一方面数字经济通过加速实体经济中各类传统生产要素流动，强化数据要素与传统生产要素的结合，使得实体经济的生产要素从原有的地理空间集聚转向虚拟网络集聚，形成非空间聚集。同时数字经济通过分离技术空间与社会空间，协同调度离散制造系统的多生产单元，形成均衡化、网络化空间生产结构，增强产业链上中下游的技术关联性与网络协同性。围绕数字经济创新链布局实体经济产业链，推动创新链与产业链的融合，实现实体经济产业链的现代化。

现阶段的产业竞争表现为产业链竞争，提升产业链竞争力的主要路径是围绕创新链布局产业链，围绕产业链部署创新链。数字经济与实体经济产业层面的深度融合是数字技术与创新链的深度融合，把科技创新真正落实到产业发展上，依靠创新建立自主可控的产业链。

创新链是从技术创意、技术研发、产业化、实体产品和市场化的转化过程，是由基础技术研究、技术转化、市场开发和价值实现等环节形成的链式结构。产业链是由原材料生产、技术研发、中间产品制造、终端产品制造以及流通消费过程构成的链式关系与形态，涵盖价值链、供需链、企业链和空间链。数字经济与产业链的融合涉及两个方面：一是利用数字科技创新攻克产业链中的"关键技术""卡脖子"技术，例如，目前的产品内分工形成全球产业链。全球产业链环节的国际布局面临某些发达国家的断供和断链。以数字技术为基础的增材制造（即3D打印），则可能复制和替代部分分工环节。增材制造根据数字化的控制方式，减少原来实体经济生产的任务细分，在不改变实体经济工艺流程与产品特性的前提下，实现协同制造、提升生产效率。二是双链融合，使数字技术融入到创新链，由数字技术的集成迭代、人机物的全面互联在实体经济生产活动中的几何级渗透与扩散所带来技术范式、价值形态、生产组织三个方面相互融合与渗透，形成"数字化—网络化—智能化"的发展路径。

数字经济与产业创新层面深度融合的机制是数智赋能机制，也就是通过数智化改造，培育实体经济的新动能和新优势。一是通过数智赋能机制提高实体经济的效率。效率变革是实体经济高质量发展的核心内容，在产业数字化与数字产业化的结合中通过数智赋能机制实现了虚拟网络集聚有利于制造业形成柔性制造与智能制造体系，改进实体经济的生产效率。发挥数字平台强连接性的典型特征，推动产业链上中下游深度互联和协同响应，形成开放共生共享的新生产运营模式，提升实体经济运营效率。二是通过数智赋能机制重塑实体经济的需求端和供给端。在需求端，数智赋能机制使数字经济的个性化服务、新生活方式助推数字经济相关新产品、新服务消费需求的增加，使实体经济行业的产品和服务发生全方位变化，重塑需求端，为实体经济发展提供新的需求动能。在供给端，数智赋能机制推动了实体经济生产效率的提升、新产品开发和新业务应用，提高了供给体系的质量和效率，重塑了供给端，为实体经济发展提供了新的供给动力。三是通过数智赋能机制拓展产业发展新空间，培育面向实体经济的数字经济新产业、新业态和新模式。发展大数据、物联网、5G+工业互联网、云计算和人工智能等新技术，赋能实体产业发展。加快推动实体经济数字化、网络化、智能化的进程，支持传统产业的转型升级，推动传统产业的高质量发展。同时改变实体经济业务流程和管理模式，提升产业附加价值。重构传统实体经济的制造模式、组织方式，开拓实体经济产业发展新空间。四是通过数智赋能机制催生实体经济产业发展的新领域。延伸数字化产业链，协同推进数字化产业的发展，衍生出数实深度融合的新业态、新模式。使数字技术渗透并重构生产、分配、交换、消费等经济活动中，催生实体经济产业发展新领域，衍生出物联网、工业互联网、智能制造等新领域，实现实体经济生产力的整体跃升。

构建数字经济与实体经济产业深度融合的数智赋能机制主要涉及以下四个方面：一是加快数字技术与传统产业在更大范围、更深程度的渗透和创新应用。深入推进产业"智改数转"，塑造产业数字化核心优势。充分利用数字技术改造提升传统产业。推动数字化和工业化的深度融合，推进数字技术在实体经济各个行业的综合应用，释放实体经济转型升级中的数字红利。二是推动产业数字化。产业数字化是数字技术和实体经济深度融合的重要方面，是产业对大数据的融合应用，通过数据分析将挖掘到的潜在价值信息应用到各行业中去，实现大数据与各行业的融合发展，"推动大数据、物联网、工业互联网、人工智能、增材制造等新兴技术在实体经济中的应用，对实体经济的传统产业进行整合改造，一跃进入现代化产业体系"。[①] 从长期来看产业数字化可以改变实体经济生产函数中的要素生产率和生产组织方式，提升实体经济生产效率。深化数字技术在实体经济行业从生产、分配、交换到消费各个环节的渗透和应用，利用大数据、人工智能等数字技术对实体经济进行全链条的改造，提高实体经济的全要素生产率。利用大数据、物联网、5G＋工业互联网、云计算和人工智能等新技术赋能实体产业发展，重塑实体经济的组织和流程，催生实体经济的智能化生产、工业互联网创新应用、柔性化定制、共享工厂等新业态和新模式。三是发力工业互联网平台。把工业互联网作为数字经济与实体经济产业深度融合的战略抓手，大力推进5G＋工业互联网融合发展，集群领域重点打造国内领先建设重点产业数据中心和产业大数据共同体。推广应用数字孪生、物联网、工业互联网等技术，布局集数字化设计、智能化生产、智慧化管理、协同化制造于一体的"未来工厂"。支持具有产业链、供应链带动能力的核心企业打造产业数据平台，以数字化供应链为依托，推动产业链强链补链固链。四是推动数据要素的共享。在数字经济与产业创新深度融合中要培育发展数据要素市场，健全统一开放、竞争有序的数据要素交易市场，多层次数据要素市场体系。建立"产学研用"一体化的大数据交易全产业链，以数据要素协同提升全产业链效率和数据资源价值，释放数据要素的转型带动作用。建立统一规范的数据管理制度，完善大数据环境下的数据分类分级安全制度，提高数据质量和共享的规范性。

数字经济与实体经济产业深度融合的政策取向在以下三个方面：一是在人力资本政策方面，制定激发人才数字创新活力、培育人才数

---

① 洪银兴：《中国式现代化论纲》，江苏人民出版社2020年版，第92页。

字化技能的人力资本政策。坚持面向世界数字科技前沿、面向数字经济与实体经济深度融合的主战场、面向数字经济与实体经济深度融合的重大需求、构建高水平复合型数字经济人才培养模式。加强产教对接，重点培养大数据、人工智能、网络技术、虚拟现实、区块链等领域的紧缺人才。二是在创新政策方面，主要依靠新要素驱动和全链条协同，实现新型生产要素对传统要素的替代。在创新政策上，要从规模激励转向创新激励，引导在加速研发应用网络通信、人工智能等通用技术的基础上研究，制定促进信息交流、资源共享、产学研合作的新型平台建设政策，着力于科技对实体经济全链条、全流程整体的赋能。三是在产业政策方面，在新发展格局下制定加快垄断行业改革、提升产业链韧性、促进数字经济与实体经济协调发展的产业融合政策。加快转变政府职能，完善市场准入制度，通过需求引导、利益激励、竞争机制等促进数字经济与实体经济发展，为产业融合提供更好的体制机制保障与政策激励。

## 四、数字经济与企业组织创新的深度融合

数字经济与实体经济在企业运行层面的融合涉及企业的战略、组织、业务和基础设施的全面变革，运用数字技术对实体经济企业的管理模式、业务模式、商业模式进行重塑。

数字经济在企业组织层面的融合主要依托互联网平台和区块链。在融合中互联网和区块链网重塑了企业组织，互联网提供了企业组织的网络化效应，构建起了企业组织平台。区块链技术通过链接方式将网络组织以共用技术方式程序化，使平台兼具企业与市场的双重职能，借助互联网平台，通过新一代数字技术和智能技术的深度运用，将供给与需求匹配起来，构建起数字经济与实体经济深度融合的微观机制。目前数字技术进步已经从互联网、大数据进入到了智能化时代，以云计算、物联网、人工智能、数字孪生、工业互联网为主的智能技术不断涌现。数字经济与实体经济在企业层面的融合必须着力发展智能制造体系，推动生产智能化、产品智能化、服务智能化和管理智能化。

互联网平台使企业成为无边界的创新平台。融合的基本逻辑是通

过数字经济实现企业组织从串联走向并联。传统的企业组织有明确的边界，实行科层垂直组织系统，从研发、制造、销售等各个流程是串联的。数字经济与实体经济在企业层面的深度融合使企业成为无边界的创新平台，借助互联网广泛吸引创新资源进入企业平台。企业由一个个创新团队组成。企业成为孵化器平台，员工组成若干创客群体，全员创新、创造和分享价值。企业治理以选择创新项目为对象，风险投资和品牌为纽带。企业内研发、制造、销售等各个流程是并联的。研发的过程同时就是制造和销售过程。企业成为依靠互联网的创新平台后，企业范围扩大超出了已有的组织边界，原先非企业的员工组织的创新团队也可以进入企业平台。

数字经济与实体经济企业层面深度融合的本质是创新能力建设。企业通过数智化改造提升数字化能力、智能化能力。一是提升企业业务流程的数字化再造能力。把数据作为价值创造的核心要素，推动企业设施数字化、要素数字化、业务数字化，推动基于数据驱动的研发、生产、管理、营销、服务等业务流程创新。二是提升企业的智能化能力，使企业沿着智能制造要素—智能制造能力—智能制造系统的方向发展，以"AI＋知识管理"驱动工作方式激发企业智能化变革，扩展企业在研发设计、生产制造、订单获取和产品服务方面的智能制造能力，通过智能工作推动企业的数字化进程，形成智能制造系统，推动企业生产的智能化、产品智能化、服务智能化和管理智能化。三是提升企业的数据处理和运用能力。数据成为企业的生产要素后，对数据的生产、报酬、交易和消费等独特的运行，就产生了企业的数智化，数字经济依托的载体是互联网平台。互联网平台依托数字技术实现企业的深度融合和跨界，互联网平台的基础是数据。数据是企业管理和营销的依据，互联网平台同时也是大数据的采集、开发和运用的平台。企业通过互联网获得的大数据将成为发展的重要资源。这样，基于数字经济提升企业创新能力在于以下五个方面。

一是推动企业架构向数字经济时代的新架构升级，企业架构涉及资源架构、数据架构和应用架构，新架构以数字核心技术为引擎，云计算全面支撑，以数据为核心生产要素。通过对企业组织架构、业务架构进行再造，数字化成为企业链接更多客户的枢纽，不断产生新产品、新服务。尤其是头部企业发挥行业领军作用，从产品升级、模式转变、平台转型等方面示范带动产业链上下游企业升级。

二是推动企业组织与云计算、大数据、人工智能等新一代数字技术的融合，实现实体经济企业从以"技术为中心"向"以数据为中心"转变，实现全要素、全产业链和全价值链的链接[1]，形成创新生态系统。在这个系统中，一方面头部企业、中心企业以数据吸引其他企业加入并逐渐形成一个更具竞争力的价值网络体系，为企业产品研发、市场销售、经营管理等提供科学决策。另一方面通过数字平台连接用户需求、吸引外部互补方。企业与合作伙伴通过平台接口实现交互和协同。向合作伙伴开放核心技术平台，分享相关创新成果。同时增加数据接口数量，扩大数据的共享范围，使平台吸引更多的企业向中心企业聚集，企业则通过改变生态系统中合作伙伴的合作模式，驱动创新生态系统不断演化。

三是实现企业的流程变革。数字经济与实体经济企业层面深度融合实现企业流程要素的数字化、流程流转的数智化、流程管理的数智化，实现实体经济企业的流程变革。提高流程数据要素融通与共享，实现流程再造和优化，使流程流转更加智能，对原有的流程管理体系进行优化和调整，形成企业新的管理体系架构和管理能力。依托数字平台，从终端服务入手，推动线上经营和营销，推动企业的相关业务流程向云平台转移。

四是构建企业的智慧供应链。企业的供应链与互联网、物联网、工业互联网的深度融合，使得企业传统的供应链向智能、高效的生态系统演变，形成智慧供应链体系。智慧供应链依托先进的数字技术、信息技术和共享平台，对供应链中的资本流、物流、信息流进行整合，实现供应链全流程的互相联通，使实体经济企业供应链实现决策智能化、运营可视化、要素集成化和组织生态化管理。

五是构建企业数字化赋能体系。激活工业互联网平台创新活力和企业数字化转型的动力。夯实企业的网络、平台、数据、安全等基础设施。搭建以"算力＋算法＋数据"为核心的要素体系，推进实体经济平台化设计、智能化生产、网络化协同、个性化定制、服务化延伸、数字化管理等新技术新模式新业态。

---

① 杨新臣：《数字经济重塑新动力》，电子工业出版社 2021 年版，第 137 页。

# 五、构建数字经济与实体经济深度融合的生态系统

打造良好的数字生态是数字经济与实体经济的深度融合的保证，也是推动数字经济与实体经济深度融合的必由之路。在数字经济背景下政府、企业和个人等社会经济主体通过数字化、信息化和智能化等技术，进行连接、沟通、互动与交易等活动，形成相互作用的社会经济生态系统，数字生态系统的实质就是数字资源的整合。数字经济与实体经济生态系统的深度融合是由政府、企业和个人相互联系，工业互联网与消费互联网双向联通、产业大数据与消费大数据互通共享所带来的创新应用、服务融合、基础设施融合、跨界融通的生态系统。数字要素的提供者和使用者通过数字主体之间的互动，促进信息共享、主体内部和主体之间的合作以及系统创新形成数字创新生态系统。数字生态系统是各个领域数字化的结果，构成了数字经济与实体经济深度融合的实施机制，为深度融合提供了保证。在这个生态系统中，生产、流通、分配和消费各个环节全面链接，大量异质性企业相互依存，形成共生价值循环体系。不同行业形成业务交叉、数据联通、运营协同的产业融合机制。不同经济主体、不同企业借助数据要素形成跨地区、跨行业、跨系统的协作平台。

数字经济与实体经济深度融合的生态系统涉及数字经济产生的共享经济。共享经济的实质是共享互联网平台，平台是共享的，进入平台的资源是共享的。在数字生态系统中，有创新思维的人进行创意，不同投资主体参与，多方生产厂商参加，各类市场参与推广，各类消费者介入引导创新。

构建促进数字经济与实体经济深度融合的生态系统基本目标在于提高数字经济与实体经济深度融合的基础能力，完善基础设施，构建治理体系，为加快数字经济与实体经济生态系统的深度有效融合、推动实体经济高质量发展奠定基础。构建数字经济与实体经济深度融合生态系统的重点任务是：一是将互联网、大数据、人工智能融入实体经济，推动多产业链网融合、工业与消费互联网双向联通，形成数字化产业生态基础。二是以数据为基础要素，打造全产业链数字链，系统性消除各类数字鸿沟，构建数据驱动的全要素生态体系。三是从供给端入手，通过优化创新、市场和产业等要素配置，升级产业供给体系的结构、质量和效率，为数字经济与实体经济生态系统深度融合提供物质基础和保障。

数字经济与实体经济深度融合的生态系统需要构建链网融合机制。生态系统深度融合的链网融合机制就是把产业链、创新链、价值链与企业、政府和个人通过互联网连接起来，形成数字技术设施生态、数字创新生态、数字产业生态和数字治理生态，从而实现数字资源的整合。数字经济与实体经济生态系统深度融合强化了企业之间、产业之间和部门之间的数字化连接，提升实体经济网络结构的拓扑强度，强化实体经济的协同互补与生态韧性，为数字经济与实体经济的深度融合提供环境。数字经济与实体经济的深度融合凸显了数据要素的基础性作用，通过链网融合推动数据汇聚、共享与流通，消除各类数字鸿沟；并以数据要素为驱动力提升产业生态中全要素配置效率，解决实体经济发展的不平衡与不充分问题。

根据数字经济与实体经济深度融合要求构建链网融合的生态系统的路径在以下五个方面：一是提升数据作为生产要素的应用。明确数据资产属性，完善产业和消费数据产权制度，增强数据共享激励和交易效率。加快构建产业与消费数字化标准，破除数据流通的体制约束，推动工业互联网与消费互联网的联通。二是完善互联网平台。加大新型基础设施建设，推动工业互联网智能终端、服务平台以及产业应用等多方面各环节的互联互通。三是打造"研发＋生产＋供应链"的数字化产业链，以产业真实技术需求为导向进行创新，以创新成果引导产业转型升级，转化为现实生产力；围绕产业链短板和供应链堵点进行重点布局，提高产业链关键环节的科技创新供给能力和创新要素的市场化配置能力，保障产业链供应链安全稳定，提升产业链供应链韧性。四是构建"生产服务＋商业模式＋金融服务"跨界融合的数字化生态。加强产业跨界技术融合，促进形成新工艺，向全球价值链高端迈进。五是构建工业互联网生态圈。积极实施"企业上云"战略，对网络基础设施、数据资源、信息系统、制造设备工具进行云化改造[①]。开展设备智能化改造，对实体经济企业的现有设备进行智能化升级，

---

① 袁宝国：《新基建：数字经济重构经济增长新格局》，中国经济出版社 2020 年版，第 27 页。

提高协同制造能力。加强数据的互通共享，实现实体经济企业工业设备数据与工业操作数据的互联互通。培育和发展实体经济企业的智能生产、网络协同、服务延伸、个性定制等新业态、建立支撑工业互联网实现绿色发展的生态。

构建数字经济与实体经济深度融合的生态系统涉及全社会、全产业、全要素资源配置效率的提高和价值创造模式的改进，是一个系统化过程，需要完善相应的支持体系，构建政府引导、企业主体、社会参与的数字化网络生态。

一是构建数字经济与实体经济深度融合的基础设施生态。数字基础设施是数字经济与实体经济深度融合的基石，数字经济与实体经济深度融合的基础设施包括以数据创新为驱动、通信网络为基础、数据算力设施为核心的数字基础设施体系。数字基础设施体系能发挥海量数据和丰富应用场景优势，促进数字技术与实体经济深度融合。加强信息、科技、物流等产业升级基础设施建设，布局建设云计算、人工智能平台、宽带基础网络等设施。从数字经济与实体经济深度融合的要求出发，当前数字基础设施建设重点是工业互联网标识解析体系、区块链基础设施、新一代通信网络基础设施，建设云计算中心、大数据中心、超算中心等于一体的数字基础设施平台，拓展数字经济与实体经济深度融合的应用场景。

二是构建数字经济与实体经济深度融合的数字创新生态。数字创新生态是通过数字化进程与创新主体间互动，实现创新生态系统主体、结构、制度、功能等全方位的数字化转型，促进数字创新产生、扩散和应用。创新生态的形成首先要推动创新要素数字化，推动创新要素在数字创新生态系统内部流动，从而联通、聚合多元主体的创新活动。通过技术赋能和要素赋能在流动和形变过程中产生新的价值、新的市场交易、新的创新应用。

三是构建数字经济与实体经济深度融合的产业生态。产业生态是指在产业空间内，经济活动主体、各类生产要素和经济运行规则构成的集合体。"产业生态是以技术基础和产业链资源为核心的内部条件和以原有生态格局为核心的外部建设环境共同作用的结果"[1]。在产业生

---

[1]　赵岩、李宏宽：《我国数字产业生态建设研究》，载于《工业信息安全》2022 年第 1 期。

态完善中，要以数字化赋能传统产业转型升级，提升数字生态的赋能和创新能力，推广平台数字化赋能。借助平台创新商业模式能力，创新场景应用，以场景应用带动产业融合发展提升数字生态的技术创新迭代能力，发展关键核心技术。发展开放式平台合作，加强资源协调和整合，发挥数字产业生态在数字经济与实体经济深度融合中的作用。

四是构建数字经济与实体经济深度融合的治理生态。发挥大数据在数字经济与实体经济深度融合中的规范引导，完善"大数据＋垄断监管"的新型监管模式，统筹数据开发利用，加快完善数据治理体制机制，建立健全数据资源产权制度、交易规则和管理规范，确保数据要素安全有序流通。完善数据资源开放共享制度，推动政务数据、公共数据、企业数据、个人数据等全社会各类数据融合应用。推动培育数据交易市场，培育规范的交易平台和市场主体，深度挖掘数据要素价值，充分释放数据促进数字经济与实体经济生态系统深度融合动能。

五是构建数字经济与实体经济深度融合的政策生态。完善政策支持体系，建立促进数字经济与实体经济生态系统深度融合中有序发展和规范运营的监管机制。完善适应人工智能、大数据、云计算等新技术在实体经济中新应用的制度规则。建立和完善面向全产业、全链路集成的数字化采购平台。对数字化技术改造项目进行金融支持，鼓励各类金融机构创新推出数字化转型金融产品，为企业数字化转型提供低成本融资服务。加大财政政策来保障产业链供应链安全稳定。

六是构建数字经济与实体经济深度融合的安全生态。建立健全数字经济与实体经济生态系统深度融合的数据安全管理、风险评估、检测认证等机制，构建贯穿数字经济与实体经济生态系统深度融合中的基础网络、数据中心、云平台、数据、应用等一体协同安全保障体系。完善适用于大数据环境下数字经济与实体经济生态系统深度融合的数据分类分级保护制度，加强对实体经济海量数据融合的风险防护。

### 第七章

# 数字经济与实体经济深度融合推进
# 新型工业化的逻辑与战略设计

　　工业化是经济发展的主题，新型工业化是高质量发展的重点任务。以高质量发展推进中国式现代化需要以推进新型工业化作为重点任务，夯实和提升中国式现代化的物质技术基础。新型工业化是数字化和工业化的有机融合。在第四次工业革命背景下，数字经济成为继农业经济、工业经济后的一种新经济形态，本质是一种具有深度融合性质的拓展的数字化经济。因此，以数字经济与实体经济的深度融合推进新型工业化成为我国在工业化后期深化工业化进程的路径依赖。正如习近平总书记在2023年全国新型工业化推进大会上指出，"把高质量发展的要求贯穿新型工业化全过程，把建设制造强国同发展数字经济、产业数字化等有机结合，为中国式现代化构筑强大物质技术基础"①。可见，以数字经济与实体经济深度融合推进新型工业化已经成为中国式现代化进程中的新动态、新引擎和新路径。基于此，我们需要系统研究数字经济与实体经济深度融合推进新型工业化的发展逻辑、现实要求和战略路径。

## 一、以数实深度融合推进新型工业化的发展逻辑

　　新型工业化是社会主义工业化理论体系的创新与实践，具有发展特征的"二重性"逻辑。

---

　　① 习近平：《把高质量发展的要求贯穿新型工业化全过程为中国式现代化构筑强大物质技术基础》，载于《人民日报》2023年9月24日。

一是不同于我国计划经济体制下的传统工业化道路。传统工业化以资本、劳动力和自然资源等生产力要素的粗放型投入为特征，走外延式增长道路，所引致的结果是产业链条长期被路径锁定于低附加值、低科技含量的低端产业环节，缺乏产业国际竞争力，并导致工业化和生态环境间的对立矛盾突出。二是不同于发达国家的传统工业化道路。发达国家早期的工业化模式是以自由市场经济体制推进工业化进程，并在工业化基本成型后推进数字化，而后期则选择了"去工业化"道路，即在还未完成深度集约型工业化的前提下选择过度去工业化，由此产生失业增加、贫困加剧以及社会动荡等经济增长代价。党的十六大首次提出新型工业化概念，"坚持以数字化带动工业化，以工业化促进数字化，走出一条科技含量高、经济效益好、资源消耗低、环境污染少、人力资源优势得到充分发挥的新型工业化路子"[1]。党的二十大进一步强调，发展经济需要把着力点放在实体经济上，推进新型工业化，加快建设制造强国，并提出到2035年基本实现新型工业化的现代化目标[2]。

新型工业化的本质是数字化和工业化的有机融合以实现效益型工业化，并将绿色化、共享化和可持续性作为目标变量，提升全产业链的竞争力水平，进而构建现代化产业体系。在数字经济背景下，数字化拓展为数字化，数字技术将物理世界重构至数字化世界，生产、交换、分配和消费的经济主体活动和交互在更大范围内建模至数字化世界。需要说明的是，这种"世界重构"并未改变社会经济运行的本质，只是提高了生产、交换、分配和消费的效率，即通过降低成本的方式形成新的增长效应[3]。数字技术使得数字化时期的附属产品即数据要素呈现出规模"非线性递增"效应，并成为物理世界在数字化世界的"技术投影"，由此独立化为新的生产要素，扩展了经济增长的现有要素组成。数字技术和数据要素统一于数字化思维，数字化思维是指超越对物理世界的认知范畴，首先通过数字技术和数据要素在数字化世

---

① 中共中央文献研究室：《十六大以来重要文献选编》（上），人民出版社 2005 年版，第 16 页。

② 习近平：《高举中国特色社会主义伟大旗帜　为全面建设社会主义现代化国家而团结奋斗》，人民出版社 2022 年版，第 24～30 页。

③ 任保平：《数字经济引领高质量发展的逻辑、机制与路径》，载于《西安财经大学学报》2020 年第 2 期。

界内创新生产、交换、分配和消费的运行方式，进而主导、优化和升级数字化时期的流程化思维，加快传统经济发展方式的迭代升级。当从更高维度的经济形态视角来看时，新型工业化的路径依赖就演变为以数字经济与实体经济的深度融合推进新型工业化。

数字经济与实体经济深度融合的一般特征是：数字技术与技术创新的融合，推动了数字经济与实体经济在研发创新层面的深度融合；创新链与产业链的融合，导致了数字经济与实体经济在产业层面的融合；平台经济与企业组织的融合，产生了数字经济与实体经济在企业层面的融合；数字经济的共享性和万物互联，提供了数字经济与实体经济深度融合的生态系统[①]。由此，以数字经济与实体经济深度融合推进新型工业化的发展逻辑是，数据要素和数字技术为工业企业扩大并优化专业化和协作的组织效率提供了充分的技术经济条件，所形成的数字产业化和产业数字化的协同发展模式孕育出现代化产业集聚。现代化产业集聚既包括一组在地理上集聚且相互竞争和合作的企业集群，也包括一组依托云平台技术支撑的跨空间集聚且相互竞争和合作的企业集群（即平台经济）。两者的本质均是通过形成一种有效的生产组织方式扩大并优化专业化和协作水平，进而将企业个体对利润最大化的追求通过外部正经济的方式达到集体效率最优。现代化产业集聚所引致的经济后果是要素集聚、技术集聚和生态集聚，进而推动"要素融合—技术融合—产业融合—生态融合"的数字化思维的形成。数字化思维在应用层面所形成的数字生产力会赋能工业生产力以形成新质生产力，使得工业化进程中出现规模经济、范围经济和绿色经济的扩大再生产，实现效益型工业化。同时，这种工业化模式会自发地创造出充分的物质、资金、人才和市场等基础条件推动数据要素、数字技术和数字化思维的扩大再生产，形成数字化和工业化、数字经济和实体经济的融合发展的现代化新型式。可见，新型工业化是与数字化日益融合发展且层次不断提高、领域不断拓宽、效益不断增加的工业化新道路[②]。

---

① 洪银兴、任保平：《数字经济与实体经济深度融合的内涵和途径》，载于《中国工业经济》2023年第2期。

② 吕政等：《新型工业化道路与推进工业结构优化升级研究》，经济管理出版社2015年版，第80～93页。

从要素融合维度来看，数据要素独立化为新的供给要素，性质是物理世界在数字化世界的"技术投影"，这就决定数据要素本身无法脱离实体经济发挥生产作用，只能赋能资本、劳动力等传统要素，通过提高要素使用效率、要素组合效率和技术科技创新等方式突破边际报酬递减规律，使得厂商可以在更大范围内处于平均成本递减区域生产，规模报酬递增效应具有可持续性。同时，数据要素的共享性特征会使这种效率提升机制呈现出"乘数效应"特征。

从技术融合维度来看，要素融合需要以技术融合为前提，数据要素作为技术投影首先需要基于物联网的发展，将人、物和事进行静态或动态的数据描述，并推动形成"万物互联"的系统性变革。主线是以重组式创新推动数字技术与传统生产技术的融合发展，并引出一系列新的生产函数，推动生产可能性边界可持续外延。同时，数字技术所带来的信息可得性使得经济主体能以更快速度响应市场价格信息的形成和变动，要素流动及其市场化配置效率得以提高。技术创新和资源配置效率提高的结果是全要素生产率的提升，这是新型工业化贯彻高质量发展的直接体现。

从产业融合维度来看，数字产业化是基础和动能，数字产业具有高技术密集型和高渗透性的核心特征，旨在为传统工业企业提供数字产品、数字技术和数字服务，为数字化转型提供解决方案。产业数字化则是推进新型工业化的主要方式，即在数字技术支撑下，以数据作为关键要素，以价值释放作为发展核心，对要素投入、生产方式和组织运行进行数字化改造，实现产品全生命周期的数字化运营，从而解决"效益低下"问题。同时推进向价值链两端的高附加值环节延伸，引出从生产驱动转向以消费者为中心的价值创造驱动，即兼顾消费者个性化需求和规模生产的成本优势，解决长期存在的"产能过剩"问题。

从生态融合维度来看，要素融合、技术融合和产业融合是资金链、人才链、创新链和产业链的"四链"融合发展，进而推动形成工业化进程中的数实融合发展生态。"数实生态"的微观主体一般以产业主导型企业为中枢，通过"平台—生态"构建为产业链上下游企业提供成本更低、开放多元以及安全灵活的 ICT 基础架构服务，形成价值共创机制并共建产业数字化共同体。从宏观维度来看，数实生态是各产业链间竞争和协作的有机结合体，资源可以实现在更大范围内的有效配置和共享流通，并孕育着产业家及产业家精神的显现，而这需要资金链、人才链和创新链的嵌入以提供生态建设的基础发展要素，即"四链"融合发展体系的形成。

以数字经济和实体经济深度融合推进新型工业化的发展逻辑前提是国家数字化转型能力的体现。其一，中国实现经济高速增长的原理在于：国家能力推动了市场规模的扩大，市场规模决定了工业化和技术创新的水平[①]。新型工业化本质又是与数字化日益融合发展的效益型工业化，这首先决定了推进新型工业化仍然需要提升国家数字化转型能力，注重高水平社会主义市场经济体制的构建。高水平社会主义市场经济是市场规模扩大和"创造性破坏"环境的结合，是高标准市场体系和高水平对外开放的结合，也是有效市场和有为政府的结合。"三个结合"的有效性是决定数字经济和实体经济能否深度融合进而推进新型工业化建设的宏观发展载体，也是决定新型工业化能否赋能"四化"并联式发展以实现中国式现代化的关键。其二，数字经济和实体经济普遍存在着"不能、不全、不愿、不深、不便"融合的现实难题[②]，这进一步决定在以数字经济和实体经济深度融合推进新型工业化的进程中需要政府职能的体现。根据主要经济体发展数字经济战略和规划的历史经验来看，政府职能体现集中于核心技术突破、基础设施保障、数据市场建设以及顶层设计引领四个维度。其三，数字经济的本质是技术经济范式的转变，进而带来了工业化进程中的结构性变革。结构性变革的结果是新型工业化进程中发展与风险并存，如结构性失业风险、数字平台垄断风险、收入分配极化风险等显现，即需要政府构建安全风险预警与防范机制，发挥国家能力为新型工业化提供稳定安全的市场发展环境。

综上所述，以数字经济和实体经济深度融合推进新型工业化的发展逻辑是，以国家数字化转型能力建设为前提，使数据要素和数字技术为工业化进程提供技术经济条件，形成数字产业化和产业数字化的协同发展模式并孕育出现代化产业集聚，进而通过集聚效应推动数字

---

[①]　文一：《伟大的中国工业革命》，清华大学出版社 2016 年版，第 275 页。

[②]　杨道玲、傅娟、邢玉冠：《"十四五"数字经济与实体经济融合发展亟待破解五大难题》，载于《中国发展观察》2022 年第 2 期。

化生产方式的形成，其在应用层面所形成的数字生产力会赋能工业生产力以形成新质生产力，从而实现效益型工业化，而这种工业化模式又会为数字经济扩大再生产提供基础要素条件，最终形成数字化和工业化、数字经济和实体经济融合发展的工业化新型式。

## 二、以数实深度融合推进新型工业化的现实要求

根据中国信通院发布的《中国数字经济发展研究报告（2023）》可知，2022 年我国数字产业化和产业数字化规模有效提升，但制造业的数字经济渗透率（24%）显著低于服务业（44.7%），且制造业的数字经济全要素生产率十年间整体呈现出先升后降态势。因此，结合上述发展逻辑，有必要进一步探析数实深度融合推进新型工业化的现实要求。

### （一）创新数据要素产权制度，提高数实深度融合推进新型工业化的数据利用效率

数据要素是推进新型工业化的新的生产要素，要素确权决定要素配置和利用效率，但由于数据要素的本身特性即非竞争性、非排他性和零边际成本，使得数据资源存在权属不清、难以保护的现实问题，数据要素定价呈现出"大分化"趋势，进而导致数据交易市场和流通体系不足以支撑数据要素赋能新型工业化。同时，我国市场规模巨大的结果是数据要素集聚，但所引致的要素间融合存在着"不能融合、融合不全"的发展问题，即存在着数据规模巨大与开发利用效率低下的非对称矛盾。以贵阳大数据交易所 2016 年 10 月推出的《数据定价办法》为例，协议定价、固定定价以及实时定价 3 种定价模式仍无法直接确定数据的最终价格，数据市场的价值规律作用存在阻碍。根本原因在于数据要素产权不明晰，使得价格信息的产生和变动不足以支撑市场机制发挥资源配置作用，数据要素融合效能还未完全显现。因此，以数字经济和实体经济深度融合推进新型工业化的现实要求是以创新数据要素产权制度为前提，明晰并保护数据资源权属，完善数据要素市场准入、监管和风险识别机制，以提高数据开发利用效率。

**（二）提高数字技术创新投入，为数实深度融合推进新型工业化提供技术经济条件**

数据要素和数字技术为新型工业化进程提供技术经济条件，数字技术是实现数据采集、数据存储、数据挖掘和数据可视化的前提[①]，也是为传统工业企业提供数字化转型解决方案以实现价值创造的通用目的技术载体。在新型工业化进程中，工业数字化转型的关键核心技术是工业互联网平台的发展，而芯片技术决定工业互联网的算力水平，所形成的算力生产力是数字生产力的基础，进而决定以重组式创新推动数字技术与传统生产技术融合发展的效率水平。但目前我国芯片技术难以支撑工业企业实现智能制造，只能选择从发达国家进口以满足国内技术需求。高端芯片技术缺失的根本原因，一是基础研究投入不足，科技创新效率较低，导致我国原始创新能力不足。二是在前沿技术领域的创新投入方面存在着"投入碎片化"现象，多部门以及各级政府所出台的有关数字技术战略和规划未形成国家或区域创新体系合力，重复投入和投入缺失叠加使得资金链与人才链、创新链、产业链融合效率较低，数实融合发展生态建设水平制约着新型工业化进程。因此，在新型工业化进程中，需要发挥新型举国体制的制度优势，提高基础研究科研投入比例，优化数字技术创新投入结构，以体系化创新建构整体性优势，形成量质结合的数字新技术供给体系。

**（三）构建多层次教育新体系，解决数实深度融合推进新型工业化的数字人才供需矛盾**

数字技术的研发与应用是对数字化人才的更大需求。从技术研发维度看，数字技术创新使得传统技术进步模式发生系统性变革，技术创新的源头外延至科学发现和知识创新，并主导数字新技术供给体系的发展水平，即人力资本积累外化为知识形态的能力成为数字经济再生产的关键要素。从技术应用维度看，数字技术应用于工业化进程需要以劳动力的信息素质和 ICT 技能水平为前提，劳动力的数字技术渗

---

① 任保平、李培伟：《数字经济培育我国经济高质量发展新动能的机制与路径》，载于《陕西师范大学学报（哲学社会科学版）》2022 年第 1 期。

透率是决定制造业数字经济渗透率的重要方面。目前，数字人才总量缺失和结构性错配所造成的劳动力市场供需矛盾突出，是制约我国新型工业化进程的重要约束。根据《产业数字人才研究与发展报告（2023）》显示，我国数字人才缺口约在 2500 万～3000 万人，且缺口呈现出持续放大态势。数字人才缺口的主要原因，一是数字人才的教育体系发展不足以满足市场对数字人才的质量需求，高校专业体系设置和优化整体滞后于市场发展，进一步导致企业成为数字人才培育的主体，由此引致的经济后果是企业的机会成本非线性增加，制约新型工业化进程。同时企业在职培训动力也因此大幅削弱。二是数字人才资源配置存在结构性矛盾问题。由于传统工业企业相对于金融、IT 等高薪行业、国有企业等垄断行业相比，在工资、福利以及隐性待遇方面没有市场竞争优势，且存在制度不完善、组织管理不规范等公司治理问题，影响数字人才的劳动力流入。综上，推进新型工业化需要以构建多层次教育新体系为前提，推动产学研用一体化在高校教育体系改革中的引领作用，释放企业在职培训成本，并对传统工业企业给予财政支持和税收减免，进一步降低工业企业在数字化转型中的成本负担。

### （四）发展数字化思维转型模式，形成新型工业化的新思维体系

以数字经济和实体经济深度融合推进新型工业化首先需要在工业企业家中形成数字化思维的认知变革，即以"要素融合—技术融合—产业融合—生态融合"的数字化思维指导数字化转型进程，形成新型工业化的新思维。数字化思维是形成数字生产力并赋能工业生产力以形成新质生产力的关键。从我国制造业的数字化发展来看，主要呈现出"两极分化、发展不均"的态势。少部分大型工业企业的数字化发展水平已经达到国际平均水平，但大部分工业企业，特别是中小企业还未开始或仅处于数字化转型的起始阶段。中小企业家一般缺乏数字化转型思维，一方面与数字化发展意识薄弱本身有关，即数字化思维还未嵌入企业家精神；另一方面与数字化转型所具有的短期收益较低、转型成本较高和风险概率较大的特点有关，"试错风险"使得中小企业家被动放弃数字化转型。由此导致处于行业领军地位并完成数字化转型的大型企业难以赋能行业数字化转型，未具备向其他企业提供低成

本、可复制以及成熟完整的数字化解决方案，以"平台—生态"为核心的数实生态发展体系还未成型，从而进一步加剧工业企业家的数字化思维转型模式的缺失。因此，以数字经济和实体经济深度融合推进新型工业化的关键是，通过构建风险分摊和补偿机制及提供相关产业政策支持发展数字化思维转型模式，形成新型工业化的新思维，解决数实融合的思维困境。

**（五）优化政府数字治理能力，优化推进新型工业化的市场环境**

以"平台—生态"为核心的数实生态发展体系所带来的发展风险是，平台成为新的经济组织，平台主导企业成为新的垄断厂商，并在利润最大化的个体理性驱使下，通过"定价权""跨界竞争""收购协议"等方式攫取更多的平台附属企业的生产者剩余以及消费者剩余，降低市场竞争效率。市场竞争下降的直接结果是"创造性破坏"环境的消失，使得创新创业活跃度下降，资源配置效率降低，最终导致市场规模持续萎缩甚至市场消失。数实融合的悖谬在于，国家为推动创新不得不依赖平台型企业，而过于依赖平台型企业又会导致创新生态的异化[1]。同时，数字经济发展对市场经济的冲击还包括新型劳资关系问题、技术性结构失业、不正当竞争加剧、数实冲突显现以及数字鸿沟等问题。以技术性结构失业为例，数字技术融合所带来的结果是机器生产效率显著高于一般劳动力，从事简单工作的劳动者被机器替代的可能性随着数字经济发展非线性增加[2]。因此，以数字经济和实体经济深度融合推进新型工业化的现实要求是以国家能力建设作为前提保障，通过政府治理数字化转型优化政府数字治理能力，一方面加快建设高水平社会主义市场经济体制，将社会主义和市场经济相结合的制度优势转化为数字经济和市场经济的融合发展优势，规范市场经济发展秩序，构建高标准市场体系；另一方面则需要构建数字经济安全风险预警与防范机制，防范化解数字经济发展过程中的潜在发展风险，为推进新型工业化进程提供稳定安全的市场环境。

---

① 高奇琦：《国家数字能力：数字革命中的国家治理能力建设》，载于《中国社会科学》2023年第1期。

② 孔高文、刘莎莎、孔东民：《机器人与就业——基于行业与地区异质性的探索性分析》，载于《中国工业经济》2020年第8期。

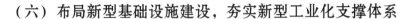

### （六）布局新型基础设施建设，夯实新型工业化支撑体系

数实生态发展以赋能新型工业化的支撑体系是新型基础设施建设，其发展水平直接决定工业化的产业基础高级化能力。新型基础设施从基础层、驱动层和服务层维度来看，可以划分为信息基础设施、创新基础设施和融合基础设施三个组成部分。公共性和不确定性决定建设主体是政府，政府以市场需求为导向全面布局新型基础设施体系格局，兼顾普惠性和差异性，可以有效避免重复投入和投入缺失问题。从一般发展逻辑出发，新型工业化对新型基础设施体系的发展要求是高速畅通、安全泛在、普惠低廉和融合深化。在高速畅通方面，世界银行将宽带作用与传统基础设施并列，虚拟现实、工业互联网等数字技术需要以高带宽速率为支撑。同时，宽带化所带来的移动互联网发展使得消费者偏好的质量信号推动生产要素向高效率、高价值创造领域集中，工业企业的供给效率和供给质量可以得到显著提升，推动供给侧结构性改革。在安全泛在方面，"万物互联"是推动新型工业化的重要举措，但网络攻击威胁多元化和复杂化成为数字经济背景下工业企业生产特别是中小企业数字化转型中的新生风险，即对构建新型基础设施安全防护体系提出更高要求。在普惠低廉方面，新型基础设施使用成本降低可以有效刺激数字技术渗透和技术融合，为庞大的中小企业群体提供成本低廉的基础设施服务，网络单位使用成本会出现指数级下降，同时实现在更大市场规模下的跨时空专业化协作。在融合深化方面，工业企业的生产和运输效率同时依赖于传统基础设施即电力、公路和铁路等数字化发展，融合基础设施建设所带来的智能电网、智能微网以及智慧城市可以直接降低工业企业的生产成本和贸易成本，释放出更多可支配资源。因此，布局新型基础设施建设以夯实新型工业化支撑体系成为推进新型工业化的应有之义。

## 三、以数实深度融合推进新型工业化的战略路径

遵循以数字经济和实体经济深度融合推进新型工业化的发展逻辑，并结合相关现实要求，在中国式现代化进程中，以数字经济和实体经济深度融合推进新型工业化的战略路径具体包括以下四个方面。

## （一）以高质量发展作为根本遵循，以新发展理念引领新型工业化

新型工业化的本质是与数字化日益融合发展的效益型工业化，是中国式现代化的一部分，需要围绕人口规模巨大的现代化、全体人民共同富裕的现代化、物质文明和精神文明相协调的现代化、人与自然和谐共生的现代化、走和平发展道路的现代化的理论内涵和实践要求深入推进[①]，即以高质量发展作为根本遵循、以新发展理念引领新型工业化。高质量发展要求新型工业化是以数字经济和实体经济深度融合为基础、以提高工业全要素生产率为目标的质量意义和功能意义上的效益型工业化，强调由粗放型增长向集约型增长转变，由数量型向质量型转变。质量型要求新型工业化需要以新发展理念为引领。发展理念是确立发展目标，制定发展战略和政策的依据和指导原则，在不同的发展理念指导下，经济发展的目标、战略和政策是不同的，工业化的含义与目标也是不同的[②]。在新发展理念指导下，新型工业化的战略路径如下。

一是以科技创新作为第一动力。新型工业化的动力在于工业领域数字技术贡献的提升，实现路径是形成量质统一的数字新技术供给体系赋能新型工业化。数字新技术供给体系的量质结合需要发挥新型举国体制的制度优势，以国家创新驱动战略为引领，以产学研用一体化为主要方式，在区域间打造"创新型生态体系"，建立企业、高校和国家间的横向稳定联系，同时构建区域间创新生态体系的空间协同机制，形成优势互补的科技创新格局。

二是以整体协调作为内在要求。整体协调要求新型工业化其一是实现数字化发展协调。以壮大战略性新兴产业为支撑，提供具有普惠性质的数字化转型解决方案，推动产业内产业间工业企业的数字化协调发展。其二是实现工业结构协调。提高高新技术产业、战略性新兴产业在制造业中的比重，重点发展信息技术、生物技术、新材料技术和新能源技术产业。其三是实现经济和社会的系统性协调。人口规模巨大的现代化要求新型工业化需要以实现充分就业作为社会发展目标，

---

① 黄群慧：《把高质量发展的要求贯穿新型工业化全过程》，载于《求是》2023 年第 20 期。
② 任保平：《中国 21 世纪的新型工业化道路》，中国经济出版社 2005 年版，第 82 页。

规避发达国家由于机械化和自动化所带来的失业增加、贫富加剧等社会矛盾。

三是以绿色低碳作为重要约束。以绿色低碳作为重要约束是以绿色发展理念指导新型工业化的体现与升级。新型工业化的发展特征"二重性"要求引入经济、社会和生态的整体性观点以形成新的财富论，即通过数字技术发展绿色技术以形成绿色生产力，保护环境和生态的同时提供更多满足人民日益需要的高质量生态产品，积累新型工业化的生态财富，强调处理好工业化与人口、资源和环境之间的发展关系。

四是以全面共享作为本质要求。新型工业化是在以人民为中心的现代化底层逻辑之上的工业化，要求将共同富裕理念和新型工业化有机结合。其一是处理好劳动密集型产业和资本密集型产业、技术密集型产业的发展关系。通过实施人力资源开发的发展战略，建立多层次教育新体系，并打造终身技能培训平台，构建技术失业人群在资本密集型产业和技术密集型产业的再就业机制，实现劳动力的充分就业目标。其二是建立资本与劳动的协调共赢机制，即以实现人的现代性最大化作为新型工业化的终极价值判断，推动人的全面发展。

五是以深化开放作为必由之路。对外开放是新型工业化的典型特征，重视利用国外资金和先进技术是新型工业化的重要内容[①]。通过构建新发展格局把握技术和产业革命的战略机遇，并开发更大规模、更深层次的市场体量，利用好两个市场两种资源发展数字经济进而赋能实体经济，是我国把握后发优势以推进新型工业化并实现工业化赶超的关键。深化开放要求以新发展格局推进高层次开放型经济的形成，培育以数字技术和制度开放为核心的竞争优势，提高我国工业体系在全球价值链和产业链中的发展地位。

**（二）建设高标准市场体系，发挥有效市场和有为政府结合的制度优势推进新型工业化**

全国统一大市场建设为数字经济和实体经济在更大范围内融合以加快新型工业化进程提供了市场动能。从市场广度来看，市场规模扩

---

① 任保平：《我国新型工业化道路实现中应处理好的十大关系》，载于《中州学刊》2004年第3期。

大所带来的是数据要素和数字技术交换规模的扩大，工业化、数字化以及国际化的融合效率提高；从市场深度来看，"创造性破坏"的市场环境可以提供良好的优胜劣汰的市场机制，并加深专业化分工和协作的组织效率，由此所带来的资源配置效率提高可以为新型工业化提供充分的数字化转型基础条件。全国统一大市场的内在要求是建立高标准市场体系，发挥有效市场和有为政府结合的制度优势推进新型工业化。逻辑进路可以归纳为，高标准市场体系建设使得市场机制可以在新型工业化进程中对资源配置起到决定性作用，推动资金链、人才链、产业链和生态链的"四链"融合发展以形成数实融合发展生态赋能新型工业化。战略路径包括以下三个方面。

一是健全数据要素产权制度，建立高标准数据要素市场。以数据占有权确立作为核心创新数据要素产权制度是可行之路。占有权作为独立于所有权与使用权的财产权利，承认原始数据所有者的所有权归属，所有者可以在出让权利获取经济收益与保护隐私之间灵活权衡，同时，占有权的衍生拓展性与数据要素的非竞争性特征相契合，数据要素的统一定价成为可能。需要说明的是，数据占有权确立需要一系列法律法规和数字技术的支持，以实现数据占有权、所有权与使用权的三权分置的产权运行机制，同时在其基础上建立起数据产权保护、交易、安全、收益分配等相关制度体系框架，以推动高标准数据要素市场的形成。高标准数据要素市场为提高数实深度融合推进新型工业化的数据利用效率提供了良好的市场运行载体，要素融合机制得以建立。

二是将建立高质量教育体系和人力资源市场体系有机结合，化解新型工业化进程中的数字人才市场的供需矛盾，提高数字化人才的供给总量和配置效率，推动数实融合稳定和就业规模扩大。高质量教育体系构建需要以产学研用一体化为根本遵循渐进式推进高校专业设置和教师团队的改革，探索通过市场研修、校企联合等方式将大学教授和学生纳入市场平台，以形成数字化人才的市场培育机制。人力资源市场体系构建需要推动人口数量红利向人力资本红利转变，充分发挥市场决定数字化人才配置的决定性作用，同时注重对中小企业的政策帮扶以提高数字化人才的流入，并推进国有企业市场化改革以化解人才资源错配问题。高质量教育体系和人力资源市场体系的有机结合同时是构建区域间创新生态体系空间协同机制的有效路径选择，形成新型工业化的区域发展合力。

三是以政府治理数字化转型为前提，构建高标准的宏观调控体系，并探索构建数字经济安全风险预警与防范机制。新型工业化要求建立高标准市场体系，而高标准市场体系需要高标准的宏观调控体系以保证其有效运行，为新型工业化创造稳定的市场发展条件。首先要求政府尊重市场经济发展的一般规律，前瞻性地自觉运用工资、价格、利率和税率等经济手段提高宏观调控质量。其次是优化市场制度体系，构建公平竞争的市场环境。政府需要以治理数字化转型为前提优化市场制度供给效能，适应数字经济发展对市场经济的实体冲击，同时提高政府的市场监管能力，通过数字监管取代依靠人力等传统监管方式，适应数字技术发展趋势。注重对平台经济组织的反垄断管理，及时识别并判定平台主体的反垄断行为，降低社会福利损失。以数实融合推进新型工业化是发展机遇与发展风险的并存，发展风险扩大会制约新型工业化进程，甚至出现新型工业化的"马太效应"。为此，政府职能的新要求是探索构建数字经济安全风险预警与防范机制，即运用系统化思维前瞻性的整体考虑数实融合过程中所出现的技术失业、金融风险、数字鸿沟等融合风险问题，构建政府主导、部门协同、企业自治、社会参与的预警与防范机制，特别注重发挥社会资本的范围治理优势。

**（三）以新兴产业集聚为主线，发展数实融合生态战略支撑新型工业化**

发展逻辑和现实要求表明，以数实融合推进新型工业化的路径关键是工业企业家群体中数字化思维的形成，即指导新型工业化进程的新思维体系。解决数实融合的思维困境需要为大部分工业中小企业提供低成本、可复制以及成熟完整的数字化解决方案，其系统性、复杂性和风险性决定仅仅依靠产业链主导企业作为供给主体难以实现，需要探索通过产业家及产业家精神发展数实融合生态战略。产业家及产业家精神超越企业个体的传统边界整合产业链资源，实现更大范围更深层次的资源配置和资源利用，并以产业生态化发展构建数字化转型的风险分摊和补偿机制，为工业企业主体的数字化思维形成赋能。

产业家性质决定产业家形成需要以新兴产业集聚作为发展主线。新兴产业具有高技术性、高渗透性和高前瞻性的特征，是发展数实融合生态战略支撑新型工业化的引领者。通过新兴产业发展产业家和产业家精神，需要通过产业集聚的发展模式形成产业融合效应。产业融合效应的表现形式是指通过新兴产业内部的融合加快推动新兴产业和传统产业的融合以及由此带来传统产业内部的融合。这种效应使得新型工业化进程中传统产业边界模糊化、产业发展生态化和产业结构高度软化，催生出新业态、新模式和新产业，并最终由产业内竞争向产业间竞争转变，所带来的经济后果是在更大范围内对资源有效配置的更大需求，由此培育出产业家及产业家精神。以新兴产业集聚所形成的新兴产业家能从宏观整体维度以更快速度响应传统产业的数字化需求，并通过集聚效应整合市场资源，优化资源配置效率，从而降低数字化解决方案的供给成本，同时扩大数字市场规模，加快新型工业化进程中产业数字化进程。

通过新兴产业集聚发展数实融合生态战略以支撑新型工业化，需要以资金链、人才链、创新链和产业链的"四链"融合发展为前提，关键是以高质量的人才政策和产业政策供给作为支撑。以上海市人工智能产业发展为例，在人才集聚方面，上海市优先满足人工智能领域数字化人才的住房需求，并提供住房补贴；在产业集聚方面，致力于打造人工智能产业的高端集聚，形成"AI 生态 + AI 平台 + AI 产业 + AI 城区"的集聚发展格局。上海市通过新兴产业集聚已成为国内最大的智能制造数字化解决方案输出区域，且工业机器人产业规模全国第一。同时，已有研究表明，通过新兴产业集聚路径形成产业协同集聚效应依赖于相关政策文件的出台[①]，需要发挥政府在发展数实融合生态战略过程中的经济激励和协调作用。新兴产业集聚同时需要以全面布局综合型基础设施建设作为支撑体系。综合型基础设施是普惠性和差异性的统一，基础要求是高速畅通、安全泛在、普惠低廉和融合深化，要求形成政府主导、市场参与的投融资模式，兼顾市场需求的同时避免重复投入和投入缺失问题。

---

① 谭玉松、任保平、师博：《人工智能影响产业协同集聚的效应研究》，载于《经济学家》2023 年第 6 期。

### （四）强化数字经济政策顶层设计，构建推进新型工业化的物质技术基础

数据要素和数字技术是以数字经济和实体经济深度融合推进新型工业化的物质技术基础，数据要素形成生产要素又需要以数字技术发展为前提，因此，数字新技术供给体系的形成是推进新型工业化的重要战略路径选择。数字新技术供给体系是指以大数据为数字资源、云计算为数字平台、物联网为数字传输、区块链为数字信任及人工智能为数字智能的数字新技术供给格局[①]。发展数字新技术供给体系依赖于政府的数字经济政策供给质量，需要形成与数实融合推进新型工业化现实要求相配套的政策支持体系，从而构建推进新型工业化的物质技术基础。系统分析全球主要经济体的数字经济政策演进路径可以发现，强化数字经济政策顶层设计并推动政策供给质量与数字技术迭代相适应是数字经济政策供给的一般发展规律。

强化数字经济政策顶层设计需要围绕新型工业化进程中资金链、人才链、创新链和产业链的"四链"融合发展。一是坚持以供给侧结构性改革为主线，通过化解产能过剩释放生产力要素以流向新兴产业，推动现代化产业集聚。二是加强基础科学研究，提高科技创新能力。数字技术创新模式是以人力资本作为创新要素，通过人力资本积累外化为知识要素扩大再生产以推动数字技术扩大再生产。因此，完善基础研究布局、建设高水平创新园区以及优化创新激励奖酬机制成为推进新型工业化的重要战略路径。三是以推动金融科技创新为主线建立新型投融资机制，搭建数字化、专业化和便捷化的普惠金融服务平台，使处于不同生命周期的工业企业都可以得到投融资支持，推动数字化思维的形成。四是增加教育投资，创新教育体制机制改革，以产学研用一体化方式培育复合型数字人才，同时破除要素自由流动的体制机制障碍，促进人才资源的合理配置。

摩尔定律表明，数字技术的迭代升级速率远快于工业经济时期的一般技术创新，社会经济运行的不确定性加大，由此可能造成政策供给的动态不一致性被技术性放大，从而制约新型工业化进程。因此，

---

① 任保平：《我国高质量发展的目标要求和重点》，载于《红旗文稿》2018年第24期。

政策支持体系构建还需要以智能化政府为前提，利用数字技术本身优势化解政策供给质量与数字技术迭代的匹配问题，夯实推进新型工业化的物质技术基础水平。一是建立政务数据治理机制，实现政务数据的开放与共享，并尝试推行首席数据官制度，提高政务数据处理和可视化能力。二是建立中央政府与地方政府以及地方政府间的协同联动机制，通过建立统一的数据信息系统，打破政府间数字孤岛现象，发挥区域协同发展合力。三是建立安全风险预警与防范机制，前瞻性地设计并供给相关政策，同时构建政策实施效能的数字化评估机制，降低数实融合过程中的发展成本与风险发生概率。

我国新型工业化同时又是发挥后发优势实现跨越式发展的工业化，数字经济的政策出发点要求坚持引进、吸收与自主研发、科技创新相结合的数字技术政策，抓住技术革命和产业变革的现代化机遇，为新型工业化进程提供具有竞争优势、自主可控和量质合一的数字新技术供给体系。数字技术政策的作用主体是企业，需要通过各种优惠政策支持企业增加自主研发投入，降低因数字技术创新的高投入、高风险性对企业创新激励的制约。同时，鼓励企业加大前沿技术的引进、消化和吸收，把握好后发现代化国家的后发优势。数字技术政策同时需要与促进新型工业化的产业组织政策、产业结构政策和产业融合政策相适应，降低政策供给的不确定性，为发展数实融合生态以推进新型工业化提供稳定有效的物质技术基础。

∧∧∧ 第八章

# 数字经济与实体经济深度融合推动
# 新型工业化提升经济发展活力

中央经济工作会议明确强调，把各方面优势和活力充分激发出来，加快构建新发展格局。党的二十大报告提出："加快发展数字经济，促进数字经济与实体经济深度融合推动新型工业化，打造具有国际竞争力的数字产业集群。"[①] 新发展阶段我国数字经济的快速发展，已经成为中国经济提质增效的新引擎，培育经济高质量发展的新动能，提升经济发展活力的重要内容[②]。近年来我国经济以高质量发展为主线，以数字产业化、产业数字化为主攻方向，加快推进数字基础设施建设，数字经济的新业态和新模式不断涌现，数字经济与实体经济深度融合推动新型工业化正在成为新发展阶段提升经济发展活力的新引擎、新动能和新优势。

## 一、中国经济发展活力的决定因素

经济活力是指一国一定时期内经济中总供给和总需求的增长速度及其潜力或者指一个国家或地区在某一时期内，经济体内各个环节和方面的运行状况以及整体的发展态势。经济发展的过程是收缩力量和扩展力量对比的过程，当收缩力量大于扩张力量时，经济就会出现"退"的态势，当扩张力量大于收缩力量时，经济发展就会表现出

---

① 习近平：《高举中国特色社会主义伟大旗帜为全面建设社会主义现代化国家而团结奋斗》，载于《人民日报》2022年10月26日。
② 任保平：《在新发展格局中培育新的经济增长点》，载于《学术前沿》2021年第6期。

"进"的态势。提升经济发展活力就是提高扩张因素，抑制收缩性因素的过程，提升经济发展活力对于构建新发展格局，消除经济的收缩，推动经济的扩张具有重要意义。提升经济发展活力的因素具有长期和短期之分，长期因素是扩大生产可能性边界，激发经济增长潜力的因素，这些因素包括技术因素、产业因素，目前中国经济发展的关键因素在于长期因素，短期因素主要包括市场因素和政策因素。提升经济发展活力要把长期因素与短期因素结合起来。从长期来看，提升经济发展活力要充分利用新一轮科技革命的技术进步推动和新动能的快速成长。从短期来看，要发挥市场机制和政策的作用。总体来看，决定提升中国经济发展活力的因素有以下四点。

### 1. 新技术革命的推动因素

新技术革命的推动因素主要是指新技术革命带来的"进"的活力，这是从供给方面决定中国经济发展活力的主要决定因素。技术进步通过转变经济发展方式、调整经济结构、优化经济体系为提升经济发展活力提供内生动力。当前技术进步主要表现为新技术革命，主要包括人工智能、大数据、物联网、生物科技和健康技术、能源技术和无人机技术等，这些技术革命推动质量变革、效率变革、动力变革实现高质量发展，成为提升经济发展活力的主要力量。只有提升经济发展活力的主战场，以科技创新催生新发展动力，提升经济发展活力才能得到持续的动力。一是突出企业的技术创新主体地位。构建以企业为主体、市场为导向、产学研相结合的技术创新体系，使企业真正成为技术创新的主体，形成经济发展活力的微观机制。二是促进创新链产业链深度融合。围绕创新链布局产业链，开展产业链关键核心技术攻关。围绕产业链部署创新链，推进产业技术变革和优化升级。以创新链重塑产业链，前瞻性的布局战略性新兴产业，超前布局未来产业发展，加快科技创新成果向现实生产力转化，为提升经济发展活力提供的科技创新动力。三是把握世界科技和产业发展新趋势推动数字基础的创新和应用。以数字技术为代表的新一轮技术革命引致的生产力是新质生产力，新技术革命中人工智能、移动互联网、物联网、云技术、大数据、先进机器人、自动驾驶汽车、先进材料、新能源、储能技术将开始改变人类生产和生活方式。在提升经济发展活力中加快数字技术创新成果的运用，培育壮大数字经济核心产业，利用数字技术的溢出效应打造具有国际竞争力的数字产业集群，为经济发展活力的技术和产业支撑。

## 2. 产业基础能力支撑因素

新技术革命催生的新产业新业态新模式带来的"进"的活力也是从供给方面带来经济发展活力的因素。从产业方面提升经济发展活力，包括三个方面：一是产业基础的高级化。产业基础高级化是在新技术革命推动下产业演进中产业基础体系性升级及其再造过程，产业基础高级化包括产业基础能力高级化、产业创新基础的高级化、产业基础结构高级化和产业基础质量高级化。其中产业基础能力的高级化是核心，是能力、结构和质量三者的统一，产业基础能力的高级化要求从基础关键技术、先进基础工艺、基础核心零部件和关键基础材料等方面为产业发展提供基础能力。二是产业链的现代化。产业链现代化是产业现代化的延伸和扩展背景下产业基础能力提升、产业链控制力增强、产业链各环节协同性提升和产业链治理能力提升等方面的现代化过程，是用新技术革命的成果及其带来的产业组织方式来改造传统产业链，提高产业链的高端链接能力和在全球的竞争力。产业基础高级化和产业链现代化的协同推进提升经济发展活力的产业因素。三是推动产业链供应链融合。产业链供应链融合的重点是打造从创意产生到商业化应用的完整链条，强化科技创新的需求导向，支撑引领产业转型升级。以"产业链"为主线，探索建立多主体融通创新生态。以"创新链"为抓手，推动创新要素集聚发展，形成多链融合发展格局，提升产业技术创新能力，推动产业升级。

## 3. 市场活力的驱动因素

市场因素带来的"进"的活力，这是从需求方面带来经济发展活力因素，从市场需求因素出发就是开发提升经济发展活力的大市场，提升市场活力。一是提升市场主体"进"的活力。中国的经济活力来自有活力的市场主体，推动市场主体实现自主决策和自主经营，促进各类经营主体蓬勃成长，这是中国经济发展的基础性、决定性力量，也是提升经济发展活力的关键。支持市场经营主体扩容，支持市场主体高质量发展，从财税、融资、创业等方面促进中小企业发展，降低市场主体融资成本，促进中小企业经营主体增加投资，提升经济发展中经营主体"进"的活力。降低各类经营主体生产经营成本，激发民间投资活力、拓展企业发展空间。坚持"两个毫不动摇"，激发国有企业和民营企业的活力，鼓励数字化产业的企业发展，激发数字化产业的企业活力，进一步提升经济发展活力。二是提升市场机制"进"的活力。社会主义市场经济体制强调有效市场和有效政府相结合，市场机制将财富、资源、知识、信息、技能和创造力动员起来，使它们成为提升经济发展活力源泉。在提升经济发展活力中要让市场机制充分发挥作用，提升市场机制"进"的活力。包括充分发挥价格机制、竞争机制和供求机制的作用，推动国有企业、民营企业、外商投资企业相互竞争，外商投资企业，实行准入前国民待遇和准入后的平等待遇。三是激活数据要素市场的活力。数据要素市场是新兴市场，培育数据要素市场对于数据的要素化、资源化、资产化和价值化，激活数据要素市场活力，发挥活数据要素市场提升市场机制"进"的活力方面具有重要作用。要推动形成数据要素的市场价格形成机制，从数据资源化、资源资产化和资产资本化三个方面探索数据的价格发现机制、价格形成机制和竞价机制，构建有利于数据要素价格有效形成的政策和制度工具。建立数据要素多级市场体系，包括数据资源市场、数据产品和服务市场和非交易流通市场。加快培育形成超大规模数据要素市场，以应用场景为牵引，创新数据要素开发利用机制，激活数据资源价值，发挥数据要素市场在提升经济发展活力中的促进作用。

## 4. 政策体系的调节因素

经济政策具有数量型政策和质量型政策之分，数量型政策的目标是提高经济发展的速度和扩张经济发展的规模，质量型经济政策的目标是提高经济发展的质量和效益。提升经济发展活力要把质量型政策和数量型政策相结合，健全宏观质量政策体系，引导经济发展走向。一是技术创新政策。技术创新政策是为促进技术创新活动，激发科技创新活力，规范技术创新行为，提升技术转化效果而得各种政策措施的综合。包括财政刺激政策、专利政策、政府购买政策、风险投资政策等。财政刺激政策和专利政策的主要目标是通过鼓励对研发活动的投入，保护发明者的收益，提高对科学技术的投入，进一步提高技术供给，政府购买政策的目标是减少技术创新过程中的风险。二是制度创新政策。制度创新是支配人们行为和相互关系的规则的变更，核心是处理好人与人的关系，目标是使制度正确，把激励搞对，制度创新的结果是激发人们的创造性和积极性推动社会经济的发展。制度创新政策就是通过相应的政策机制完善市场机制、全的市场经济体系、推动市场竞争和实现资源配置的市场化。三是人力资本政策。我国已从劳动力数量和人力资本双增长的阶段进入到劳动力数量减少但人力资本仍保持增长新阶段，提升经济发展活力要实现从劳动力驱动经济到人力资本驱动经济的转变，让人力资本成为提升中国经济发展活力的新引擎。为此需要运用人力资本政策加速人力资本积累，加大对人力资本投资，提高劳动力供给，提高劳动力资源的配置效率。由于科技的发展离不开教育，技术是在不断更新迭代的，教育和技术赛跑，而未来教育更是与人工智能赛跑。为此需要正确认识"教育、科技、人才"三者的关系，更好发挥教育、科技、人才三者各自的效能。

## 二、提升中国经济发展活力的优势

从一般意义上来说，经济活力与经济动力是相互联系，相互区别的关系。经济活力是经济动力的基础，经济动力是经济活力的升华。有了经济活力才有提升经济动力的基础。中国经济发展活力的动力基础是资本、劳动力和技术等主要生产要素的组合所形成的推动经济发展的完备的产业体系、巨大的市场空间和区域空间。完备的产业体系、巨大的市场空间和区域空间能够把推动经济发展的市场空间，只要采取积极措施，把这些大市场开发出来，就会形成带动中国经济"进"的活力。改革开放以来中国经济发展奇迹是大市场开发引致的结果，党领导下国家能力的提升开发了大市场，大市场的开发，引致了工业化，形成了中国经济快速发展和社会稳定的两大奇迹①。提升经济发展活力核心是开发大市场，但是大市场的开发需要动力基础做支撑，从中国经济发展的现实来看，提升经济发展活力的优势有以下四点。

一是独立完备产业体系的优势。我国拥有独立完整的工业体系，是全世界唯一拥有联合国产业分类中全部工业门类的国家，是全球产业链供应链的重要参与者与维护者。"我国拥有 41 个工业大类、207 个工业中类、666 个工业小类，500 种主要工业产品中，我国有四成以上

---

① 任保平：《中国"两大奇迹"形成逻辑的政治经济学阐释》，载于《经济理论与经济管理》2022 年第 2 期。

产品的产量位居世界第一，制造业综合实力和国际影响力大幅提升"[1]，中国制造业规模居全球第一，构建了以完整工业经济体系为基础的国民经济体系，在一些关键领域经形成了较为完善的产业链和供应链。制造业产业链条完整，在世界范围内唯一拥有全部的工业门类。完整的工业经济体系、完整的制造业产业链和强大的产业配套能力是中国经济发展的优势，是提升我国经济发展活力的强大产业基础和物质基础。

二是超大规模市场的优势。"超大规模市场优势"是提升我国经济发展活力市场优势，这个提法在 2018 年 12 月中央政治局会议上首次提出的，意味着超大规模市场具有的经济稳定优势和增长潜力优势，在党的十九届五中全会又把发挥超大规模市场优势这一优势提升到构建新发展格局的战略高度。中国人口有 14.11 亿人，占全球总人口的比例接近 20%，具有超大规模市场优势[2]，超大规模市场总量优势对提升经济发展活力形成有效支撑，可以带来超大规模经济总量，为数字经济新产业、新业态和新产品的发展提供足够规模的市场实现条件。超大规模市场意味着超大规模的本国消费市场、超大规模的进口贸易量和旺盛的市场需求，可以通过需求牵动供给推动经济结构的优化升级。总之我国疆域辽阔，市场规模巨大、供求多元化、内部结构复杂，不仅有利于为新技术、新产业和新产品提供大规模应用场景，而且有利于形成形态更高级、产业链条更长、分工更专业化、结构更合理、联系性更强的产业体系。超大规模市场带来了扩大消费的巨大空间，更易形成和保持竞争优势，也可以使各类新技术、新业态、新模式理想的试验场，为掌握关键核心技术的高技术企业提供成长空间，能够让最新的数字技术和产品得到快速推广。

三是数字经济快速发展的优势。近年来我国数字经济发展势头强劲，数字经济发展的速度快速增长，依据中国信息通信研究院的《全球数字经济白皮书》，2016~2022 年中国数字经济规模增加 4.1 万亿美元，年均复合增长 14.2%，是同期美国、中国、德国、日本、韩国 5 国数字经济总体年均复合增速的 1.6 倍，连续 11 年高于同期 GDP 名义

① 黄泰岩、王言文：《我国超大规模市场优势论析》，载于《前线》2021 年第 12 期。
② 《我国现代产业体系迈出坚实步伐　产业发展综合实力稳步提升》，载于《人民日报》，2022 年 10 月 11 日。

增速。而且数字基础设施建设加速，数字化技术创新在一些新的领域取得突破性进展，数字产业将得到快速发展，工业互联网快速发展，数字化与实体经济融合步伐加快，从国家互联网信息办公室的《数字中国发展报告（2022年）》的数据来看，2022年我国数字经济的规模达到50.2万亿元，占GDP的比重达到了41.5%。数字经济增速达14.07%。而且数字经济发展推动了产业加速变革，推动了数字经济与实体经济融合程度的加深，数字经济带来的发展新动能逐渐壮大，新产品、新业态加速发展。数字经济发展活力不断增强，数字经济核心产业增加值占GDP比重不断提高，数字产业化规模持续提升，数字经济快速发展和规模扩张的态势成为提升我国经济发展活力的重要引擎。

四是社会主义市场经济的制度优势。改革开放以来，我们成功地探索了社会主义市场经济道路，创造性地把社会主义制度和市场经济结合起来，强调既要充分发挥市场在资源配置方面的决定性作用，又要发挥好政府的作用，构建市场机制有效、微观主体有活力、宏观调控有度的经济体制，形成了中国特色的社会主义市场经济的制度优势。这一制度优势表现在坚持以满足人民对美好生活需要根本目的，实现以人民为中心的发展。坚持多种所有制共同发展，调动了各经济主体的积极性、主动性和创造性，保证市场经济的活力和效率，形成了推动经济发展的强大合力。把有效市场和有为政府结合起来，既遵循市场经济的一般规律，又体现社会主义制度的独特优势，充分发挥市场机制优点，增强经济发展活力。把坚持独立自主和经济全球化结合起来，充分利用国内国际两个市场、两种资源，推动形成国内国际市场的良性循环。这一制度优势是提升经济发展活力的制度基础。

## 三、数实深度融合推动新型工业化是提升经济发展活力的着力点

中央经济工作会议明确强调2024年要坚持"稳中求进、以进促稳、先立后破"12字的政策基调，其中"稳"是基础、"进"是目标。当前我国经济"稳"的基础不断夯实，提升经济发展活力具有良好支撑基础和许多有利条件，在"稳"的基础上面临着提升经济发展活力

的任务，实体经济发展是提升经济发展活力的产业基础，但是传统实体经济是过剩的，市场空间不足。在提升经济发展活力的过程中新一轮科技革命和产业变革带来了战略机遇，要把数字经济与实体经济结合起来，在数实融合提高产业基础能力高级化和产业链现代化的基础上，推动形成新型实体经济，推进新型工业化。不仅发挥实体经济的优势，又使实体经济具有新动能和新优势①。在新发展阶段，数字经济与实体经济深度融合推动新型工业化是提升经济发展活力的着力点。

1. 数字经济与实体经济深度融合推动新型工业化可以提升产业发展"进"的活力

数字经济与实体经济融合给新发展阶段我国智能产业体系发展提供了新机遇，推动数字经济与实体经济的融合，是我国实现产业转型升级，进而推动智能产业体系发展的重要抓手与契机，也是提升产业发展"进"的活力的着力点。在数字经济与实体经济深度融合推动新型工业化中，互联网、大数据、人工智能等新一代数字技术对传统产业进行从生产要素到创新体系，再到商业模式的全方位变革，催生出了新业态、新模式、新产业体系。以新一代信息技术与制造技术深度融合为特征的智能制造模式，正在引发新一轮制造业变革，推动形成数字化、网络化、智能化制造，加快制造业向生产效率、附加价值更高的产业价值链环节升级，智能制造引领新一轮产业变革，例如，浪潮苏州5G全连接工厂建成以后，实现了工厂产线内人流、物流、信息流的互联互通，实现了整个生产过程的智能感知、实时分析和精准决策。同时在社会生活中，数字经济与实体经济深度融合推动新型工业化的影响与作用已经得到较好体现，电子商务、互联网金融、网络教育、远程医疗、网约车等为代表的智能服务业使我国居民的生产生活方式发生巨大改变。例如，在制造业领域，数字化生产已成为趋势，工业互联网建设在不断推进。在零售业领域，电子商务已经成为主流。在金融业领域，移动支付和互联网金融已经成为常态。因此，数字经济与实体经济深度融合推动新型工业化可以提升产业发展"进"的活力。

---

① 洪银兴、任保平：《数字经济与实体经济深度融合的内涵和途径》，载于《中国工业经济》2023年第2期。

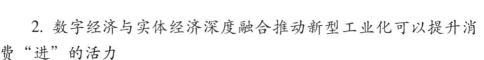

**2. 数字经济与实体经济深度融合推动新型工业化可以提升消费"进"的活力**

在数字经济社会，人口红利已经由工业经济中的劳动力转变为以数字消费者数量为主导的生产要素。在新发展阶段我国数字经济与实体经济深度融合推动新型工业化下催生的数字消费者指数不断增长，数字化转型助力传统消费增长，新一代数字技术的融合应用显著丰富了消费形式。网络购物等新型消费在创新消费场景、提升传统消费增长活力和丰富消费内容方面发挥了积极作用，依托信息技术、线上线下融合使得数字化生活的渗透力度更为明显，例如，成都交子大道元宇宙街区，数实融合赋能新消费场景，数字技术与消费场景充分融合，打造消费新空间、塑造消费新场景、培育消费新模式。数字经济与实体经济深度融合推动新型工业化中的智能制造能够为数字消费提供日趋完善的硬件和信息服务，5G、人工智能等数字基础设施能够完善数字消费的平台建设，从而增进数字消费的满足感，例如，腾讯推出的一站式数字化服务的安心平台，这一平台在农产品溯源、区块链技术、农品品牌保护等方面发挥了有益的作用。同时我国具有人口规模巨大的优势，人口规模和科技水平都有利于在数字经济与实体经济深度融合推动新型工业化背景下提升数字消费的广度和深度。因此，数字经济与实体经济深度融合推动新型工业化可以提升消费"进"的活力。

**3. 数字经济与实体经济深度融合推动新型工业化可以提升投资"进"的活力**

随着数字经济的发展，数字经济与实体经济深度融合推动新型工业化的逐步推进，需要加强数字基础设施建设，在数字经济与实体经济深度融合推动新型工业化背景下，数字基础设施的概念更广泛，既包括了信息基础设施，也包括了对物理基础设施的数字化改造。传统物理基础设施投资增长会产生对私人投资的挤出效应，而数字基础设施投资不受空间约束，投资不会产生挤出效应，会扩大有效投资，中国信息通信研究院《中国数字经济发展研究报告（2023年）》显示，我国数字产业化规模与产业数字化规模分别达到9.2万亿元和41万亿元，占数字经济比重分别为18.3%和81.7%。在进入新发展阶段背景下，数字中国建设步伐的加快，数字经济与实体经济深度融合推动新型工业化的加深，数字基础设施投资将会加大，成为推动经济发展的投资推动力。因此，数字经济与实体经济深度融合推动新型工业化可以提升投资"进"的活力。

## 四、数实深度融合推动新型工业化提升经济发展活力的路径

但是我国数字经济与实体经济的深度融合也存在一些问题，包括数字技术与实体经济融合程度不够高，工业生产智能化程度较低，企业数字化改造提升面临较高壁垒，推动数字经济与实体经济的深度融合的人才、技术和管理支撑不足。依据数字经济与实体经济的深度融合的趋势。结合我国数字经济与实体经济的深度融合存在的问题，新发展阶段需要从以下方面推进数字经济与实体经济深度融合推动新型工业化提升我国经济发展活力。

### （一）提高数字经济与实体经济深度融合推动新型工业化在提升我国经济发展活力中的首位度

数字经济与实体经济的深度融合的最终目标是智能经济，制高点是人工智能。因此，在新发展阶段我国数字经济与实体经济的深度融合要以智能化为主导方向，突出智能产品和服务解决方案，新发展阶段我们必须牢牢抓紧这个战略重点，提高数字经济与实体经济的深度融合在提升我国经济发展活力中的首位度。一是通过数字新技术重构我国实体经济，汇入更多智能，在新发展阶段实现我国实体经济的新升级，通过数字技术改造的新实体经济提升我国经济发展活力。二是通过培育数字化发展新动能，在新发展阶段着力提高数字经济规模占我国总体经济规模的比重，以数字经济的新技术、新产业、新业态和新模式提升我国经济发展活力。三是在新发展阶段各区域结合自身产业特点和优势，抓住数字经济与实体经济的深度融合"风口"，大跨度向以数字为基础的新实体经济换道超车，在新技术、新模式、新业态方面定好位，以数字经济与实体经济的深度融合提升我国经济发展活力。

### （二）推进产业数字化转型提升传统产业发展中"进"的活力

在新发展阶段要着力缩小"数字鸿沟"，推动工业、农业、服务业

各个行业的产业数字化转型，推进产业数字化转型提升传统产业发展中"进"的活力：一是推动农业数字化转型，提升农业发展中"进"的活力。利用云计算等新一代技术整合相关农业资源，建设我国大农业数据公共服务平台，提供农产品质量安全追溯、电子商务信息，加快数字技术在农业领域全产业链的广泛应用，实现对农村传统生产经营模式的改造提升，提升农业发展"进"的活力。二是积极推动工业数字化升级，提升工业发展中"进"的活力。以创新为目标、数据为核心、以互联为基础、以智能为驱动加快工业数字化转型，推动新一代数字技术对我国特色优势产业改造，推动发展新业态新模式，提升工业发展中"进"的活力。三是实现服务业数字化发展，提升服务业发展中"进"的活力。扩大数字技术在服务业中的创新应用场景，推动数字技术全面融入服务业，积极推动新一代技术与生产性服务业融合。从生产、销售、营销、客户服务、物流、供应链等方面推动服务业务供应链的数字化，加快互联网与医疗、教育、餐饮等生活型服务业的互动融合，发展数字化营销、数字客户体验等服务新模式，提升服务业发展中"进"的活力。

### （三）推进新数字产业化提升新产业成长壮大中"进"的活力

在新发展阶段，积极推进数字产业的发展，推动数字经济新技术、新产品、新产业和新业态的成长，推进数字产业化进程，积极培育数字经济新兴产业，推进新数字产业化提升新产业成长壮大中"进"的活力：一是在新发展阶段促进数字经济与实体经济融合。实施新发展阶段实体经济数字化转型行动计划，实施工业互联网行动计划，扎实推进"互联网＋"现代农业行动计划，建设农业数字经济示范区，重点发展农业物联网。持续推进电子商务进农村、进社区示范工作，统筹建设各类数字经济园区发展和数字领域创新创业平台建设，实施"互联网＋"中小企业创新创业行动计划。二是在新发展阶段加强我国物联网产业的发展，推进新数字产业化提升新产业成长壮大中"进"的活力。在新发展阶段我国经济新旧动能转换的重要时刻，物联网对加速传统产业网络化、智能化、服务化转型升级以及经济社会创新、绿色发展具有重要意义。在新发展阶段培育我国经济发展新动能的过程中，要把物联网产业作为主导产业，统筹推进物联网产业大发展。

三是在新发展阶段以大数据应用作为我国产业发展的战略引领，推进新数字产业化提升新产业成长壮大中"进"的活力。推动大数据与我国三次产业深度融合发展，推动产业数字化和数字产业化协同发展，培育我国大数据产业集群，开辟产业发展新空间，使大数据产业成为提升我国新产业成长壮大中"进"的活力。四是在新发展阶段加强我国数字经济核心产业的发展，推进新数字产业化提升新产业成长壮大中"进"的活力。培育壮大大数据、云计算、物联网等新兴数字产业，加速成长人工智能、区块链、未来网络等前沿数字产业，形成一批具有核心竞争力和带动性强的数字基础产业。运用云计算、大数据、人工智能等数字技术，促进工业智能制造、农业生产加工，以及以商贸、物流、金融、旅游、医疗、养老、文化等生产生活性服务业数字化、网络化、智能化。

### （四）打造以市场为主体的数实融合动力体系构建提升经济发展活力的动力体系

数字经济与实体经济融合提升经济发展活力需要技术创新、人才和制度的支持，为此需要打造以市场为主体的数实融合动力体系提升传统产业改造中"进"的活力：一是为数字经济与实体经济深度融合推动新型工业化提升经济发展活力提供创新动力体系。数字经济与实体经济的融合需要建立促进融合的动力体系，这一动力体系就是创新体系，包括以市场导向、企业为主的产业创新体系，布局合理的区域创新体系，功能完备的创新服务体系，科教融合的人才培养体系，高效协同的创新治理体系、通过这些创新动力体系，提升我国科技自立自强能力与水平，为提升我国经济发展中"进"的活力提供创新动力支持。二是为数字经济与实体经济深度融合推动新型工业化提升经济发展活力提供人才动力体系。人才是第一资源，随着大数据、人工智能、云计算、元宇宙和实体经济的融合深度的加深，具有数字技术素养的人才短缺，数字经济发展急需既懂大数据分析和人工智能技术，又懂数字经济业务知识的复合型数字经济人才，数字经济人才需求量大与供给不足的矛盾成为数字经济与实体经济深度融合推动新型工业化的主要因素。因此，在新发展阶段要高度重视数字经济人才建设，以人才体系支撑提升我国经济发展活力。在新发展阶段抓住人才引进、培养、使用三个环节，进一步完善数字人才队伍建设工作机制，合理开发人才资源，增强人才实力，提升人才活力。在新发展阶段建立数字经济高层次创新创业人才网络平台，发布数字经济人才引进计划，提供咨询和接洽服务，为数字经济人才提供专业化、系统化、个性化服务。三是为数字经济与实体经济深度融合推动新型工业化提升经济"进"的活力提供体制动力体系。社会主义市场经济体制数字经济与实体经济深度融合推动新型工业化提升经济活力的体制动力和制度基础。在以数字经济与实体经济深度融合推动新型工业化提升我国经济发展活力中要发挥社会主义市场经济的制度优势，坚持市场化改革方向，推动从建立社会主义市场经济向维护社会市场经济转变，充分发挥市场机制、市场主体和市场制度的活力。构建高水平社会主义市场经济体制，发挥市场决定性作用，构建全国统一市场，深化要素市场化改革。建设高标准市场体系，发展技术和数据要素市场，健全要素市场运行机制，完善交易规则和服务体系。健全统一市场监管规则，完善市场监管程序，推进市场监管标准化规范化。激发各类市场主体活力，坚持"两个毫不动摇"，优化民营企业发展环境，激发中小微企业和个体工商户活力和创造力支持创新型企业的成长壮大，支持中小微企业发展，激发中小微企业的创造力，把企业打造成为提升经济发展中"进"的活力的创新主体，为数字经济与实体经济深度融合推动新型工业化提升经济活力提供体制动力和制度基础。

## （五）加强数字经济与实体经济深度融合推动新型工业化提升经济发展活力提供的保障体系建设

数字经济与实体经济深度融合推动新型工业化提升经济发展活力是一项系统工程，需要通过基础设施建设、组织建设、体制机制完善和政策作保障，加强数字经济与实体经济深度融合推动新型工业化提升经济发展活力提供的保障体系建设：一是加强数字经济基础设施建设，为提升经济发展活力提供的基础设施保障。促进基础设施建设从交通基础设施建设向数字基础设施建设的转型，推进 4G 网络深度覆盖和电信普遍服务。促进移动网络稳步升级，加快完善提升 4G 网络，适时启动 5G 网络建设，实现无线宽带网络先城市后乡村全覆盖快普及。积极吸引电信运营商、大型互联网企业、专业数据中心运营企业和行业龙头企业等进行数字基础设施建设，为提升经济发展活力提供基础设施保障。二是完善数字经济与实体经济深度融合的组织建设，为提升经济发展活力提供组织保障。组建大数据发展管理机构，对在新发展阶段我国发展数字经济进行统筹规划和宏观指导，统筹推进我国数字经济基础设施建设、数字产业发展、大数据资源管理等工作，为提升经济发展活力提供的组织保障。三是完善数字经济与实体经济的深度融合的资源共享体制机制，为提升经济发展活力提供的体制机制保障。在新发展阶段建立大数据中心，完善全国统一的数据传送网络，推进不同地区和部门之间的数据资源共建共享，培育一批面向基本公共服务的数据企业，加快重点领域服务大数据挖掘开发和利用，提高数字经济与实体经济的深度融合公共服务的精准度，为提升经济发展活力提供的机制保障。四是加快建立适应数字经济与实体经济的深度融合的政策体系，为提升经济发展活力提供政策保障。完善数字经济与实体经济的深度融合的政策支持体系和政策落实机制，完善数字经济与实体经济的深度融合的开放合作体制机制，进一步优化政策环境，推动数字经济创新创业。努力营造良好的营商环境，以供给侧结构性改革和全面深化改革推动数字经济与实体经济的深度融合，为提升经济发展活力提供的政策保障。

数字经济的大潮正在涌动，数字经济的大势将很快在各个产业渗透蔓延，数字经济与实体经济融合正在成为提升经济发展活力的新引擎。数字技术与实体经济的深度融合，为提升经济发展活力提供了创新动力。数字产业与实体经济的产业融合，推进了实体经济产业基础能力的高级化和现代化，为提升经济发展活力提供了产业支撑。数字经济与社会主义市场经济优势的融合，数据要素市场的完善，激活了市场机制、市场主体的活力。我们要以数字经济与实体经济的深度融合为着力点，深化体制机制改革，完善政策支持体系，提升经济发展活力。

# 数字经济与实体经济深度融合推动新型工业化的层次性及其实现机制

2023 年 9 月 22 日至 23 日全国新型工业化推进大会提出要坚持走中国特色新型工业化道路，大力推动数字技术与实体经济深度融合。习近平总书记在党的二十大报告中强调，要"坚持把发展经济的着力点放在实体经济上，推进新型工业化""加快发展数字经济，促进数字经济和实体经济深度融合，打造具有国际竞争力的数字产业集群"，这为数字经济与实体经济融合推动新型工业化指明了方向。我国经济发展进入新型工业化阶段，产业结构由中低端向中高端转变，经济增长动力由要素驱动转向创新驱动。大力推进数字经济和工业化深度融合，是在新型工业化阶段把握全球新一轮科技革命和产业变革趋势，站在历史和现实的高度，统筹经济社会发展全局作出的重大战略决策，是我国走新型工业化道路的必然选择。数字经济与实体经济深度融合，有利于在新型工业化阶段中培育实体经济发展的新动能，推动实体经济的转型升级和提质增效，推动新型工业化。

## 一、数实深度融合是推进新型工业化的重要途径

改革开放 40 多年来中国经济奇迹是从实体经济起家的，进入新型工业化阶段仍然要依靠实体经济来支撑构建新发展格局，创造未来高质量发展的新奇迹。近年来数字经济的快速发展为数字经济与实体经济的融合创造了条件。党的十八大以来党和国家高度重视实体经济发展，2016 年习近平总书记在网络安全和数字化工作座谈会上明确提出

"要推动互联网、大数据、人工智能和实体经济深度融合，加快制造业、农业、服务业数字化、网络化、智能化"[①]。2016 年 10 月中国共产党第十八届中央政治局就实施网络强国战略举行第三十六次集体学习，习近平总书记明确提出"做大做强数字经济，拓展经济发展新空间"的新要求[②]。党的十八届五中全会通过的《中共中央关于制定国民经济和社会发展第十三个五年规划的建议》提出了"发展数字经济，推进数字产业化和产业数字化，推动数字经济和实体经济深度融合，打造具有国际竞争力的数字产业集群"[③]。党的十九大报告提出"建设现代化经济体系，必须把发展经济的着力点放在实体经济上"，并强调"加快发展先进制造业，推动互联网、大数据、人工智能和实体经济深度融合"[④]。2017 年在中国共产党第十九届中央政治局第二次集体学习时强调要加快建设数字中国，构建以数据为关键要素的数字经济，推动实体经济和数字经济融合发展[⑤]。2020 年 10 月党的十九届五中全会通过《中共中央关于制定国民经济和社会发展第十四个五年规划和二〇三五年远景目标的建议》提出"推动数字经济和实体经济深度融合，打造具有国际竞争力的数字产业集群"[⑥]。习近平总书记在十九届中央政治局第三十四次集体学习时指出"要推动数字经济和实体经济融合发展，把握数字化、网络化、智能化方向，推动制造业、服务业、农业等产业数字化"[⑦]。2021 年 12 月国务院印发《"十四五"数字经济发展规划》，将"以数字技术与实体经济深度融合为主线"纳入"十四五"时期推动数字经济健康发展的指导思想中[⑧]。党的十九届六中全会审议通过的《中共中央关于党的百年奋斗重大成就和历史经验的决

---

[①] 《习近平出席全国网络安全和数字化工作会议并发表重要讲话》，载于《人民日报》2018 年 4 月 23 日。

[②] 习近平：《在十八届中央政治局第三十六次集体学习时的讲话》，载于《人民日报》2016 年 10 月 10 日。

[③] 《中共中央关于制定国民经济和社会发展第十三个五年规划的建议》，载于《人民日报》2015 年 11 月 4 日。

[④] 中共中央党史和文献研究院：《十九大以来重要文献选编（上）》，中央文献出版社 2019 年版，第 21 页。

[⑤] 习近平：《不断做强做优做大我国数字经济》，载于《求是》2022 年第 1 期。

[⑥] 中共中央党史和文献研究院：《十九大以来重要文献选编（中）》，中央文献出版社 2021 年版，第 769 页。

[⑦] 《"十四五"数字经济发展规划》，载于《人民日报》2022 年第 1 期。

[⑧] 《〈中共中央关于党的百年奋斗重大成就和历史经验的决议〉辅导读本》，人民出版社 2021 年版，第 47 页。

议》提出"壮大实体经济，发展数字经济"。党的二十大报告提出，"坚持把发展经济的着力点放在实体经济上，推进新型工业化"①。党的二十大提出，坚持把发展经济的着力点放在实体经济上，做强做优实体经济是提高我国综合实力，应对国际竞争的根本选择，是解决我国经济结构性矛盾的根本途径，是提高我国经济发展韧性的重要手段。

按照马克思主义政治经济学的生产理论，实体经济是以产业资本运动的经济活动为主体，是物质生产和价值增殖的统一，把通过交换并以使用价值满足人们物质生活需要的物质生产部门划为实体经济。实体经济是相对于虚拟经济而言的，虚拟经济以虚拟资本运动的经济活动为主，主要集中在金融和房地产业部门。实体经济的核心是以产业资本循环为主的那些经济活动，体现实际生产过程与劳动能力再生产的有机统一，表现为生产过程和流通过程的统一，具体包括农业、工业、商业、交通通信业、建筑业等。随着社会分工不断扩大，商品资本从产业资本中独立出来，但是商品资本仍然执行产业资本循环中的职能，商业仍然属于实体经济。服务业间接参与产业资本循环，科教文卫等行业服务于扩大再生产，政府、国防等活动维持人自身再生产的安全保障，因而服务业、科教文卫、政府、国防服务产业资本循环，提供生产的基础环境，生产人们需要的精神产品，促进人类自身再生产，也属于实体经济。实体经济相对于虚拟经济的特征是经济运行以有形的物质为载体，以实物形态为主体，生产有形商品，增加人类使用价值的经济活动。广义的实体经济包括农业、制造业、商业、服务业等领域。狭义的实体经济仅仅包括制造业。实体经济部门是直接创造物质财富的，是社会财富和综合国力的物质基础。由于实体经济产业链条长，就业弹性高，因而实体经济是国民经济的基石，关系到国家的长治久安。党的二十大提出坚持把发展经济的着力点放在实体经济上，做强做优实体经济是新型工业化的根本要求。

数字经济与实体经济的深度融合能够真正实现把发展的着力点放在实体经济上推动新型工业化：一是在新型工业化阶段能巩固壮大实体经济的创新动力。在新型工业化阶段实现数字经济与实体经济的深

---

① 习近平：《高举中国特色伟大旗帜　为全面建设社会主义现代化国家而团结奋斗》，人民出版社2022年版，第30页。

度融合中，数字技术被使用于新型工业化的各环节，提升新型工业化的创新力，让一切数字技术的创新源泉充分融入到新型工业化中，在新型工业化中驱动整个实体经济的转型升级。二是推动了新型工业化中实体经济的创新发展。数字流带动技术流、资金流、人才流、物资流，促进资源优化配置，促进实体经济全要素生产率提升，在新型工业化中调整实体经济的经济结构。三是有助于重构新型工业化中实体经济的价值创造模式。以全行业、全链条数据要素为内核，在新型工业化中重构生产函数、拓展生产边界，激活数据要素潜能，充分释放数据作为在新型工业化中新的生产要素的价值。另外，数字经济与实体经济的深度融合改变了新型工业化中实体经济的价值创造载体，使实体经济的价值创造的载体由工业经济时代的价值链扩展为数字经济时代的价值网络，通过价值网实现核心资源和能力的整合，形成聚集式的创新体系①。四是提升了新型工业化中实体经济的价值创造能力。改变新型工业化中实体经济的价值创造方式，通过提高实体经济企业的用户需求感知力和柔性生产能力形成价值创造。提高要素的价值创造效率，联通了从生产到数据，从数据到运营管理，再反馈给生产的过程，将数据应用到生产环节，提高要素创造价值效率。而且在新型工业化中数字经济与实体经济的深度融合能开发新的商业模式，形成更加适应市场需求的跨界商业模式，增强新型工业化中实体经济的价值获取能力。

## 二、数实深度融合推动新型工业化的层次性

经济发展进入到了新型工业化阶段，已经开始超越自动化从而进入人工智能阶段，在互联互动基础上凭借不断扩展的宽带和图情处理能力进入工业生产领域。人工智能与机器人的结合将对实体经济的生产、运行、业务活动整体产生颠覆性的改变。进入新型工业化阶段数字经济与实体经济融合发展呈现出了新内涵和新的时代特点。在产业层面，数字经济发展到人工智能阶段，带来了实体经济产业组织模式和产业结构的变革。经济运行体系中互联网平台的构建，推动了产业组织形式从链条式向网络式的蜕变。而且数字经济的高渗透性可以充

---

① 夏杰长：《中国式现代化视域下新型工业化》，载于《改革》2022 年第 10 期。

分实现产业融合，推动产业分立走向产业融合，从而产生放大效应。在企业层面，数字经济发展到人工智能阶段，拓展的数字经济技术，包括新计算技术、机器人技术、区块链与分布式账户技术、物联网、工业互联网将在实体经济企业中加深应用。推动实体经济企业改变生产模式、运营模式和商业模式，得以拓宽范围经济，实现范围经济与规模经济的融合。在数字经济和实体经济的融合过程能够更好地发挥企业的载体作用，推动数字产业化和产业数字化的协调推进新型工业化。

进入新型工业化阶段我国实体经济创新能力和核心竞争力不强，中高端产品和服务有效供给不足，尤其是在全球的新一轮科技革命和产业变革的大背景下，在数字经济迅猛发展的冲击下，我国实体经济大而不强，新旧动能接续不畅，科技进步面临瓶颈制约等问题日益显现[1]。新型工业化阶段给数字经济和实体经济的融合提出了两个方面的任务：一是在新型工业化中围绕扩大内需和构建新发展格局，提高实体经济的产业基础能力，加强实体经济投资，培育新型工业化的新动能。二是通过数实深度融合推进新型工业化，在新型工业化中提高实体经济产业链的现代化水平，构建现代化产业体系，提高实体经济的国际竞争力。解决这两个问题的关键是推进数字经济与实体经济的深度融合，以实体经济为着力点深入推进供给侧结构性改革，以数字经济与实体经济的融合发展促进新型工业化。

进入新型工业化阶段我国数字经济与实体经济融合发展的目标是解决融合的不平衡、不充分和不深入问题，提高融合的"深度"。目前学术界对融合深度缺乏界定，我们认为融合的"深度"在于：一是在新型工业化阶段使数字技术深入到实体经济的全产业链。二是在新型工业化阶段推进产业数字化的深度。三是在新型工业化阶段推进数字产业化的深度。四是在新型工业化阶段推动实体经济企业管理的智能化。五是在新型工业化阶段从产业融合深化到生态融合。在新型工业化阶段推动数字经济与实体经济在创新链、产业链、价值链和人才链结合上的深度融合。从这一认识出发，数字经济与实体经济深度融合推动新型工业化的层次性在于以下四点。

---

① 史宇鹏、曹爱家：《数字经济与实体经济融合：趋势、挑战与对策》，载于《经济学家》2023年第6期。

第一，数实技术层面的深度融合推动新型工业化。主要是通过数字技术、信息技术和工业技术实现在研发环节的深度融合推动新型工业化。数字技术与其他技术在不断相互渗透，在这一过程中新的产业或使产业增长点不断涌现。新产业的出现给发展成熟的实体经济产业带来冲击的同时也带来了发展的新动能，在产业发展方面实体经济的传统产业和数字经济新产业的深度融合深化数字科技在生产、运营、管理和营销等诸多环节的应用，实现产业层面的数字化、网络化、智能化发展。传统产业数字化水平提高，数字技术也逐步产业化。在企业方面，引导实体经济企业加快工业网络改造、装备数字化升级，通过数字技术和工业互联网给实体经济各业务环节提供应用场景。

第二，数实产业层面的深度融合推动新型工业化。根据产业结构理论，工业化发展的次序是：从轻纺工业阶段到重化工业阶段再到高新技术工业阶段，到达工业化后期，之后再向高数字技术过渡，这时产业结构将出现软化趋势，产业呈现混合发展方向，产业边界逐渐模糊。通过数字经济与实体经济的融合，实现产业数字化和数字产业化的协同推进，推动新型工业化。加快推动实体经济和制造业全面数字化转型，通过数据打通产业链各环节的外部链接，实现业务和技术在多产业、多链条串联和协同中的应用，将大数据运用到实体经济的场景中，推动实体经济和制造业全产业链实现生产模式、运营模式、企业形态的根本性变革。通过产业之间的关联作用，促使实体经济形成新的细分产业，延长产业链。

第三，数实企业微观层面的深度融合推动新型工业化。利用数字化技术来推动实体经济企业组织转变业务模式，组织架构，企业文化等的变革，衍生出的智能制造，形成智能制造系统，推动企业生产的智能化、产品智能化、服务智能化和管理智能化。在深度融合中通过智能化推动企业全链条数字化改造，打造数字孪生系统。使数字化深入到产品研发、服务流程改善、精准营销、销售模式升级、库优化存等业务上。在这一过程中大型数字化企业组织充分发挥载体作用，使数字经济与实体经济融合得以在研发、制造以及经营管理等各个环节得以落实开展，在市场的试练磨合中逐渐成形，并进一步成熟。与此同时，数字经济与实体经济的深度融合也使得企业内部运营更加优化，推动企业的管理变革，使得企业管理更加智能化。通过数字技术平台实现对全球创新资源的广泛连接、高效匹配和动态优化，重构实体经济企业的创新模式。形成新技术、新产品、新业态快速规模扩散、持续迭代的实体经济企业的新型创新体系。

第四，数实生态层面的深度融合推动新型工业化。数字经济与实体经济生态深度融合要打造实体经济的"技术创新＋模式创新"双轮驱动，促进实体经济放弃封闭模式，构建开放式创新生态系统，借助大数据智能系统对生态系统进行管理和服务，"实现创新生态化、生态协同化、协同创新化"，从而形成数字经济与实体经济生态深度融合[①]。这一融合是由工业互联网与消费互联网双向联通、产业大数据与消费大数据互通共享所带来的。数实生态融合的基本目标在于解决企业间、产业间以及部门之间的数字鸿沟，解决产业发展不平衡不充分问题，为加快建设质量强国、推动高质量发展提供有力抓手。在生态融合层面，围绕发挥数据作为核心生产要素的作用，构建起数字经济与实体经济深度融合的数字生态。将人工智能融入实体经济，形成数字化产业生态基础，构建数据驱动的全要素生态体系，系统性消除各类数字鸿沟，以数字经济与实体经济的深度融合推动新型工业化。

## 三、数实深度融合推动新型工业化的实现机制

数字经济与实体经济融合推动新型工业化是数字经济背景下工业化发展的必然趋势，是数字经济背景下新型工业化的实现方式。数字技术的迅速发展为新型工业化中经济活动的开展带来了新活力。数字经济与实体经济融合发展刚好为新型工业化提供了的良好环境，为新型工业化发展提供转型发展的新动能。"我国工业化已经处于中后期阶段，而数字化还处于准备期阶段，数字经济与实体经济的融合发展差距即要求实现数字经济与实体经济融合发展。"[②] 同时随着第三次科技革命的推进，国际上纷纷开始对高端制造业和数字经济发展进行调整布局，以数字经济与制造业的融合提升制造业的竞争力，我国数字经济与实体经济融合推进新型工业化顺应了世界工业化发展的新趋势。

---

① 杨新臣：《数字经济重塑经济新动力》，电子工业出版社 2021 年版，第 45 页。

② 杨道玲、傅娟、邢玉冠：《"十四五"数字经济与实体经济融合发展亟待破解五大难题》，载于《中国发展观察》2022 年第 2 期。

数字经济与实体经济的深度融合推进新型工业化能催生新的创新研发，有利于推动工业化从要素驱动向创新驱动转变，从而形成新型工业化。一方面，数字经济与实体经济融合发展推动了我国工业化向网络协同发展的转变，能够有效打破三大产业分立发展的局面，提高对工业化过程的精准把控，降低工业化生产能耗，提高工业化能源资源利用率，有效解决我国当前新型工业化中能源资源短缺的瓶颈。同时数字经济与实体经济融合推进新型工业化是我国顺应第三次科技革命发展的重要举措。另一方面，在数字经济与实体经济融合发展的过程中形成了共享经济发展的新形式，有效地推动了社会资源共享，带来了更多的定制化服务，得以满足人民群众多样化的需求，提升人民幸福感。进入新型工业化阶段，数实深度融合推进新型工业化的重点是形成数实深度融合的机制。

**（一）数实技术深度融合推动新型工业化的数字创新机制**

数字经济与实体经济融合推动新型工业化首先是技术融合，数字技术可以推动各类市场主体加速融合，通过重构市场主体的组织模式推动新型工业化。数字经济与实体经济融合促进新型工业化动力变革的创新驱动机制就是运用数字技术对传统实体经济创新模式和行为进行革新，以更低成本使创新主体能够有效进行知识共享和合作，形成分布式创新的新模式[①]；同时推动数字技术衍生出的数字化技术与产品物理组件的融合以及新产品、新工艺或新商业模式以及形成更高层次社会—技术结构关系的变化的数字创新形式。推动人工智能、工业互联网、区块链等新一代数字技术扩大应用场景，发挥工业互联网在实体经济全生产要素和全产业链之间重要连接载体的作用，推动数实融合从外部融合向内部融合转变，以技术融合推动新型工业化。

**（二）数实生产深度融合推动新型工业化的数智赋能机制**

数字经济的发展，带来了工业化进程中产业组织模式和产业结构的新变化。互联网平台依托数字技术实现产业的深度融合和跨界，数

---

① 任保平：《数字经济引领高质量发展的逻辑、机制与路径》，载于《西安财经学院学报》2020年第2期。

字经济的高渗透性可以推动产业从分立向融合的大迈步跨进，促使数实实现在产业层面的融合实现推动新型工业化，持续推进新型工业化的数字化转型、网络化协同、智能化变革，推动新型工业化、构筑推进新型工业化的国际竞争新优势。强化数据要素与传统生产要素的结合，使得实体经济的生产要素从原有的地理空间集聚转向虚拟网络集聚，形成均衡化、网络化空间生产结构，增强工业化发展中产业链上中下游的技术关联性与网络协同性。

### （三）数实微观深度融合推动新型工业化的平台并联机制

企业是工业化发展的微观主体，数实微观深度融合推动新型工业化需要激发数实微观深度融合的微观主体的活力，构建数字经济与实体经济深度融合推动新型工业化的微观机制。数字经济的发展使企业成为无边界的创新平台，平台化实现了数字技术与生产运营技术的融合，实现供应链、产业链、创新链、资金链上各类资源的整合。企业借助互联网吸引创新资源进入企业平台，搭建人—机—物融合系统，实现企业内研发、制造、销售等各个流程的并联。数字经济与实体经济的深度融合发展推动企业的数字化转型，将数据应用于企业的业务全流程。对企业供应链进行整体性把握，实现价值链的全流程管理，盘活企业的供应链，强化企业数字化管理能力，拓展企业发展的边界。加快企业对各种工业互联网平台的应用，推动实体经济企业实现智能化、数字化转型的同时，推动生产的智能化、产品智能化、服务智能化和管理智能化，构建起了数实深度融合推动新型工业化的微观机制。

### （四）数实生态深度融合推动新型工业化的链网融合机制

数实生态深度融合推动新型工业化需要全面构建数字经济与实体经济深度融合的创新发展新生态，探索创新数字经济与实体经济深度融合的政策环境和治理规则。推动多产业链网融合、工业与消费互联网双向联通，形成新型工业化中的数字化产业生态基础；以数据为基础要素，打造全产业链数字工厂，构建数据驱动的全要素生态体系，系统性消除各类数字鸿沟，以数字经济与实体经济的深度融合推动新型工业化。一方面通过联网融合，解决产业间的数字鸿沟，解决新型工业化中产业发展不平衡和不充分；另一方面把互联网、大数据、人工智能融入实体经济各产业，以全产业链数字工厂为新型工业化的抓手，以工业互联网和消费互联网的双向打通为重点，以全要素生态体系的构建为核心，形成新型工业化的数字生态。实现集互联网、大数据、人工智能之大成、落地多行业、多企业的联运机制。

## 四、数实深度融合推动新型工业化的途径

数字经济与实体经济融合发展是推进新型工业化的重要途径，在新型工业化阶段需要从以下六个方面来加快数字经济与实体经济的深度融合推动新型工业化。

### （一）做大数字经济与实体经济的深度融合推动新型工业化

在新型工业化阶段积极推进产业基础高级化与产业链供应链现代化，以实体经济为着力点做大数字经济与实体经济的深度融合。一是坚持以经济高质量发展引领做大数字经济与实体经济的融合。在新型工业化阶段要积极提升高端材料、重大技术装备、智能制造与机器人技术、新能源汽车的核心竞争力。二是以战略性新兴产业的壮大做大数字经济与实体经济的融合。在新型工业化阶段推动战略性新兴产业的集群化、融合化、生态化。加快新能源、新材料以及新技术的创新应用。在新型工业化阶段中要加快产业链供应链现代化，优化其整体的区域布局。三是以产业链供应链的现代化做大数字经济与实体经济的融合。在新型工业化阶段推动传统产业链高端化转型，并积极锻造新型产业链。四是以产业链供应链区域布局优化做大数字经济与实体经济的融合。在新型工业化阶段既要实现产业在国内有序转移，做好产业承接，缩减区域产业发展差距，也要加强产业链供应链的环境优化，做大数字经济与实体经济的融合。五是以工业化的延伸战略和深化战略实施做大数字经济与实体经济的融合。在新型工业化阶段我国经典工业化没有完成，又遇到了数字经济时代工业化的挑战，经典数字经济与实体经济时代的工业化任务双重叠加。在数字经济背景下，推动新型工业化要防止过早结束工业化和去工业化的错误认识的误导，以工业化的逻辑做大数字经济与实体经济的融合。

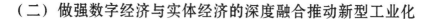

### （二）做强数字经济与实体经济的深度融合推动新型工业化

打造数据驱动和智能主导的现代化产业体系，以做强数字经济与实体经济深度融合推动新型工业化：一是推动制造业数字化转型。在新型工业化阶段提升我国制造业的自主研发创新水平，开展数字化创新，推广智能化生产，推动生产环节数字化，建立数字化生产管理体系，实现生产过程的智能化。重点是加快工业互联网普及，工业互联网是数字技术与实体经济融合的产物，也是两者融合的新体现。打造若干细分领域的工业互联网平台。二是推动农业数字化转型。在新型工业化阶段构建数字化的农业供应链，加快农业全产业链数字化转型，实现农产品加工数字化。推进农产品营销网络化，打破了农产品传统销售渠道的限制，扩大农产品市场空间和范围。打造农业大数据平台，推动乡村数字基础设施投资，加快"智慧型"高标准农田建设，建立农业数字化转型的人才支撑体系，以电商平台打破传统的农业销售渠道，扩大农户的盈利空间。三是推动服务业数字化转型。在新型工业化阶段要积极运用数字技术推动生产性服务业的数字化改造，协同推进生产性服务业和生活服务业的数字化转型，加快科学研究和数字技术服务等新产业发展，为在新型工业化阶段做强数字经济与实体经济深度融合构建服务体系。

### （三）做优数字经济与实体经济的深度融合推动新型工业化

在新型工业化阶段中要强化核心技术储备，实现技术到产业的转化，充分挖掘数据作为新型生产要素的潜在价值。一是在新型工业化阶段要加大数字技术的创新力度。数字经济与实体经济深度融合推动新型工业化亟须强化核心技术储备，搭建软硬件平台，把基础科学的研究和应用研究相结合，在算法、算力、算料上实现突破，提高数据的传输、存储和运算能力。加大对数字新技术的研究和投入力度，加大科技教育研发政策创新力度，形成数字技术研发应用体系，提高数字技术的供给能力。二是在新型工业化阶段要注重培育"技术—产业"的转化。建设发展数字产业集聚，以数字产业化做优数字经济与实体经济深度融合。积极构建大数据交易中心，发展形成大数据产业集聚。加快5G的商业化、市场化发展，加强数字经济与实体经济深度融合的应用场景建设。三是在新型工业化阶段要大力发展人工智能产业。将智能系统、人工思维模型、知识更新系统以及大数据高效运算技术等运用到实体经济的研发、生产制造以及经营管理的过程中去，逐步从智能车间、智能工厂到实现智能产业链。加快生产制造全过程数字化改造，推动生产过程的智能化，做优数字经济与实体经济深度融合，推动新型工业化。

### （四）做深数字经济与实体经济的深度融合推动新型工业化

在新型工业化阶段中要实现工业制造业企业与互联网企业的联动发展。推动企业依托互联网平台与技术，积极推动工业制造业企业从生产制造到经营管理的数字化转型，做深数字经济与实体经济深度融合推动新型工业化。一是加快企业的数字化转型推动新型工业化。在新型工业化阶段完善企业数字化转型认知体系和数字化客户服务体系，强化企业管理中的数据能力，推动企业的智能运营的智能化水平。加快培育一批"专精特新"企业、制造业单项冠军企业，培育兼具实体企业属性且兼具数字创新能力的新型实体企业，以及科技领军企业、头部企业和平台型企业，做深数字经济与实体经济深度融合。同时推动互联网企业与工业企业深度融合，推动两类企业发展的跨界融合，优势互补。二是要借助互联网平台推动新型工业化。在新型工业化阶段构建企业数字化管理体系，实现与上下游企业的数字化对接，做深数字经济与实体经济深度融合[1]，推动新型工业化。三是以数据驱动生产流程再造推动新型工业化。在新型工业化阶段以数字化设计和智能化生产为基础，以网络化协同和个性化定制新模式为特征，以企业价值链和核心竞争力提升为目标，构建新型智能制造体系，推动我国制造业转型升级，做深数字经济与实体经济深度融合，推动新型工业化。四是运用互联网平台精准把握消费需要的变化推动新型工业化。在新型工业化阶段提升中小企业的数字化营销能力，为消费者提供定制化服务，推动企业产品供应和服务链条的数字化升级。

### （五）做新数字经济与实体经济的深度融合推动新型工业化

在全球新一轮科技革命推动下，新工业革命及其工业互联网对制

---

① 欧阳日辉：《数字经济和实体经济深度融合为经济发展强基固本增活力》，载于《科技与金融》，2023 年 3 月 9 日。

造业模式和工业体系产生了深刻影响。工业互联网通过通信网络平台，把工厂、设备、生产线、供应链、经销商、员工、产品和客户连接起来，实现工业生产全流程的要素资源共享，实现工业生产流程整体数字化。在新型工业化阶段把消费互联网与工业互联网的发展结合起来，在以消费互联网促进经济增长和助推工业互联网发展的基础上，从战略高度加快推进工业互联网发展，做新数字经济与实体经济的深度融合推动新型工业化。一是加快工业互联网平台建设和应用推广推动新型工业化。目前全球工业互联网平台都在探索期，在新型工业化阶段我们要形成细分领域的工业操作系统，建设跨行业、跨领域的工业互联网平台，做新数字经济与实体经济的深度融合，推动新型工业化。二是产、学、研、用联合实现工业互联网的应用研发推动新型工业化。工业互联网涉及多方主体、多领域技术和知识，在新型工业化阶段需要以企业为主体，联合产业龙头企业、产业联盟、科研院所，建立跨界融合、协同推进的合作机制，推动产、学、研、用联合，地方、园区和企业多方推动，推进技术研发和推广应用。三是完善工业互联网平台技术体系推动新型工业化。技术体系是工业互联网重要的支撑体系，"围绕工业互联网七大核心技术体系，加强边缘计算技术，强化工业互联网现场优化能力"[①]。在新型工业化阶段要加强区块链技术，促进工业互联网数据安全与数据增值，促进平台间互联互通的操作，以人工智能技术与工业互联网的深度融合做新数字经济与实体经济的深度融合，推动新型工业化。四是体系化布局工业互联网生态推动新型工业化。在新型工业化阶段推动工业企业内网改造升级和外网建设，完善网络体系，完善工业互联网平台体系，完善安全体系。推进大中小企业的融合发展，完善工业互联网的应用生态。围绕工业互联网核心技术突破，完善产业体技系、新型服务体系和安全保障体系，营造良好的发展环境，在新型工业化阶段做新数字经济与实体经济的深度融合。加大财税支持、融资服务、人才支撑、完善组织机制，为工业互联网发展提供政策保障。五是加强政策落地推动新型工业化。国务院、工业和数字化部、地方政府已经出台多项政策，在新型工业化

---

① 王建伟：《工业赋能：深度剖析工业互联网时代的机遇和挑战》，人民邮电出版社 2021 年版，第 406～407 页。

中要加强已有政策的落地，立足国内优势资源培育本土化工业互联网平台。在新型工业化中推动企业上云，加快工业企业业务系统设备上云。抓好试点推广和专项试点示范，引领工业互联网创新发展。跨行业跨领域打造新型工业化的产业龙头企业和品牌，形成国家、部委、地方政府和企业联盟多级联动的工作体系。

### （六）做实数字经济与实体经济的深度融合推动新型工业化

做实数字经济与实体经济融合推动新型工业化需要完善相应的支撑体系：一是加强数字化基础设施建设推动新型工业化。加快我国的互联网平台和云数据中心的构建以及5G网络建设，在新型工业化中大力发展新型基础设施，强化我国数字经济与实体经济融合推动新型工业化的基础设施保障①。二是全方位完善治理体系推动新型工业化。数字经济与实体经济融合的发展拓展了原先的发展边界，营造良好的融合发展环境，在新型工业化中要进一步做实数字经济与实体经济生态深度融合。三是要加强数字经济与实体经融合的人才保障力度推动新型工业化。在新型工业化中数字经济与实体经济深度融合要求更多高层次人才参与研发、生产以及经营，要鼓励科研人员提升自主创新能力，以强化数字化时代的人力资源保障做实数字经济与实体经济生态深度融合推动新型工业化。四是培育数字经济与实体经融合的产业生态推动新型工业化。在新型工业化中发挥数据作为生产要素的作用，从底层打通数字经济与实体经济之间的联系，构建数字经济和实体经济深度融合推动新型工业化的产业标准和产业体系。同时在新型工业化中把企业的数字化融入产业生态，将企业纳入到外部的产业生态中，以企业生态重构做实数字经济与实体经济生态深度融合推动新型工业化。五是实现企业数字化重构和产业数字化重构良性互动推动新型工业化。在新型工业化中构建工业互联网创新生态圈，鼓励企业合作进行工业软件联合开发和应用，支持工业互联网平台企业积极研发各类产业链协同创新应用、创新服务，营造供需两侧协同升级的良好数字生态，形成推动新型工业化的供给侧与需求侧快速响应的数字生态体系。

---

① 钞小静：《以数字经济与实体经济深度融合赋能新形势下经济高质量发展》，载于《财贸研究》2022年第12期。

# 数字经济与实体经济融合推动新型
# 工业化的战略定位与路径选择

新型工业化是极具中国特色的发展经济学概念，其区别于西方国家的工业化道路，也不同于低效能的传统工业化过程，更强调工业化与数字化的相互融合，走科技含量高、经济效益好、资源消耗低、环境污染少、人力资源优势得到充分发挥的高质量发展之路。2023 年 9月，习近平总书记在全国新型工业化推进大会上指出，"新时代新征程，以中国式现代化全面推进强国建设、民族复兴伟业，实现新型工业化是关键任务"，进一步凸显了新型工业化的独特地位①。站在新征程的新起点，在数字经济蓬勃发展的时代背景下，准确把握高质量发展阶段我国新型工业化发展的环境条件变化和阶段性特征，并进一步明晰高质量发展引领下以数实融合推动新型工业化的战略定位及战略任务，对于深入优化我国产业结构、加快经济高质量发展、不断做强做优做大我国数字经济意义重大。

## 一、以数实融合推动我国新型工业化的环境条件变化

在中国式现代化的新征程上，我国进入工业大国向工业强国迈进的关键时期，同时全球新一轮科技革命和产业变革方兴未艾，我国新型工业化发展面临复杂的环境条件变化，机遇与挑战并存。

---

① 习近平：《把高质量发展的要求贯穿新型工业化全过程为中国式现代化构筑强大物质技术基础》，载于《人民日报》，2023 年 9 月 24 日，第 4 版。

### （一）数字经济时代：数字技术更迭孕育新机遇

数字经济时代下，以人工智能、工业互联网、大数据为代表的新一轮科技革命和产业变革的深入演进，为我国新型工业化带来新的发展机遇。

首先，智能制造技术的发展将加速我国新型工业化进程。早期的工业机器人是接受人类指令进行工作的机器装置，而随着现代科技的不断创新，现代工业机器人可以根据人工智能技术编排的原则纲领运行，并自动顺应产品加工中的各种变化。在工业生产过程中，工业机器人能够代替工人完成烦琐复杂或高危险性的工艺操作，进而可以有效缓解我国劳动力供应不足及生产成本上涨的难题。同时，引进自动化、智能化的机器设备不仅可以增加工业产量、改善产品质量，也可以提高劳动生产率和资源利用率，使我国工业生产效益大幅提升，进而助推我国新型工业化发展。

其次，数字技术与工业经济的深度融合扩大了我国新型工业化的发展空间。数字技术与工业经济的深度融合下，工业互联网应运而生，它既是工业数字化、网络化、智能化转型的基础设施，也是数字经济时代下深刻影响我国新型工业化发展的新业态、新产业。工业互联网作为互联网在工业领域的延伸发挥着重要的平台作用，为各工业企业共同优化工序流程、实现多基地协同与产融结合提供渠道，并且该平台体系在增进沟通交流、汇集多种资源方面的应用，能有效提升工业技术研发质量和效率，进一步扩大新型工业化的发展空间。

最后，数据信息网络为我国新型工业化重塑了良好生态。信息网络的蓬勃发展在优化我国工业产品与服务的供需结构中发挥着重要作用，基于对大数据的处理分析结果，各工业企业能正确识别消费者的需求偏好，进行智能化设计与个性化定制，有助于缩短产品升级周期、降低企业试错成本，使生产型企业高效调整供给并进一步促进工业产业结构升级。在生产流程方面，利用工业大数据对未来数据进行预测，基于预测结果进行生产可以降低采购成本及交易费用，提高工业经济运行效率；同时借助工业大数据对生产过程进行精准建模、实时优化，加速形成智能工厂、智能车间，将进一步促进我国新型工业化智能化转型。

### （二）国际：国际分工结构调整与全球竞争加剧

全球视野下的国际分工体系正发生结构性变化，同时国家间的竞争日趋激烈，复杂的国际环境深刻影响着我国新型工业化进程。

首先，发达国家实施"再工业化"战略使其制造业回流。国际金融危机的重大冲击下，西方发达国家深刻认识到实体经济的重要性并纷纷启动"再工业化"战略对我国工业发展造成了诸多不利影响，一是以美国为代表的西方国家以政策鼓励和高新技术的快速发展使其制造业成本大幅下降，相较于我国劳动力价格的不断上涨、不稳定的劳工雇主关系和逐渐恶化的生态环境使大量订单流回母国；二是制造业的回流引发了前期流向新兴经济体的国际资本减少，使国内工业发展缺乏足够资本支撑，从而进一步加重了我国部分工业企业的生存压力；三是国家间的贸易摩擦加剧，技术封锁、加征关税、反倾销调查等事件频发，我国工业企业的进出口市场遭受发达国家全方位打压。

其次，我国产业链在后发国家的低成本竞争下存在外迁倾向。近年来，东南亚、南欧各国相较于我国已形成了劳动力成本上的优势，中低端制造业逐渐向这些国家集聚；同时，基于后发优势理论的"蛙跳模型"指出，后发国家有更多的机会和更低的成本采用有广阔应用前景的最新科技，因而我国与这些国家之间的工业竞争将进一步加剧。此外，在西方国家推动的供应链"去中国化"的冲击下，我国制造业企业外迁数量明显增多并呈现加速趋势，但我国目前正处于工业转型阶段且尚未形成较强的国际竞争力，因此这一系列问题将成为我国新型工业化发展的突出挑战。

最后，我国工业化在国际竞争间的比较优势发生了变化。经济体的要素禀赋是随着积累动态变化的，相应的比较优势产业也会不断转型升级[1]，随着我国工业化的发展，我国在国际竞争间的比较优势也发生了变化：一是我国逐渐形成橄榄型收入分配格局，中等收入群体持续扩大，既会增加对国内中高端工业品的需求以促进我国工业升级，也会增加对国外产品的需求而有利于增加我国在国际市场中的重要性；二是我国制度优势相较于其他国家更为明显，和谐的政企关系和多元

---

① 林毅夫：《比较优势产业政策与企业减排：基于新结构经济学视角》，载于《改革》2023 年第 5 期。

的市场经济主体已成为我国新型工业化发展的内生动力；三是我国相较于其他国家拥有更为完整的产业链和配套服务，在转型阶段对国内中低端工业仍有一定的包容空间，并且利用我国龙头企业的带动作用有利于形成产业集群，助推我国新型工业化发展。

### （三）国内：传统工业化发展模式的弊病逐渐显现

我国传统的工业化主要由传统要素驱动且具有明显的出口导向性特征，自改革开放以来，我国凭借充足的劳动力资源优势承担了发达国家大量劳动密集型的中低端产业转移，并依靠国内引资政策优惠和国际贸易壁垒下调使得我国制造业快速发展，但与此同时也产生了一系列无法避免的弊病，使得国内工业化发展环境也发生了巨大变化。

首先，传统工业化发展模式在劳动力市场供需结构变化下难以为继。根据第七次全国人口普查结果显示，我国劳动年龄人口呈下降趋势，劳动力供给规模的缩小将抬高劳动力价格，这就意味着我国无法继续依靠低附加值和低利润的中低端制造业驱动工业化发展；并且随着近年来我国大力推进工业部门数字化、智能化、绿色化转型，工业生产流程中诸多环节对普通劳动力数量和体力的需求大幅度减少而对高素质劳动力的需求日益增加，同时与之相匹配的技术性人才稀缺且工业部门对其吸引力较弱导致"用工荒"和"就业难"的问题突出，进一步激化了我国劳动力市场中的供求结构性矛盾。

其次，我国资源环境在传统工业化模式下急剧恶化并将达到顶峰。长期粗放型的工业化发展使我国资源能源生态环境问题日益严峻，在碳达峰、碳中和的战略目标下，我国届时出台诸多工业环境保护管理规定以着力推进工业绿色化发展，因此总体环境受到趋于恶化和趋于优化两种力量的综合影响，且环境恶化在短期内将处于上风，我国即将进入环境库兹涅茨曲线的拐点处。在这种复杂严峻的情况下，我国工业化也将面临更为严苛的要求，承受着生产方式、能源结构等方面的转型压力。

最后，传统工业化发展模式使我国面临产业布局不合理的新挑战。由于我国中低端工业承担的科技能力有限，技术门槛较低，各地区之间长期存在同质化竞争而未能形成科学合理的产业分工，导致各地区缺乏本地特色优势产业并进一步使得我国工业整体丧失优势地位。此外，同质化的工业产品发展模式导致我国工业发展中普遍存在各种资源向优势区域集聚、区域间两极分化加剧的马太效应，进而衍生成为新发展阶段优化产业布局、促进区域协调发展的重要挑战，这一系列新问题的出现造成国内发展环境发生深刻变化，也演变为制约我国新型工业化更好发展的突出因素。

## 二、以数实融合推动新型工业化的阶段性特征

党的十九大以来，我国经济由高速增长阶段转向高质量发展阶段，工业发展也再上新台阶。在全面建设社会主义现代化国家的关键时期，新型工业化是推进中国式现代化发展的主要阵地，因而充分结合我国国情，围绕新发展理念全面分析我国新型工业化的阶段性特征，是以新型工业化促进经济高质量发展的先决条件。钱纳里等（2015）的工业化阶段理论将产业结构转变依据人均国内生产总值划分为初级产品生产阶段、工业化阶段和发达经济阶段三个阶段[①]，我国已进入后工业化社会并着力向现代化社会迈进，在这一阶段，我国新型工业化充分顺应数字经济发展浪潮，以数实融合推动新型工业化并呈现出了诸多不同以往的新特征。

### （一）数字创新驱动型的新型工业化

创新是引领发展的第一动力，由数字技术加速创新驱动现代化发展是我国新型工业化的显著特征。美国著名经济学家迈克尔·波特将国家经济发展进程分为四个阶段，即"生产要素导向阶段、投资导向阶段、创新导向阶段和富裕导向阶段"[②]。改革开放前30余年里，我国人口的快速增长导致人口年龄结构呈现出相对年轻化趋势，从而增加了我国适龄劳动人口并提升了我国国民总收入和居民储蓄倾向，促使我国经济发展中出现高储蓄、高投资、高增长并存现象。在这期间，我国主要产业的生产活动依赖国外技术与设备，竞争优势主要来源于低成本的生产要素与强烈的投资意愿，并且政府发挥首当其冲的示范

---

① 霍利斯·钱纳里、谢尔曼·鲁宾逊、摩西·赛尔奎因：《工业化和经济增长的比较研究》，格致出版社2015年版，第74页。

② 迈克尔·波特：《国家竞争优势》（下），中信出版社2012年版，第66页。

作用，我国工业化发展具有投资导向阶段的典型特征。

随着人口红利的逐渐减少，我国经济发展进入新常态，而在数字经济的时代浪潮下，数字技术的进步带动了面向市场的应用性创新能力的提升，整体生产技术在以自动化为主的基础之上向着数字化、智能化方向过渡。我国产业集群由垂直深化转为横向水平发展并更重视自主研发与创新，竞争力的来源从在纯价格竞争中减少生产成本转为在高新技术领域提高全要素生产率，同时政府开始转变身份并降低对产业市场的干预程度，我国新阶段的新型工业化发展呈现出由数字技术加速创新驱动的阶段性特征。

### （二）"四化"协同推进型的新型工业化

发展不协调是我国工业化道路上长期存在的突出问题，特别是在工农关系、城乡关系等方面表现得尤为明显。不同于西方发达国家工业化、城镇化、农业现代化、数字化的顺序发展过程，我国"四化"发展是叠加进行的，党的二十大报告中明确提出要"基本实现新型工业化、数字化、城镇化、农业现代化"，加强"四化"之间的协同推进已成为数字经济时代下我国新型工业化的重要特征和内在要求。从我国历史发展进程来看，我国工业化发展早期是以农业哺育工业、由工业化、城市化和改造传统农业起步，发展速度较快但发展不平衡导致的"木桶效应"也逐渐显现，并表现为典型的城乡二元经济结构。

目前我国工业化已经发展到一定程度，政策选择趋向于顺应工业化中后期的普遍性规律，即以工业反哺农业、城市支持农村，实现工业与农业、城市与农村协调发展。刘易斯的二元经济结构模型指出城市化发展可以带动农村经济发展从而实现城乡一体化，乔根森模型和托达罗模型则更强调农业发展在削弱二元经济结构中的重要性。面对中国式现代化进程中"四化"水平参差不齐的问题，我国借助数字技术来加强工业化、数字化、城镇化、农业现代化之间的密切联系，特别是融入数字化优化提升其中的短板部分，从而在现阶段呈现出"四化"之间深度融合、良性互动、相互协调、同步发展的新型工业化阶段性特征。

### （三）高效集约型的新型工业化

绿色是我国高质量发展的底色，走高效集约的数字生态文明建设道路是我国新型工业化的鲜明特征。纵观世界各国工业化进程，西方发达国家的工业化道路是依靠大量物质资源投入、以牺牲环境为代价的低效粗放式发展之路，我国的新型工业化道路则是要走由数字技术赋能并提高要素使用效率、兼顾生态文明建设的高效集约式发展路径。我国在工业化程度极低的情况下首先注重总量层面和速度层面上的提升，其中激化了一系列社会矛盾严重制约着我国经济进一步发展，党中央审时度势突出强调了发展过程中生态环境保护的重要性，不断通过深化经济体制改革推进我国工业化转型。

长期的粗放型发展方式及过度开发所遗留的环境和生态破坏问题在全面小康阶段不可能完全解决，必须在推进现代化阶段从根本上解决[①]，因此在中国式现代化建设的关键时期，我国结合数字技术大力推动新材料、新能源等领域的先进制造业集聚发展，同步推进能源损耗低碳化转型、制造流程数字化转型，着力构建环境污染少、资源消耗低的绿色制造体系和绿色低碳技术支撑体系，在工业化生产过程中更加注重高效利用资源、减少能源损耗，最大限度地发挥资源的内在价值，构建美丽中国数字化治理体系，建设绿色智慧的数字生态文明，使我国新型工业化道路表现出高效集约的突出特征。

### （四）内外联动型的新型工业化

开放是我国社会发展的主旋律，我国的新型工业化建设高度重视国内国际两个市场两种资源，以数实融合推动国内外双联动为重要特征。新古典增长理论和内生经济增长理论表明，资本积累以及技术进步是驱动产业发展与经济增长的关键因素，特别是全要素生产力的提升。在工业化建设早期，我国资本积累不充足且技术发展落后，工业化程度与率先进行工业革命的西方国家差距较大，因而主要依靠大量资源和劳动力的投入推进工业发展；进入改革开放时期，基于清晰的

---

① 洪银兴：《新时代社会主义现代化的新视角——新型工业化、数字化、城镇化、农业现代化的同步发展》，载于《南京大学学报（哲学·人文科学·社会科学）》2018年第2期。

工业化方向的产业发展选择，我国积极参与国际大循环，加快学习和引进国外发达国家的先进设备和成熟技术，并通过吸引大量外资持续涌入国内市场，加快嵌入全球产业链价值链[1]，这一阶段的工业化表现为主要依靠国际大循环、以劳动力低成本优势承接发达国家工业转移的发展特点。

经过几十年的高速发展，我国资本短缺问题有效缓解、工业技术体系不断完善、与发达工业国家之间的差距不断缩小，技术性后发优势和帕累托式改革红利等将消失殆尽，再加上国际环境动荡，此时仅依靠国际大循环难以继续推进我国工业化水平优化提升。从而在新发展阶段将数字技术与新型工业化有机结合，一方面，我国优化投资结构，坚持关键技术的自主研发和重点产业的自立自强，加深数字技术与生产经营活动的融合，着力推动国内制造业由中低端向高端迈进，加快促进战略性新兴产业融合集群发展，以扩大内需为基点盘活国内市场；另一方面，我国推进工业制造业高水平对外开放，优化国际市场布局、商品结构、贸易方式，从而形成国内国际相互促进、着力打造先进制造业的新型工业化特征。

### （五）供需协同型的新型工业化

我国发展依靠人民、发展成果由人民共享，新型工业化呈现出以人民需求为导向，以数字经济促进全面共享、供需协同的阶段性特征。长期以来，我国坚持以人民为中心对社会主要矛盾进行分析，从新中国成立初期人民对于建立先进的工业国的要求同落后的农业国的现实之间的矛盾，到改革开放初期人民日益增长的物质文化需要同落后的社会生产之间的矛盾，再到中国特色社会主义新时代下人民日益增长的美好生活需要和不平衡不充分的发展之间的矛盾，均揭示了我国在供给端和需求端的不相适配甚至错配的问题，而这一现象在工业化过程中十分突出，主要表现在我国制造业大而不强，中低端产能过剩且高水平供给不足并存，使得我国工业供需结构难以达到高水平平衡。

针对这一矛盾的主要方面，新型工业化是要推进工业供给侧结构

---

[1]　任继球：《从外循环到双循环：我国产业政策转型的基本逻辑与方向》，载于《经济学家》2022年第1期。

性改革，加快促进我国从制造大国向制造强国转变。不同于西方现代供给学派基本理论，供给学派认为供给会自动创造需求，片面主张供给决定经济增长。而我国新型工业化下的工业供给侧结构性改革以供需协同为重点，一方面，基于需求侧呈现的新变化不断扩大工业有效供给；另一方面，数字经济时代下新型工业化孕育的新兴产业创造更多新需求，进而形成需求牵引供给、供给创造需求的良性循环，表现出供需协同的新型工业化特征。

## 三、以数实融合推动新型工业化的战略定位

随着我国经济由高速增长阶段转向高质量发展阶段，作为经济增长主引擎的工业也处于由"制造"到"质造"再到"智造"的重要转型期。为实现制造强国、质量强国、数字中国的发展目标，在高质量发展的转型过程中，要在目标要求和主要内容方面准确把握以数实融合推动新型工业化的战略定位。

### （一）以数实融合推动新型工业化的目标要求定位

高质量发展是全面建设社会主义现代化国家的首要任务，以高质量发展为引领，我国新型工业化着眼于以数实融合推动我国工业发展方式实现转变，需要从发展方向、发展基础、发展支撑三个方面明确其目标要求，从而为我国加快推进新型工业化提供行动指南。

在数实融合推动新型工业化的发展方向方面，要稳步迈进数字制造强国行列。制造业是国家工业化和现代化的基础，是我国经济高质量发展的重中之重。党的二十大报告中均明确指出要深入实施制造强国战略，加快推进制造强国、质量强国建设。从我国制造业发展现状来看，我国工业门类齐全且产业规模巨大，"制造大国"地位稳固，但与成为"制造强国"之间仍有一定差距，因此要充分利用数字经济强大的驱动力，以建设数字制造强国为导向推进我国新型工业化发展。具体来说，一是要兼顾制造业的规模和效益，在不断推进数字化生产过程中，既要保证工业总产值持续稳步增长、在全球制造业中占有相当比重，也要努力降低单位产成品的资源能耗、提高制造业产品质量合格率，解决深层次、微观化的问题。二是推动产业基础能力高级化

和产业链的现代化。结合现代数字技术提高技术型产业和服务型制造占比,不断提升我国制造业在全球价值链中的分工地位,推动产业基础能力高级化和产业链的现代化,同时在关乎国家安全与民生福祉等重要领域和行业必须具备基础供应能力。三是要兼顾制造业发展的可持续性和均衡性,以数字技术自主创新能力为引领,深入推进各领域绿色转型和协调发展,补短板、强弱项,使我国制造业保持持续发展的能力。

在数实融合推动新型工业化的发展基础方面,要建立现代化工业产业体系的坚实物质根基。新型工业化是在全球化、数字化、现代化背景下提出的,加快新型工业化发展并不意味着脱离原有的工业化基础,而是强调在原有工业化道路的基础上叠加数字化任务,因此新型工业化必须从现有工业化基础出发。具体来说,一是要夯实数字技术基础,新型工业化在本质上是新兴数字技术对工业的赋能,因而要把提升工业技术水平作为推进新型工业化工作的核心任务,既要注重加强学术性的基础研究,从源头突破关键技术创新瓶颈,也要统筹推进产业基础再造工程和重大技术装备攻关工程,以应用性的数字技术支撑起我国现代化工业体系。二是要夯实资金基础,发挥数据要素在资源配置上的关键作用以优化投资结构,着力推动重点项目工作进程,加大对转型的传统工业和新兴的现代工业的招商引资力度,发挥有效投资的关键作用,使工业投资持续向现代化领域集中。三是要夯实人才基础,人民群众是社会物质财富的创造者,要深入实施人才强国战略,培养数字经济时代下的高技能人才、重视产业工人队伍和创新型团队建设,建立健全人才使用机制、优化人才资源配置,着力解决工业领域人才数量不充足和人才价值发挥不充分的问题。

在数实融合推动新型工业化的发展支撑方面,要营造利于工业与数字经济深度融合的良好发展环境。良好的发展环境可以有效加快我国新型工业化进程,并促使工业相关领域取得新突破。具体来说,一是以社会主义市场经济体制为支撑,加强工业品发明专利、外观设计、商标使用等工业产权保护,优化工业领域要素市场化配置,特别是数据要素在工业生产中的赋能,从而实现产权对各工业主体创新的有效激励、要素在整个市场中的自由流动,以良好的营商环境促进新型工业化发展;二是以国家发展战略政策为支撑,由政府和市场共同发挥作用，全面推进工业数字化、高端化、绿色化、智能化转型，通过在关键领域和环节提供特殊资金引导与政策支持，积极为工业创新突破创造外部客观条件；三是以工业互联网平台为支撑，通过加快打造先进制造业集群促进形成新一批现代工业发展园区，并积极构建面向广大企业的公共服务平台，推动产业链、供应链和创新链的紧密融合，加强平台发挥对工业整体转型升级的带动作用。

### （二）以数实融合推动新型工业化的主要内容定位

推进新型工业化是一项系统性工程，以高质量发展为主题，要以数实融合推动我国工业质量变革、效率变革、动力变革，从而加快我国新型工业化进程。

首先，质量变革是数实融合推动新型工业化的主体。要实现新型工业化的质量变革，一方面是要利用数字技术提高产品和服务质量水平，持续深化工业供给侧结构性改革，根据人民需求变化不断丰富供给种类、提高供给质量，调整供给结构，以更好地满足人民群众对个性化、绿色化、智能化的高品质产品需要；另一方面是要建立产品产业标准规范体系，为新型工业化的不同领域制定统一的标准和规范，确保产品和服务的质量和安全，以便为企业提供生产标准参考和品牌建设思路。此外，新型工业化的质量变革的核心内容是构建起以数字技术含量高的先进制造业为核心的现代化工业体系，一是要掌握关键材料与零件的制造技术、核心工程与系统的配套技术，保证我国工业产业链安全自主可控；二是要加快新型基础设施、新型基础工艺、新型基础技术、新型基础材料建设，推动我国工业基础能力全面提升；三是要发挥工业对农业、服务业、数字产业、文化产业等其他产业的连带推动作用，奠定中国式现代化的强大产业基础。

其次，效率变革是数实融合推动新型工业化的主线。实现新型工业化的效率变革主要包括以下三个方面的内容：一是要从加强工业领域要素市场化配置中寻求效率，合理调整工业用地布局以优化土地要素配置、培养制造业高素质人才以优化劳动力要素配置、促进资金向高效益工业部门流动以优化资本要素配置、研发推广工业高新技术以优化技术要素配置、促进工业数字化转型及数实融合以优化数据要素配置；二是要从发展高生产率的智能化制造业中寻求效率，新型工业化要求我国工业产业链各环节效率提升以及整体效率提升，在数字经济时代下要使用人工智能、工业机器人等现代技术手段改造既有的设备与制作工业，并加快推动高生产率厂商代替低生产率厂商，全面提高制造业生产效率；三是要从构建高水平开放市场体系中寻求效率，通过高质量的"引进来"和"走出去"在全球要素资源中优化配置，发挥网络化、数字化等现代数字技术优势，促进制造业相关企业积极参与国际贸易、积极开展国际合作，不断推动国内国际两个市场经济高效率运转。

最后，动力变革是数实融合推动新型工业化的基础。纵观世界主要经济大国的发展史，促进一国经济规模由小到大主要是由投资和出口拉动，而促进一国经济发展由大到强则主要是由消费和创新驱动，因此，在我国经济发展高质量转型的关键时期，我国新型工业化的发展动力变革和动能转换要由消费支撑和创新引领。一方面，是要从扩大消费方面促进新型工业化动力变革，深化工业供给侧结构性改革，不断优化工业产品消费市场供需结构，减少低技术含量、低商品附加值等市场生命周期处于衰退期的商品，增加高技术含量、高商品附加值等市场生命周期处于旺盛期的商品，以此促进我国消费升级，进而提高拉动我国经济增长的三驾马车中的消费占比；另一方面，是要从加快创新方面促进新型工业化动力变革，深入实施创新驱动战略，激发各行各业的创新活力，依靠发展数字经济持续发力，全方位推进工业材料与设备创新、工业技术与工艺创新、工业产品与市场创新、工业企业与品牌创新等，实现工业整体创新能力提升。

## 四、以数实融合推动新型工业化的路径选择

立足于我国现代化新征程新起点，要把高质量发展的要求贯穿新型工业化全过程，着眼于数实融合推动新型工业化的战略定位，以数实融合推动我国新型工业化的路径在于以下四个方面。

### （一）提升产业链供应链韧性和安全水平推动新型工业化

维护产业链供应链安全稳定、增强产业链供应链韧性和自主可控能力，是建设制造强国的重要依托，也是以数实融合推动新型工业化

的新要求。党的二十大报告指出，"要坚持以推动高质量发展为主题，着力提升产业链供应链韧性和安全水平"①。当前，我国作为世界唯一拥有完整工业体系的国家，工业产业分布广度较为可观，但在产业高度上仍有较大提升空间，特别是在国际环境错综复杂的情况下，我国产业链供应链仍存在较多风险隐患，我国新型工业化发展的产业链供应链韧性和安全水平亟待提高。

第一，实施产业基础再造工程和重大技术装备攻关工程。针对我国产业链供应链部分领域核心技术过度依赖进口的问题，数实融合推动新型工业化要深入实施产业基础再造工程和重大技术装备攻关工程，积极探索新型举国体制，在战略谋划和决策部署中调动各种资源形成合力，激活市场各主体活力探索政企共建韧性模式，开展国有经济和民营经济协同发展与混合创新，聚焦半导体、量子信息技术、航空航天等领域重点难点，加大数字技术研发，全力推进关键技术攻关。

第二，实现产业链的现代化。基于我国新型工业化发展现状，在数实融合推动新型工业化中对我国产业链供应链中不同发展程度的产业采取差异化对策。以数字经济赋能供给侧结构性改革，继续推进短板产业补链、优势产业延链，传统产业升链、新兴产业建链。并且在这一过程中，特别是要将数字技术与工业深度融合，从产业链供给侧来看，新型数字基础设施有助于工业企业提高供给体系质量和水平，从产业链需求侧来看，工业互联网、专网体系等数字技术有助于打通数字化转型"最后一公里"，深度赋能实体经济。

第三，调节好我国产业链供应链中的"点"与"链"之间的协同关系。把数字技术发展程度高的龙头企业作为全链的关键节点，通过发挥其在行业内的引领带动作用，吸引更多中小企业共建产业链供应链，以强大的存量支持降低断链风险。同时在工业产业链供应链的安全问题，鉴于不同技术水平制造业与数字经济融合程度存在差异使得数字经济对产业链安全的作用具有异质性，表现为数字经济对现代制造业产业链安全具有显著正向影响而对传统制造业产业链安全具有显

---

① 习近平：《高举中国特色社会主义伟大旗帜 为全面建设社会主义现代化国家而团结奋斗》，载于《人民日报》2022 年 10 月 26 日。

著负向影响①，因此未来要着重加强数字经济与传统制造业之间的相互融合提升。

## （二）提升产业创新能力和人才综合素质推动新型工业化

企业是创新的主体，是推动我国工业创新创造的主力军。据《人才、创新与产业链韧性报告（2023）》显示，随着我国经济体制改革的扎实推进，我国企业活力显著提升，独角兽企业和新注册公司数量快速增加，但我国的人才资本在全球范围内处于相对劣势地位，创新型人才方面的竞争力较弱，并且科技成果转换转化效率较低，我国工业整体的创新水平仍有很大提升空间，因而要以加快提升产业创新能力和人才综合素质为突破口，以数实融合推动新型工业化进程。

第一，落实企业科技创新主体地位实现数实融合推动新型工业化。利用大数据、云计算等数字技术强化需求和场景对企业创新方向的牵引，借助企业直接面向市场的便利条件并基于市场化机制高效配置科技力量和创新资源，加强高校、科研机构等组织与企业之间的联系，加快构建以企业为主体、产学研相融合的现代化产业技术创新体系，发挥好企业在科技和产业之间的连接作用，有效促进工业领域科技成果的技术研究、实验开发、应用推广等环节高效衔接，加大企业在工业产业创新中的关键作用。

第二，以数字政府建设加快数实融合推动新型工业化。完善线上线下涉企服务工作体系，不断提升业务的便利性和时效性，为工业企业提供低成本高效率的制度环境，同时进一步优化政府在财政、税收、知识产权保护等创新方面的支持政策，激励企业加大创新投入，并积极承担企业在个别创新攻关环节中不愿承担的市场风险，积极弥补市场的缺陷和不足，作为有为政府创造新的工业发展增长点。

第三，通过创新型人才的培养助力数实融合推动新型工业化。要加大我国科学、工程、技术等领域的教育经费投入，通过开展数字化技能课程、数字化实践项目、数字化专家指导等方式，全面提升我国创新型人才综合素质水平；同时借助数字化平台加大就业信息流通共享，努

---

① 陈晓东、常皓亮：《数字经济可以增强产业链安全吗？——基于世界投入产出表的研究》，载于《经济体制改革》2023 年第 3 期。

力提高人才流动便利度，推动人才发展环境与营商环境良性互动。

### （三）加快工业结构优化升级和工业企业"智改数转"推动新型工业化

新型工业化实质上是经济结构的转化，通过经济结构的转化促进经济结构升级，使我国的经济发展和工业产业的发展建立在新的结构基础之上。近年来，我国工业战略性新兴产业快速发展，工业新模式新业态不断涌现，整体工业结构有所优化，但目前仍有大部分工业企业尚未完成转型，有限资源制约、技术创新不足、组织结构欠佳等问题仍制约着我国工业结构进一步优化升级。在这一处境下，要持续推动工业结构优化升级和工业企业"智改数转"，在中观层面和微观层面一同发力助推我国新型工业化发展。

第一，以高新技术改造传统工业加快传统产业的改造升级。根据我国新型工业化的发展要求，加强对传统工业部门的技术改造力度，进一步深化节能、降耗、环保等领域关键技术和新兴工艺的推广应用，巩固提升优势产业的同时有重点地改造一批骨干企业，提高工艺技术和装备水平。同时针对不同行业设定不同的发展目标，如在钢铁行业积极推进以微电子技术为中心的信息技术改造钢铁生产、在机械行业推广计算机辅助设计缩短产品研发周期等。

第二，在数实融合推动新型工业化中积极培育新产业新赛道。以自主创新为核心大力推进现代工业和现代生产性服务业发展，增强资本密集型和技术密集型产业的竞争优势，加快工业经济的物质技术装备和手段向现代化的基础转移。大力发展工业软件、工业母机、集成电路等带动作用大的工业战略性新兴产业，积极培育孵化未来产业，在全球新一轮产业竞争中掌握战略主动。

第三，在数实融合推动新型工业化中全方位加快企业"智改数转"。大力推动工业互联网规模应用，以智慧化、数字化的管理系统全方位辅助工业企业"智改数转"，同时注意发展与安全同步推进，构建工业信息系统网络的检测预测系统，通过部署工业互联防火墙降低工业信息安全风险。进一步开拓员工技能培训、引进高层次人才等途径加强企业"智改数转"技术应用方式的能力，特别是要使工业企业核心技术人员掌握对数据资源与信息利用最大化的实施方法。

## （四）大力推动数字技术与实体经济深度融合推动新型工业化

实体经济为一国经济的立身之本，数字技术是重塑经济结构的关键力量，推动数字技术与实体经济的深度融合能够使二者之间形成协同联动效应，加速我国新型工业化发展和工业现代化进程。目前各种数字技术加速发展，要把握好新一轮科技革命和产业革命的新机遇，把实体经济作为数字技术的应用市场和场景，以数字技术支撑赋能实体经济高质量发展，协同推进数字产业化和产业数字化，通过加深数字经济与技术创新、产业创新、企业组织创新以及构建数字经济与实体经济深度融合的生态系统，为我国新型工业化注入新动力、拓展新空间。

第一，强化数实融合推动新型工业化的政策顶层设计。加快构建数字新技术供给格局，由政府、企业、组织、个人等经济主体协同合作，推动人工智能等数字技术在工业领域的创新应用，使用智能缺陷检测、智能识别分拣、智能视觉引导等技术帮助企业实现柔性化、自动化生产，同时加快形成人工智能安全一体化治理框架，关注数字技术应用在保密性、隐私性、公平性、完整性、准确性等方面存在的潜在问题。

第二，适度超前部署算力基础设施支撑数实融合推动新型工业化。加快工业大数据、工业互联网、工业 App 规模化应用，以互联网与制造业的融合促进物与物、物与人的信息互通，进一步对工业供应链中采集的数据进行高度整合分析，在优化开发、采购、计划交易等环节的同时不断改进工业产品、服务和商业模式。

第三，以数字技术赋能数实融合推动新型工业化。推进工业装备数字化、工业网络全连接、工业软件云化、工业数据价值化的"新四化"产业发展，加快工业边缘智能的研发，打造智能运维的全连接工厂，通过不断突破物理边界约束全面释放数据要素在工业领域的价值，以更高端更高级的数字技术赋能加快我国新型工业化进程。

第四，找准实体经济与数字技术的结合推动新型工业化点科学施策。不断精细化工业生产过程，深入实施智能制造工程和中小企业数字化赋能专项行动，搭建供应链、产融对接等数字化平台，为中小企业利用开放的数字化资源进行二次开发提供便利渠道，不断夯实数实融合推动新型工业化的绿色发展基础。

# 数字经济与实体经济深度融合推动
# 新型工业化的战略重点与战略任务

在数字经济背景下要实现新型工业化的高质量发展，就必须推动数字经济与新型工业化的深度融合。所以研究数实深度融合对推动新型工业化、构建现代化产业体系以及提高实体经济的产业基础能力高级化和产业链现代化具有重要意义。

## 一、数实深度融合推动新型工业化的理论机理

目前中国数字经济发展进入新的阶段，超越了信息互联网、消费互联网，进入工业互联网新阶段，数字经济发展进入工业互联网新阶段的典型特征是数实深度融合。数实深度融合推动新型工业化是以数字技术的发展为动力，对实体经济的产业基础进行数字化改造，加深数字化技术在实体经济中的深化应用，促进实体经济产业结构的转型升级，推动实体经济产业基础能力的高级化，实现新型工业化。可以说新型工业化是在数实深度融合推动下，产业基础能力得到提高，新动能和新优势得到培育，生产效率得到大幅度提升的实体经济，也就是高质量的实体经济是与数字经济深度融合后数字化的新型实体经济。从微观机制上来看，数实深度融合推动新型工业化是通过数字技术创新推动实体经济企业数字化转型，提高实体经济企业的生产效率，促进形成数字化改造后的企业模式。从宏观机制上来看，数实深度融合推动新型工业化就是通过数字技术应用和数实深度融合发展提高实体经济的资源配置效率，在实体经济发展中促进工业经济与数字经济的

深度融合，以创新驱动经济实现新型工业化。数实深度融合推动新型工业化能催生出新技术、新模式、新业态，通过对数实深度融合产生的新资源的利用，推动实体经济产业结构转型升级，增强实体经济产业国际竞争优势，推动实体经济产业结构迈向中高端水平。数实深度融合推动新型工业化的理论机理体现在以下三个方面。

### （一）数实深度融合发展为新型工业化提供技术支持

数字经济是新一轮科技革命发展的产物，数字新技术是数实深度融合推动新型工业化的奠基石，数字技术的进步是数实深度融合推动新型工业化的动力。数字新技术的不断进步，推动着实体经济产业朝着智能化、科技化、数字化的方向发展，数实深度融合的新技术、新应用、新发展模式为新型工业化提供技术支持：第一，数实深度融合为新型工业化提供新平台，通过平台推动新型工业化。数实深度融合的发展加快了数字基础设施建设的进程，加强了实体经济各产业之间的融合，促进了国内外两个市场之间的相互联系，为实体经济产业发展提供了许多新技术平台，加速了数字科技成果向实体经济产业的渗透，推进新技术在实体经济中的广泛应用。第二，数实深度融合为新型工业化提供新技术，通过新技术推动新型工业化。数字新技术是数实深度融合推动新型工业化的重要动力，数字经济催生新技术，新技术促进数实深度融合的发展，促进了数字技术的变革及其深化应用，为新型工业化提供了重要的技术支持。数字技术的变革催生了数实深度融合的快速发展，推动了新兴产业、高新技术产业的产生，推动了新型实体经济的发展，使实体经济趋向智能化、数字化。

### （二）数实深度融合为新型工业化提供内需支持

任何一个产业的发展都依赖于足够大的市场，数实深度融合推动新型工业化也是一样，数实深度融合发展为新型工业化提供内需支持。我国人口规模巨大，拥有巨大规模的消费市场，内需潜力巨大。新型工业化需要内需的推动和引导，而数实深度融合为内需的提供了支持，数字消费创新了消费模式，通过消费引致生产的方式引导新兴产业发展，进而推动数实深度融合推动新型工业化：第一，数实深度融合为新型工业化提供消费需求支持。数实深度融合加快了新型消费的发展，开发出了许多新的消费需求，扩大了消费的范围和空间，促进了新的数字化消费热点，提高了消费需求的质量。第二，数实深度融合为新型工业化提供投资需求支持。数实深度融合是伴随新一轮科技革命和产业变革而产生的新型经济形态，数实深度融合的发展会扩大对于数字基础设施建设的有效投资，为新型工业化提供基础设施的同时劳动投资需求的增长。第三，数实深度融合为新型工业化提供需求环境支持。数实深度融合的发展推动新技术在实体经济中的应用，提高新型工业化供给体系的质量，优化国内消费和投资环境，带动内需的不断扩大，带动新型工业化。总的来说，数实深度融合发展所创造的新需求为新型工业化提供了内需支持。

## （三）数实深度融合为新型工业化提供政策创新支持

数字经济背景下新型工业化是以知识密集型和技术密集型为主，这就需要企业加强技术创新，同时需要产业政策的创新支持。在不同的发展阶段需要国家不断调整政策机制，适应经济社会发展的新形势。数实深度融合发展推动新型工业化要正确处理政府与市场的关系，通过产业政策的创新支持推动数实深度融合[①]：一是为数实深度融合推动新型工业化提供良好的政策环境。数实深度融合体系的不断完善，推动政府不断创新产业政策，完善政策措施，不断优化政策实施的体制机制，为数实深度融合推动新型工业化提供良好的政策环境。二是顺应数实深度融合推动新型工业化的要求推动政府产业政策的制定。产业结构的转型升级离不开产业政策，产业政策对产业发展和产业结构调整具有一定的导向作用。数实深度融合推动新型工业化要促进产业政策向新兴产业和高新技术产业的倾斜，提升产业政策的时效性，让政策为数实深度融合推动新型工业化服务。三是为数实深度融合推动新型工业化提供了政策扶持。产业基础能力高级化和产业链现代化是新发展阶段我国实现新型工业化的关键环节，在这一阶段数实深度融合发展推动政府不断创新产业政策，推动战略性新兴产业的发展，为数实深度融合推动新型工业化提供了政策扶持。四是促进数实深度融

---

① 任保平、迟克涵：《数实深度融合支持我国实体经济高质量发展的机制与路径》，载于《上海商学院学报》2021 年第 6 期。

合推动新型工业化产业政策实施机制的完善。数实深度融合推动新型工业化需要完善政策实施的体制机制，推动产业政策的不断创新，推动政策对战略性新兴产业的支持，促进新兴产业的集群化发展，为数实深度融合推动新型工业化提供产业基础支撑。

## 二、数实深度融合推动我国新型工业化的战略重点

工业化是经济发展的主题，实体经济是国民经济发展的基础，数字经济背景下的新型工业化必须以数实深度融合为路径。在数实深度融合推动我国新型工业化中要以数实深度融合驱动产业基础能力的提升和产业链现代化作为发展的目标，通过数实深度融合推动新型工业化，需要以现代化产业链的发展推动新型工业化。实现数实深度融合推动新型工业化的战略重点在于以下五点。

### （一）以数实深度融合的创新力提高新型工业化的产业基础能力

数实深度融合推动新型工业化要以科技为引领，创新驱动发展，同时要以高级化的产业基础能力作为支撑，加快建设以实体经济为支撑的现代化产业体系。产业基础能力是产业形成和发展的基本动力[①]。产业基础能力是推动新型工业化的重要支撑，是新型工业化的根基和动力源。我国工业经济体系健全，发展规模较大，但在产业基础能力方面还需要进一步实现高级化。打好产业基础能力高级化、产业链现代化攻坚战是我国新型工业化的重大战略重点。党的二十大提出要推动全产业链优化升级，打造新兴产业链。实施产业基础再造工程目的在于把数字技术与工业基础相融合，提升我国推动新型工业化的产业基础能力，促进新型工业化。产业基础能力的高级化程度决定了新型工业化产业的发展高度，新型工业化需要以数实深度融合创新力来提高实体经济的产业基础能力，推动新型工业化的产业基础能力和产业链现代化水平的提升，为推动新型工业化提供产业基础能力支撑。因此，以数实深度融合创新力提高产业基础能力是数实深度融合推动我

---

① 罗仲伟、孟艳华：《"十四五"时期区域产业基础高级化和产业链现代化》，载于《区域经济评论》2020年第1期。

国新型工业化的战略重点之一。

### （二）以数实深度融合培育新型工业化产业链的现代化水平

数实深度融合是新发展阶段中推动新型工业化的关键问题，也是做大做强做优实体经济的坚实基础[①]。从目前我国数实深度融合的情况来看，数实深度融合与实体经济的融合度存在深度不够、融合不全等问题，制约了实体经济的数字化转型，实体经济发展缺乏新动能和新优势。党的十九届五中全会提出要推动互联网、大数据、人工智能等同实体经济的深度融合，党的二十大强调促进数字经济和实体经济深度融合。进入数字经济新发展新阶段实体经济发展正处在实现新旧动能转换的阶段，要以数实深度融合提升我国新型工业化的产业基础能力和产业链现代化水平，培育起新型工业化的新优势。随着新一轮数字技术的快速进步和产业变革加速发展，数实深度融合和实体经济融合呈出了新的特点，"数据＋算力＋算法"的技术集成创新成为数实深度融合发展的新的推动力量，数字技术加速向各行业广泛渗透，数据作为关键生产要素的价值不断提升，工业化发展方式、产业模式、企业形态急需进行深刻变革，数字技术进步和数实深度融合发展的新趋势的特点要求我们深入推进实体经济数字化转型，推进数字经济与实体经济在供应链数实深度融合、价值链数实深度融合、资金链数实深度融合、产业链数实深度融合，在推动实体经济全行业产业数实深度融合深度上下功夫，以提高新型工业化的产业链现代化水平。因此，以数实深度融合提高产业链的现代化是新型工业化的战略重点之二。

### （三）以数实深度融合产业链整体水平提高完善新型工业化的产业链支撑

我国实体经济规模巨大，但是供给体系质量不高，产业链现代化水平不够，产业链处于全球价值链的中低端，制约了数字经济新发展阶段新型工业化的产业结构转型升级。推动新型工业化需要现代化产业体系和完整的产业链支撑，新一代数字技术的不断发展为数实深度融合提出了更深层次的要求，需要有现代化的产业链作为支撑。在数

---

① 龚月：《数字经济背景下产业结构优化策略分析》，载于《商业经济研究》2020年第12期。

字技术进步和数实深度融合发展的新特点下，新型工业化中数实深度融合面临新的发展机遇。在新的背景下只有不断推进数字新技术在实体经济中的应用，加大对实体经济的数字化改造，通过数字新技术推动夯实新型工业化的产业基础能力，形成具有新动能新优势的推动新型工业化的产业链，实现新型工业化的产业基础能力的高级化和产业链现代化，才能推动我国新型工业化。为此，需要把握数字化、网络化、智能化方向，找准推动新型工业化产业链创新的着力点，围绕创新链布局产业链，加快实体经济产业数字化和数字产业化转型，加快推进实体经济产业链数字化进程，以数字驱动创新链和产业链的深度融合，推动人工智能产业链和创新链高质量融合，完善新型工业化的产业链支撑。因此以数实深度融合的产业链整体水平提高完善产业链支撑是数实深度融合推动我国新型工业化的战略重点之三。

**（四）弥合制约数实深度融合推动新型工业化的数字鸿沟**

我国社会的主要矛盾已经转变为人民日益增长的美好生活需要和不平衡不充分的发展的矛盾，不平衡不充分发展的主要表现就是区域经济差异。我国过去的区域经济发展差异是发展水平的差异，而在数字经济时代是由于数实深度融合发展不平衡导致的发展能力差异，形成区域之间的数字鸿沟。数实深度融合的发展改变了实体经济的生产方式，为推动新型工业化提供新动能。但由于我国东部、中部、西部地区的数字化发展水平、数字基础设施、数字化产业发展基础、数字化产业布局等方面的差异，形成了数字经济发展的区域数字鸿沟。总体来看，新一轮的新型工业化的差距主要在于数字经济的差异，东部地区数字技术和数字基础设施发展较快，有较为完备的数字基础设施支撑，推动数实深度融合新兴产业、高新技术产业向东部聚集，而中部、西部地区数字经济发展相对滞后，大部分的产业发展仍以传统实体经济为主[1]。由于我国各地区之间实体经济发展水平有所差异所导致的数实深度融合发展差异。各地区之间数实深度融合发展水平差异导致的数字鸿沟，数字鸿沟所导致的市场分割会延缓实体经济数字化转

---

① 任保平、豆渊博：《我国新经济发展的区域差异及其协调发展的路径与政策》，载于《上海商学院学报》2021 年第 1 期。

型的发展进程,制约企业数字化和创新能力的提升,加剧各地区之间的经济发展差距和市场分割,市场分割不利于新型工业化[①]。新发展阶段数实深度融合推动新型工业化,要消除数字经济区域差异,弥合区域数字鸿沟,消除市场分割,形成统一大市场,推动数实深度融合推动新型工业化。因此,消除数字经济区域差异弥合制约新型工业化的数字鸿沟是数实深度融合推动我国新型工业化的战略重点之四。

**（五）以制度体系的完善构建数实深度融合推动新型工业化的制度基础**

数实深度融合推动新型工业化需要通过制度体系的完善做支撑,要发挥市场在资源配置中的决定性作用,更好地发挥政府的宏观调控,构建高水平的市场经济体制和高标准市场体系,完善数实深度融合推动新型工业化的制度基础。党的二十大报告提出构建高水平社会主义市场经济体制。充分发挥市场在资源配置中的决定性作用,更好发挥政府作用。新型工业化需要一定的制度体系作为支撑,要以制度体系的完善引导数实深度融合推动新型工业化,把战略规划和产业政策结合起来推进数实深度融合的广度和深度。当前构建数实深度融合与实体经济融合的制度体系是推动数实深度融合推动新型工业化的关键所在:在创新制度方面,抓住核心技术攻关这一关键变量,加快形成自主可控、安全稳定的核心技术创新体系,完善以企业为主体、产学研相结合的数实深度融合推动新型工业化的创新体系。在产权制度方面,完善数据确权制度,强化数据产权保护,加强数据开放和流通。在规划制度方面,围绕技术创新、应用示范、产业布局进行总体规划,多方共同打造数实深度融合推动新型工业化创新链、产业链和生态链。在治理制度方面,构建激励约束相容的数实深度融合规则体系,形成政府主导、多元参与、法治保障的数实深度融合治理格局。因此,以制度体系的完善构建数实深度融合推动新型工业化的制度基础是数实深度融合推动我国新型工业化的战略重点之五。

---

· ① 任保平、豆渊博:《"十四五"时期构建新发展格局推动经济高质量发展的路径与政策》,载于《人文杂志》2021 年第 1 期。

## 三、数实深度融合推动新型工业化的战略任务

在数实深度融合的发展背景下，新型工业化要以提升产业基础能力高级化和提高产业链的现代化水平为支撑，通过数字经济与实体经济的深度融合实施新型工业化的产业基础能力再造工程，提升实体经济产业链的现代化水平。数字经济发展新发展阶段数实深度融合推动新型工业化的战略任务在于以下四个方面。

### （一）以数实深度融合培育新型工业化的新动能和新优势

数实深度融合与实体经济的深度融合是实现新型工业化的新动能和新引擎，要坚持创新驱动发展，以数实深度融合的新技术改造实体经济，推进实体经济的数字化和智能化转型，推动新型工业化。因此，数字经济新发展阶段数实深度融合推动新型工业化的战略任务之一就是以数实深度融合培育新型工业化的新动能和新优势，通过数实深度融合推动为新型工业化的高质量发展提供强大的动力支持。第一，以企业数字化转型和创新能力的提高培育数实深度融合推动新型工业化的新动能和新优势。企业数字化转型和创新能力是企业能否适应数实深度融合发展趋势的关键因素。数实深度融合时代新型工业化的高质量发展离不开创新驱动，要坚持科技创新，提高企业的科技创新水平。第二，加大数字新技术在制造业中的应用培育数实深度融合推动新型工业化的新动能和新优势。在数实深度融合背景下，要推进互联网＋产业、物联网＋产业等新兴产业的发展，提升制造业的数智化水平。推动数字技术与工业技术的融合，加强数字技术创新力度以及在实体经济中的应用，推进新型工业化的产业基础的变革，加大新型工业化对于数字新技术的应用场景建设，以数实深度融合推动新型工业化。第三，加快实体经济的数字化进程培育数实深度融合推动新型工业化的新动能和新优势。数字经济新发展阶段要加快实体经济的数字化进程，要打造数实深度融合推动新型工业化的新优势，以新优势推动新型工业化产业链向全球价值链中高端发展，促进新型工业化的价值链升级。第四，以数实生产方式融合培育数实深度融合推动新型工业化的高质量发展的新动能和新优势。数实深度融合是在新一轮科技革命

与产业变革推动下所形成的新型生产方式，生产方式转向智能化生产、个性化生产和分布式生产，新发展阶段数实深度融合推动新型工业化，就要深化数实深度融合生产方式与实体经济生产方式相融合，以数字新技术、新应用与实体经济的融合为路径形成新型工业化的新生产方式，打造现代化的实体经济供应链，通过数实深度融合深化应用转变实体经济的生产方式，以数实深度融合与实体经济的融合推动新发展阶段我国推动新型工业化。第五，超前布局未来产业培育数实深度融合推动新型工业化的新动能和新优势。未来产业是数实深度融合发展的产物，是适应未来的技术、未来的需求、未来的空间为核心的产业，是新一轮科技革命和产业变革的主要产业支撑。在数实深度融合推动新型工业化中要促进原创技术的产生和对关键核心技术的掌握，充分利用我国具有的超大规模市场优势，超前布局未来产业的发展，为未来产业发展创造良好的发展环境，以未来产业的发展培育数实深度融合推动新型工业化的新动能和新优势。

### （二）培育创新型人才优化数实深度融合推动新型工业化的人才链

数实深度融合推动新型工业化对人才资源提出了更高层次的要求，需要把创新链、产业链、资金链和人才链相结合，优化数字经济与实体经济深度融合的人才链，通过培育创新型数实深度融合人才为新型工业化的高质量发展提供强大的人才链支持：第一，突出人才链的两头优化数实深度融合推动新型工业化人才链。一方面教育与技术赛跑，提高人们的数字经济能力和素养。做强教育、科技、人才三大基础性战略支撑和协同发展，优先发展教育，加大教育领域的投入和规模扩张，为数实深度融合推动新型工业化积累人力资本支持。另一方面为数实深度融合推动新型工业化集聚高端人才，加快引进培养与新型工业化相适应的产业人才和数实深度融合人才，夯实以数实深度融合推动新型工业化的人力资源根基，打造世界级产业创新智造中心，以高端数字产业吸引世界顶尖数字人才，助力数实深度融合推动新型工业化。第二，加强产学研深入合作优化数实深度融合推动新型工业化的人才链。依据数实深度融合推动新型工业化的需求构建产学研协作新模式，通过产学研的深入合作，建立以链主企业为核心、相关大学科研院所深度合作，与数实深度融合推动新型工业化相匹配的产学研协作组织。以产学研深度融合为目的，强化人才链的前瞻布局，完善产学研协作创新生态。提高对全球战略性新兴产业和未来产业人才的洞察力和领导力，提高创新人才的本土培育涵养能力，提升数实深度融合推动新型工业化的人才创新支撑水平。第三，做强"人才链"激活数实深度融合推动新型工业化的"产业链"。对人才链进行仔细梳理，把握数实深度融合推动新型工业化基础点，持续稳人才链，针对断脱点快速补人才链，瞄准薄弱点攻坚强人才链，发挥优势点大力延长人才链，实现人才与创新链、资金链、供应链深度融合。围绕数实深度融合推动新型工业化需要，大力招引与产业发展相适应、相匹配的高端人才和创新创业团队，为数实深度融合推动新型工业化推动加力。同时以"人才链"推动"产业链"。聚焦数实深度融合推动新型工业化，制定完善专项人才政策，扩容升级各类人才计划，加速人才创新成果转化。第四，优化数实深度融合推动新型工业化的人才结构。在推动新型工业化人才结构优化过程中要抓住产业结构调整的主线，培养适应新型工业化的创新型、应用型人才，把握先进制造业的发展方向。适应数实深度融合推动新型工业化背景下数字技术进步和数字产业的发展新趋势，优化人才资源的合理配置，完善数实深度融合推动新型工业化的人才激励机制。

### （三）以企业数字化转型培育数实深度融合推动新型工业化的微观主体

创新对于以数实深度融合推动新型工业化具有极其重要的驱动作用，企业在科技创新中处于主体地位。数实深度融合推动新型工业化要以企业的数字化转型培育微观主体，加快企业"上云用数赋智"，促进企业的数字化转型。数字经济发展新阶段数实深度融合推动新型工业化的战略任务之三就是以企业的数字化转型培育数实深度融合推动新型工业化的微观主体：第一，以创新政策扶持推动实体经济企业的数字化转型。数字经济新发展阶段要鼓励企业进行数字技术创新成果的应用，不断扩大数字新技术在企业中应用，提高企业的数字化转型和智能化管理能力。以创新政策扶持推动实体经济企业的数字化转型，提升实体经济企业的数字化水平，提高实体经济企业对于数实深度融合发展的适应能力，培育起数实深度融合推动新型工业化的微观主体。

第二，完善激发产学研主体参与科技创新的政策激励机制。深化科技体制改革，构建以企业为核心的产学研合作体系，突破关键核心技术难关。不断完善政策激励机制，激发产学研主体参与科技创新以及创新成果转化应用的积极性和主动性，以新型工业化微观主体创新能力的提高来提升实体经济的产业基础能力和产业链现代化发展水平。第三，加速实体经济企业数字科技成果向生产力的转化。数实深度融合推动新型工业化带动新产业、新技术的发展，推动实体经济企业进行技术变革，把数字科技最新成果应用到企业生产运营的全过程中，培育起数实深度融合推动新型工业化的微观创新主体，把科技发展的成果转换成提高企业生产效率，促进新型工业化的新动能①。

**（四）以服务业的数字化转型构建数实深度融合推动新型工业化的服务体系**

数实深度融合的发展不仅促进了实体经济与数实深度融合的融合，同时也促进了生产性服务业的发展，服务业与实体经济相互渗透，加速了新型工业化的数字化进程。随着数实深度融合和新型工业化的不断发展，服务业对于数实深度融合与实体经济融合的贡献率不断提升，在数实深度融合推动新型工业化中要加快服务业的数字化转型。数字经济发展新阶段数实深度融合推动新型工业化的战略任务之四就是以服务业的数字化转型构建数实深度融合推动新型工业化的服务体系：第一，推进服务业数字化转型。数实深度融合推动新型工业化要持续推进推动服务业朝着数字化、智能化、科技化的方向发展，打造数字经济发展新阶段数实深度融合推动服务业发展的新优势，促进生产性服务业的发展，以服务业的数字化发展格局引导数实深度融合推动新型工业化；第二，推动现代化服务业和新兴服务业与数实深度融合、实体经济发展的融合。数字经济发展新阶段要提高服务业的现代化水平，推进服务业与数实深度融合、实体经济的深度融合，构建高端化的现代服务业体系建设，发挥服务业对数实深度融合推动新型工业化的重要拉动作用；第三，以实体经济服务业结构优化构建数实深度融

---

① 任保平、豆渊博：《"十四五"时期新经济推进我国产业结构升级的路径与政策》，载于《经济与管理评论》2021 年第 1 期。

合推动新型工业化的服务体系。数字经济发展新阶段服务业的发展要适应在数实深度融合推动新型工业化中的趋势，5G 技术、互联网、物联网、大数据等信息技术的发展，推动服务业不断转型升级，要以新技术、新模式改造传统的服务业。以满足数实深度融合推动新型工业化的多样化、数字化、智能化的需求。要拓展新型服务领域，优化服务业的结构，以服务业的数字化转型打造我国服务业的发展新优势，以新优势建立数实深度融合推动新型工业化的现代化服务业体系，以现代化的服务业发展体系加快数实深度融合推动新型工业化。

## 四、数实深度融合推动新型工业化的政策取向

数实深度融合推动新型工业化是数字经济发展新阶段提升我国工业化发展现代化水平的重要途径。在数实深度融合推动新型工业化过程中，需要发挥政策机制的作用提升我国实体经济的产业基础能力和产业链现代化水平。因此，新发展阶段数实深度融合推动新型工业化的政策取向在于以下四个方面。

### （一）以产业数字化和数字产业化的协调推动新型工业化

数实深度融合的不断发展壮大，新业态、新模式、新应用不断加大。实现数实深度融合推动新型工业化要整合各类创新资源，推动产业数字化和数字产业化的协调发展，加强数字经济与实体经济的相互融合。通过传统制造业与数实深度融合、互联网、大数据的不断融合，推进实体经济的不断升级，打造新发展阶段数实深度融合推动新型工业化的新范式[①]。第一，打造数实深度融合推动新型工业化的平台。数实深度融合推动新型工业化需要大力培育平台经济、共享经济等新业态、新模式的发展。以突破核心技术瓶颈为目标，建设数实深度融合推动新型工业化的技术创新平台，鼓励多元主体参与技术创新。以优化创新资源配置为目标，建设数实深度融合推动新型工业化的产业创新平台，强化产业创新资源的配置能力。以促进数据要素流通为目标，

① 任保平、何厚聪：《数字经济推动高质量发展：理论逻辑、路径选择与政策取向》，载于《财经科学》2022 年第 4 期。

建设数实深度融合推动新型工业化的数据开放平台，促进数据要素流通。以推动开放合作共享为目标，建设数实深度融合推动新型工业化的国际化平台，提升数实深度融合国际竞争力。第二，为数实深度融合推动新型工业化提供动力。数实深度融合推动新型工业化依赖于数字技术、互联网、物联网等新技术的应用。新发展阶段数实深度融合推动新型工业化要加强5G技术建设、大数据中心等建设的支持和保障力度，加大对网络安全系统设施的建设，全面提升数实深度融合的安全保障，为数实深度融合推动新型工业化提供强大动力。第三，构建数实深度融合推动新型工业化的微观机制。数实深度融合推动新型工业化以企业微观主体为依托，推进企业的数字化转型，深入推进企业的数改智转，以企业的数字化转型促进数字经济与实体经济的深度融合，完善数实深度融合推动新型工业化的微观机制，培育新型工业化的新动能和新优势，推进数实深度融合推动新型工业化。

## （二）以供给侧结构性改革引领数实深度融合推动新型工业化

供给侧的结构性改革在于不断调整我国的产业布局，解决产业产能过剩的问题，以供给侧结构性改革推动产业结构的转型升级[①]。供给侧的结构性改革的目的就在于不断培育新型工业化的新动能，推动数实深度融合推动新型工业化，改变传统工业化的经济发展方式，为新发展阶段我国数实深度融合推动新型工业化创造良好的宏观环境。第一，推动实体经济产业结构的调整和优化。通过供给侧结构性改革，把新产业、新业态、新模式融入新型工业化，提高实体经济的供给质量。在实体经济新旧动能转换中，调整新型工业化的产业布局，大力发展数实深度融合的主导产业，淘汰落后产业，形成新型实体经济供给体系。第二，坚持创新驱动实现数实深度融合推动新型工业化。坚持创新驱动的数实深度融合发展战略，通过创新链、产业链的结合实现数字经济与实体经济融合发展，提高实体经济产业基础能力的高级化和产业链的现代化水平，加快数实深度融合推动新型工业化。第三，构建数实深度融合推动新型工业化的现代化产业体系。数字经济发展

---

① 郭克莎：《坚持以深化供给侧结构性改革推进产业结构调整升级》，载于《经济纵横》2020 年第10 期。

新阶段以改革带动产业发展，供给侧的结构性改革不仅可以带动消费升级，同时也可以促进数实深度融合推动新型工业化。在现代化产业体系构建中，推动以前沿技术为基础的未来产业发展。新一代信息、生物、能源、材料等领域颠覆性技术不断涌现要求我们要在数实深度融合推动新型工业化中，以未来技术为基础、以未来需求为导向、以未来空间为重点、以未来动能为目标，在类脑智能、量子信息、基因技术、未来网络、氢能与储能等前沿科技和产业领域超前布局未来产业的发展。

### （三）以消费转型升级引导数实深度融合推动新型工业化

数字经济的快速发展改变了人们传统的消费方式，提升了需求层级，形成了新型消费，带动了相关实体经济新产业的发展，为数实深度融合推动新型工业化提供了大规模的市场需求。同时数字技术应用能精准地判断消费端需求及其变化趋势，引导实体经济创造出更多的新产品。而且数实深度融合能够创造消费应用场景，技术创新应用能为人们提供更智能的消费体验，更好满足新型工业化中多类型多层次的消费需求。因此，需要以消费转型升级促进数实深度融合推动新型工业化。第一，在数实深度融合推动新型工业化中提升产品供给质量。数实深度融合发展促使企业不断提升自身的科技创新能力和数字化转型能力，新发展阶段在数实深度融合推动新型工业化中，要通过数实深度融合推动提高实体经济产业供给水平，提高产品质量，提升实体经济自身的竞争力，引导消费需求的发展，推动数实深度融合推动新型工业化。第二，在数实深度融合推动新型工业化中通过产业数字化引导数字化消费。新发展阶段数实深度融合推动新型工业化以数实深度融合为依托，加快实体经济产业的数字化改造，通过产业数字化引导人们对数字化产品的消费，数字化消费需求的增加，带动生产要素向新型实体经济流动，促进数实深度融合推动新型工业化。第三，在数实深度融合推动新型工业化中促进消费方式转变。随着数实深度融合的发展，消费对新型工业化的拉动作用在不断加强。同时为消费升级注入新动力，数实深度融合通过优化产业结构推动消费升级，通过适应和满足新需求推动消费升级，促进消费方式转变，以消费升级带动新型工业化的结构优化。

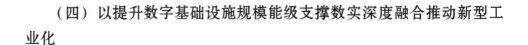

### （四）以提升数字基础设施规模能级支撑数实深度融合推动新型工业化

数字基础设施的建设是支撑数实深度融合推动新型工业化的基本保障。数字经济发展新阶段数实深度融合推动新型工业化要加快推进5G 技术、物联网、互联网等新型数字基础设施的建设进程，推进新技术在基础设施建设中的应用[1]，提升数字基础设施规模能级推动新型工业化。一是不断完善实体经济企业的数字化基础设施转型。鼓励实体经济企业进行数字化基础设施转型投资的积极性，不断推进实体经济企业信息网络建设、数实深度融合平台建设等基础设施建设，提升实体经济企业的数字化、数字化和智能化水平，推动实体经济企业生产运营的数字化、数字化和智能化能力和水平，以数实深度融合推动新型工业化。二是以数字基础设施建设推动数字化产业链的发展。数字基础设施可以实现企业之间知识技术整合，使得企业和产业间的信息交流等更加高效，进一步优化新型工业化的产业链的空间布局。数字基础设施通过数实深度融合与实体经济的不断融合发展，促进实体经济企业科技化、智能化发展[2]。在数实深度融合推动新型工业化中要以数字基础设施建设推动数字化产业链的发展，加强数字基础设施建设，为以数字基础设施建设推动数字化产业链的发展提供载体和平台，促进产业链各创新要素、创新主体、创新环节之间的有效衔接，实现新型工业化中产业链协同创新。三是促进新型基础设施的智能化发展。新型基础设施的智能化发展要以大数据、人工智能、云计算、区块链等新一代数字技术为支撑，实施基础设施的云改数转战略，在数实深度融合推动新型工业化中充分利用新技术、新业态、新模式，实现传统基础设施的智能化转型[3]，加快构建智能化综合性数字基础设施体系；四是促进新型基础设施的创新型发展。新型基础设施的建设要为数实深度融合推动新型工业化提供创新环境，为数实深度融合推动新

---

① 钞小静：《以数字经济与实体经济深度融合推动新形势下经济高质量发展》，载于《财贸研究》2022 年第 12 期。

② 史宇鹏、曹爱家：《数字经济与实体经济深度融合：趋势、挑战及对策》，载于《经济学家》2023 年第 6 期。

③ 任保平、何苗：《我国新经济高质量发展的困境及其路径选择》，载于《西北大学学报（哲学社会科学版）》2022 年第 6 期。

型工业化建设创新平台。在数实深度融合推动新型工业化中聚焦关键领域促进数字基础设施的创新发展，推进移动物联网和工业互联网基础设施的创新发展，加强数据服务平台、产业链网络化协同平台、数字化转型促进中心等基础设施建设，以创新型"新基建"推动产业链与创新链的结合，带动数实深度融合推动新型工业化。

### 第十二章

# 数字经济与制造业深度融合推动新型工业化

在推动新型工业化的过程中实体经济的核心是制造业，数字经济与实体经济融合的重点领域是数字经济与制造业融合发展。我国经济发展进入新发展阶段，产业结构由中低端向中高端转变，经济增长动力由要素驱动转向创新驱动。大力推进数字经济与制造业的深度融合推动新型工业化，是在新发展阶段把握全球新工业革命的趋势，站在历史和现实的高度确立的推动新型工业化和制造业高质量发展的重要政策取向。

## 一、数字经济与制造业深度融合是新型工业化的要求

数字经济与制造业的深度融合推动新型工业化符合新发展理念的要求，数字经济与制造业的深度融合推动新型工业化既是以大数据、互联网、人工智能等为技术基石，又在融合的过程中不断催生新的创新研发，有利于推动我国经济发展从要素驱动向创新驱动转变。

### （一）数字经济与制造业的深度融合能够形成新型工业化的制造业基础

数字经济与制造业的深度融合能够实现新型工业化中制造业的效率变革、动力变革和质量变革，能够形成新型工业化高质量发展的制造业基础：一是数字经济与制造业的深度融合能提升新型工业化中制造业的创新发展能力。推动数字经济和制造业深度融合，在数字经济

与制造业的深度融合中，新一代数字技术推动制造业向智能化方向发展，提升新型工业化中制造业的创新力和新动力，让一切数字技术的创新源泉充分融入到制造业中，驱动整个制造业的转型升级，以推动新型工业化。二是数字经济与制造业的深度融合能推动新型工业化中制造业发展方式的转变。数字流带动技术流、资金流、人才流、物资流，推动新型工业化创新发展、转变制造业发展方式、调整制造业的经济结构，促进制造业全要素生产率提升，以制造业发展方式的转变推动新型工业化。三是数字经济与制造业的深度融合有助于重构新型工业化中制造业的价值创造模式。一方面数字经济与制造业的深度融合以全行业、全链条数据要素为内核，重构新型工业化中制造业的生产函数、拓展生产边界，能激活数据要素潜能；另一方面改变了新型工业化中制造业的价值创造载体，使制造业的价值创造的载体扩展为数字经济时代的价值网络，提高价值创造的效率和质量，形成聚集式的创新体系。四是数字经济与制造业的深度融合使新型工业化中的制造业获得新的价值创造能力和效率。数字经济与制造业的深度融合改变了新型工业化中的制造业价值创造方式，通过提高制造业企业的用户需求感知力和柔性生产能力形成价值创造。提高要素的价值创造效率，将数据应用到生产环节，提高新型工业化中的制造业要素创造价值效率。而且数字经济与制造业的深度融合能开发新的商业模式，形成更加适应市场需求的跨界商业模式，增强制造业企业的价值获取能力。五是数字经济与制造业的深度融合能拓宽新型工业化中制造业的发展空间。打通了创新链、应用链、价值链，加快了前沿信息技术与制造业的深度融合，推动了新型工业化中制造业的集成创新，促进了制造业数据共享、业务流程优化、运营成本降低、协同效率提升，增强促进新型工业化中制造业的数字化转型服务能力，拓宽了新型工业化中制造业的发展空间。

## （二）新发展阶段新型工业化中制造业高质量发展的任务

在新一轮科技革命和产业革命推动下，世界制造业面临着产业结构的重大调整，2008 年国际金融危机之后，制造业作为促进经济增长的重要方面被世界各国重新认知，世界各国都在抢占未来制造业的主导权和制高点，全球先进制造业开始从"制造"向"智造"转变。数字新技术的应用不断深化物理世界和网络世界的连接，使得数字经济与制造业的融合成为世界制造业发展的新趋势。

制造业部门是直接创造物质财富的，是社会财富和综合国力的物质基础。由于制造业产业链条长，就业弹性高，因而制造业是国民经济的基石，关系到国家的长治久安。2008 年世界金融危机之后，世界各国重新认识到以制造业为核心的实体经济是国民经济发展的基础。制造业是应对国际竞争的根本选择，是解决我国经济结构性矛盾的根本途径，是化解金融风险的根本手段。改革开放以来，国内制造业发展取得了巨大成就，制造业各个重点领域发展水平也不断提升。但是进入新发展阶段我国制造业创新能力和核心竞争力不强，中高端产品和服务有效供给不足，尤其是在全球的新工业革命的大背景下，在数字经济迅猛发展的冲击下，我国制造业大而不强，新旧动能接续不畅，科技进步面临瓶颈制约等问题日益显现。

新发展阶段新型工业化给制造业高质量发展提出了三个方面的任务：一是围绕扩大内需和构建新发展格局，推动新型工业化必须加强制造业投资，拉动国民经济，满足人民生活需要，扩大就业渠道。二是提高制造业的竞争力。实现制造业的高质量发展，构建制造业、科技创新、现代金融、人力资源协同发展的现代化产业体系，提高制造业的竞争力和新型工业化的高质量发展。三是推动智能制造的快速发展。从世界制造业发展的趋势来看，人工智能不断融入制造领域，制造业步入了智能制造阶段，智能制造成为未来制造业发展的趋势与目标。目前我国数字化转型已经由消费和服务领域深入到了制造业领域。在推动新型工业化的过程中我国制造业必须向智能制造转型，推动生产的智能化和管理智能化，构建智能制造系统。在数字经济向制造业深入渗透的背景下，解决这三个问题的关键是加快数字经济与制造业的深度融合推动新型工业化，深入推进制造业供给侧结构性改革，做大做强做优我国制造业，推动形成智能制造业，大力发展工业互联网，进而实现新型工业化。

### （三）数字经济与制造业深度融合推动新型工业化的新要求

数字经济与制造业融合发展是指以数字化带动新型工业化和高质量发展、以制造业的高质量发展促进数字化，走新型工业化道路。目前我国数字经济已经超越了信息互联网、消费互联网阶段，已经进入工业互联网新阶段，在数字经济进入工业互联网的新发展阶段，新型工业化对数字经济与制造业的深度融合提出了新的要求：一是通过数字技术驱动实现数字技术、基础设施、应用场景和商业模式的融合创新推动新型工业化。沿着"新型实体企业—数字生态—新型制造业"的演进路径，在新型工业化中实现数字经济与制造业的技术融合，推进制造业业务逻辑重构、生产效率提升、组织形态变革、产品质量提高和价值模式创新的过程。[①] 二是通过数据要素驱动改造制造业生产函数及其效用推动新型工业化。实现字经济与制造业的要素融合，推动产业链、供应链、价值链延伸拓展，通过要素替代、性能提升和投入延展等驱动制造业实现质量变革、效率变革、动力变革和生产方式变革。在三大变革过程中，数据要素是新型工业化中数字经济和制造业深度融合的融合剂，平台化的新型实体企业是新型工业化中数字经济和制造业深度融合的载体，新型制造业是新型工业化中数字经济和制造业深度融合的结果。三是通过数据要素驱动和数字技术驱动推动数字经济与制造业实现全方位、全领域的融合推动新型工业化。在新型工业化中的技术融合、要素融合的基础上，实现数字经济与实体经济构建"数字化""自动化"和"智能化"的端到端的流程融合和实现人、机、物、系统等全面连接的物理融合。当前数字经济新经济形态对制造业的高质量发展产生着重要影响。既推进数字化与制造业的融合，又消融产业间的分立。数字经济与制造业融合"从技术的发展，到技术与产品的转化，再到新产业的形成"过程的不断演进，不断向前迈进，形成动态发展的过程。

## 二、数字经济与制造业深度融合新阶段推动新型工业化的逻辑

我国数字经济发展已经走过了信息互联网、消费互联网时代，正在迈向产业互联网时代。目前数字经济发展也进入到了一个新的阶段，

---

① 欧阳日辉：《加快促进数字经济和实体经济深度融合》，载于《中国社会科学报》，2022 年 12 月 21 日。

已经开始超越自动化从而进入人工智能阶段，在互联互动基础上凭借不断扩展的宽带和图情处理能力进入工业生产领域。"人工智能彻底改变数字经济，很快将重塑制造业"[①]，人工智能与机器人的结合将对制造业的生产、运行、业务活动整体产生颠覆性的改变。进入数字经济的新发展阶段数字经济与制造业融合发展呈现出时代新内涵，在新型工业化中数字经济与制造业的深度融合的内在逻辑在原有的基础上有了新的时代特点。在新型工业化的产业层面，数字经济发展到人工智能阶段，进入了产业互联网时代，带来了新型工业化中制造业产业组织模式和产业结构的变革，实现产业分立走向产业融合，从而产生放大效应。在新型工业化的企业层面，数字经济发展到人工智能阶段，拓展的数字技术，包括新计算技术、机器人技术、区块链与分布式账户技术、物联网、工业互联网将在制造业企业中加深应用。推动制造业企业改变生产模式、运营模式和商业模式，得以拓宽范围经济。

在推进新型工业化中数字经济与制造业深度融合分为三个阶段：一是万物联网下企业内部的数字化改造。这是在新型工业化中数字经济与制造业深度融合的第一阶段，主要表现为"万物联网""数字基建"，融合体现在企业内部，通过物联网技术实现数字化管控，流程优化、生产运行管控。二是互联互通下企业之间的网络化平台建设。这是在新型工业化中数字经济与制造业深度融合的第二阶段，在企业数字化基础上，从物理实体转变为数字化虚拟平台，通过平台实现企业与企业、企业与消费者的互联互通。这一阶段主导的技术体系是"工业互联网"，主要表现形式为"互联互通"和"平台体系"，这一阶段的融合由企业内部向产业扩散，形成企业与企业互联互通，产业网络化协同制造，加强企业对生产运营全流程的管理。三是全面融合下制造行业的智能化变革。在企业数字化、企业与外界互联互通的基础上，实现制造业的数字化革命，推动新型工业化中数字经济与制造业深度融合，提高制造业供需匹配的效率。这一阶段数字经济与制造业深度融合的主导技术是"人工智能"。人工智能将自主学习带给制造业，使机器运转、设计制造、生产运营实现自主优化。人工智能使制造业及

---

① ［德］克劳斯.施瓦布、［澳］尼古拉斯.戴维斯：《第四次工业革命》，中信出版集团 2018 年版，第 14 页。

时响应市场，带来大规模个性化制造模式，引发商业模式变革，实现按需生产和自主生产。在上述新型工业化中数字经济与制造业深度融合新阶段基础上，我们认为数字经济与制造业深度融合推动新型工业化的内在逻辑主要分为四个层面。

（1）数字经济与制造业技术层面深度融合推动新型工业化的逻辑。主要是通过数字技术、信息技术和工业技术的融合，在研发环节实现数字经济与制造业的深度融合推动新型工业化。在数字经济和制造业深度融合推进新型工业化中数字技术与其他技术在不断相互渗透，新的产业或使产业增长点不断涌现。新产业的出现给制造业带来了发展的新动能和新优势，实现新型工业化中产业层面的数智化发展。在新型工业化中传统产业数字化水平提高，数字技术也逐步产业化。在企业方面，运用数字技术加快制造业企业全链条数字化改造，引导制造业企业加快装备数字化升级，在新型工业化中通过数字技术和工业互联网给制造业各业务环节提供应用场景。

（2）数字经济与制造业产业层面深度融合推动新型工业化的逻辑。根据产业结构理论，工业化发展的次序是：从轻纺工业阶段到重化工业阶段再到高新技术工业阶段，到达工业化后期，之后再向高数字技术过渡，这时产业结构将出现软化趋势，产业呈现混合发展方向，非物质产业向物质产业渗透，产业边界逐渐模糊，开始彼此相互融合[①]。在新型工业化中通过数字经济与制造业的融合，实现产业数字化和数字产业化的结合，在生产环节实现数字经济与制造业的融合，推动形成新型制造业。在数字经济和制造业深度融合推进新型工业化中通过数据打通产业链各环节的外部链接，实现业务和技术在多产业、多链条串联和协同中的应用，将大数据运用到制造业的场景中，推动制造业和制造业全产业链实现生产模式、运营模式、企业形态的根本性变革。在数字经济和制造业深度融合推进新型工业化中通过产业之间的关联作用，促使制造业形成新的细分产业，延长产业链，不断扩充和完善新型制造业的产业链体系。

（3）数字经济与制造业企业层面深度融合推动新型工业化的逻

---

① 杨培芳：《我国工业化、数字化发展阶段的分析》，载于《北京邮电大学学报（社会科学版）》2011 年第 6 期。

辑。数字经济和制造业深度融合推进新型工业化要利用数字化技术来衍生出智能制造，使企业沿着智能制造要素—智能制造能力—智能制造系统的方向发展。扩展企业在研发设计、生产制造、订单获取和产品服务方面的智能制造能力，形成智能制造系统，推动企业生产的智能化、产品智能化、服务智能化和管理智能化。在数字经济和制造业深度融合推进新型工业化中通过智能化推动企业全链条数字化改造，打造数字孪生系统。使数字化深入到产品研发、服务流程改善、精准营销、销售模式升级、库优化存等业务上。与此同时，数字经济和制造业深度融合推进新型工业化使得企业内部运营更加优化，推动企业的管理变革，使得企业管理更加智能化。更为重要的是通过数字技术平台实现对全球创新资源的广泛连接、高效匹配和动态优化，重构制造业企业的创新模式，数字经济和制造业深度融合推进新型工业化。形成新技术、新产品、新业态快速规模扩散、持续迭代的制造业企业的新型创新体系，在数字经济和制造业深度融合中推进新型工业化。

（4）数字经济与制造业生态层面深度融合推动新型工业化的逻辑。数字经济与制造业生态深度融合推动新型工业化要打造制造业的"技术创新＋模式创新"双轮驱动，促进制造业放弃封闭模式，构建开放式创新生态系统，借助大数据智能系统对生态系统进行管理和服务，"实现创新生态化、生态协同化、协同创新化"，从而形成数字经济与制造业生态深度融合①。这一融合是由工业互联网与消费互联网双向联通、产业大数据与消费大数据互通共享所带来的。数实生态融合推动新型工业化的基本目标在于解决企业间、产业间以及部门之间的数字鸿沟，解决产业发展不平衡不充分问题，为加快建设质量强国、推动新型工业化高质量发展提供有力抓手。在数字经济和制造业深度融合推进新型工业化的生态融合层面，构建深度融合的数字生态。将互联网、大数据、人工智能融入制造业，推动多产业链网融合，形成新型工业化的数字化产业生态基础；以数据为基础要素，构建数据驱动的全要素生态体系，系统性消除各类数字鸿沟。

---

① 杨新臣：《数字经济重塑经济新动力》，电子工业出版社 2021 年版，第 45 页。

## 三、数字经济与制造业深度融合推进新型工业化的关键问题

新中国成立 70 多年来，特别是改革开放 40 多年来，我国从农业国转向工业国，全门类齐全的工业经济体系为过去 40 多年经济发展和中国奇迹奠定了基础。可以说中国经济奇迹是从制造业起家的，进入数字经济新发展阶段仍然要依靠制造业来支撑来构建新发展格局，进一步推动新型工业化和制造业的高质量发展。近年来数字经济的快速发展给制造业带来了新的机遇和挑战，党的十八大以来党和国家出台了一系列促进制造业发展的规划与政策。数字经济和制造业深度融合推进新型工业化的目标是：坚持以数字经济与制造业融合发展为思路，以数字经济发展带动新型工业化高质量发展，以新型工业化高质量发展促进数字经济发展。但我国当前数字经济与制造业融合发展推动新型工业化存在不平衡、不充分和不深入问题。在数字经济和制造业深度融合推进新型工业化中需要解决以下关键问题。

### （一）进一步突破核心技术制约，解决数字经济和制造业深度融合推进新型工业化中技术领域的融合深度

数字核心技术储备不足，数字经济与制造业融合的叠加效应和乘数效应没有发挥出来。数字技术体系不完善，数字经济关键核心技术还需要进一步突破，需要加强关键核心技术的自主创新，突破"卡脖子"技术制约，特别是在量子技术、人工智能、未来网络、物联网、工业互联网方面实现突破，构建新型工业化中数字经济与制造业深度融合的数字技术体系。推动新型工业化的产业数字化要增强我国的自主研发创新能力，提高核心器件生产制造水平；推动新型工业化的数字产业化要提高核心技术储备和技术成果转化效率。

### （二）推进产业数字化与企业数字化进程，解决数字经济和制造业深度融合推进新型工业化中生产领域的融合深度

一方面，我国数字经济与制造业融合向三大产业渗透具有明显差

异，从推动新型工业化的产业数字化渗透率来看，不论是三大产业数字化比重，还是三大产业间数字化比重都与主要发达国家有差距。从中国信息通信研究院发布的《全球数字经济白皮书（2022 年）》来看，2022 年我国三次产业数字化渗透率分别为 10.5%、24%、44.7%，服务业成为产业数字化发展最快领域，低于发展中国家的平均水平，更低于发达国家的水平。2022 年我国工业经济数字化渗透率为 24%，低于 33% 的全球平均水平[①]。另一方面，企业的数字化进程需要加快。从企业来看，大型企业数字化转型进程快，而中小企业的数字化转型进展缓慢，导致部门间和企业间难以形成有效的互通机制。

### （三）提高数字经济与制造业融合的深度，解决数字经济和制造业深度融合推进新型工业化中不平衡问题

数字经济与制造业的融合尚未全产业链、全生命周期地融入到制造业中。从推动新型工业化的产业数字化与数字产业化的比较来看，2022 年我国数字产业化规模为 9.2 万亿元，占数字经济比重为 18.3%，占 GDP 比重为 7.3%。而产业数字化规模达到 41 万亿元，占数字经济比重为 81.7%，占 GDP 比重为 33.9%，这意味着我国数字经济发展中推动传统产业改造的产业数字化占比大，而推动数字经济新产业成长的数字产业化需要加强。从区域来看，东部地区最快，其次是中部地区，最慢是西部地区，不同省份间产业数字化进程和城乡发展视角下的产业数字化也都存在发展不平衡问题[②]。我国国内各地区数字经济发展也极不均衡，存在严重的区域间的"数字鸿沟"，不论是东中西部之间，还是城乡之间，数字经济发展水平均差异较大，区域间的"数字鸿沟"我国数字经济与制造业融合也难以实现均衡发展。

### （四）完善融合生态体系和治理体系，解决数字经济和制造业深度融合推进新型工业化中生态系统的深度融合

数字经济和制造业深度融合需要生态系统的融合来支撑，从我国数字经济和制造业融合的现实来看，一方面需要完善融合生态体系，

---

[①] 中国信息通信研究院：《全球数字经济白皮书（2023 年）》，第 14 页。
[②] 李江涛：《产业数字化的非均衡发展态势及其改善》，载于《人民论坛·学术前沿》2022 年第 18 期。

主要是完善数字经济和制造业深度融合推进新型工业化的创新生态、产业生态、基础设施生态、人才生态，形成数字经济和制造业深度融合推进新型工业化的生态优化机制；另一方面数字经济治理体系需要进一步完善。数据的治理体系不健全、信息安全保障极度缺失，产权保护不到位，数字侵权现象频出。垄断治理机制不完善，行业垄断极易形成，不利于竞争的开展。因此，需要完善融合生态体系和治理体系，解决数字经济和制造业深度融合推进新型工业化中生态系统的深度融合。

## 四、推进数字经济与制造业深度融合的机制

数字经济与制造业融合发展是数字经济背景下新型工业化的实现方式。数字技术的迅速发展为新型工业化中经济活动的开展带来了新活力。数字经济与制造业融合发展刚好为新型工业化提供了的良好环境，为新型工业化发展提供转型发展的新动能。"我国工业化已经处于中后期阶段，而数字化还处于准备期阶段，数字经济与制造业的融合发展差距即要求实现数字经济与制造业融合发展"[1]。同时随着新工业革命的推进，国际上纷纷开始以数字经济与制造业的融合提升制造业的竞争力。进入新发展阶段，数字经济与制造业深度融合推动新型工业化的重点是形成深度融合的机制。具体包括以下四点。

### （一）数字经济与制造业技术深度融合推动新型工业化的动力变革机制

数字经济与制造业融合推动新型工业化首先是技术融合，数字技术可以推动各类资源要素的流动、各类市场主体的融合、市场主体组织模式的重构，实现跨界发展，延伸产业链条，推动新型工业化。数字经济与制造业融合推动新型工业化的动力变革机制就是运用数字技术对传统制造业创新模式和行为进行革新，使创新主体能够有效进行知识共享和合作，形成新型工业化中分布式创新的新模式；同时推动

---

① 杨道玲、傅娟、邢玉冠：《"十四五"数字经济与实体经济融合发展亟待破解五大难题》，载于《中国发展观察》2022 年第 2 期。

数字技术衍生出的数字化技术与产品物理组件的融合，推动新产品、新工艺和新商业模式的形成，数字经济与制造业从外部融合向内部融合推动新型工业化。

**（二）数字经济与制造业生产深度融合推动新型工业化的效率变革机制**

数字经济的发展形成了互联网平台。互联网平台推动产业实现深度融合和跨界。推动制造业产业组织向网络式的蜕变，实现数字经济与制造业在产业层面的融合推动新型工业化。促进各类生产要素向制造业特别是制造业集聚发力，促进制造业的效率变高，在新型工业化中重塑制造业的国际竞争新优势。一方面通过强化数据要素与传统生产要素的结合，在新型工业化中使得制造业从空间集聚转向非空间网络集聚；另一方面通过形成均衡化、网络化空间生产结构，增强新型工业化中制造业产业链上中下游的技术关联性与网络协同性。

**（三）数字经济与制造业微观深度融合推动新型工业化的质量变革机制**

主要是激发新型工业化中制造业企业这一微观主体的活力，构建数字经济与制造业深度融合推动新型工业化的微观机制。传统的制造业企业组织有明确的边界，互联网使制造业企业成为无边界的创新平台。制造业企业内研发、制造、销售等各个流程是并联的。在新型工业化中数字经济与制造业的深度融合发展推动企业的数字化转型，推动平台企业从多种来源、多种维度采集多种类型的数据，构建起庞大的制造业企业数据生态体系，将数据应用于制造业企业的业务全流程。对制造业企业供应链进行整体性把握，实现价值链的全流程管理，盘活制造业企业的供应链，强化制造业企业数字化管理能力，拓展制造业企业发展的边界。从供应链管理、渠道管理、消费者定制、全球合作开发等多个方面形成并联。在新型工业化中加快制造业企业对各种工业互联网平台的应用，推动生产的智能化、产品智能化、服务智能化和管理智能化，借助互联网实现新型工业化中制造业的质量变革。

## （四）数字经济与制造业生态深度融合推动新型工业化的环境优化机制

形成数字经济与制造业深度融合推动新型工业化的环境优化机制，将互联网、大数据、人工智能融入制造业，推动多产业链网融合、工业与消费互联网双向联通，形成数字化产业生态基础[①]；以数据为基础要素，在新型工业化中打造全产业链数字工厂，构建数据驱动的全要素生态体系，系统性消除各类数字鸿沟。一方面在新型工业化中通过联网融合，解决制造业产业间的数字鸿沟，解决制造业不平衡和不充分；另一方面在新型工业化中把互联网、大数据、人工智能融入制造业各产业，以全产业链数字工厂为抓手，以工业互联网和消费互联网的双向打通为重点，以全要素生态体系的构建为核心，形成推动新型工业化的数字生态。通过环境优化实现集互联网、大数据、人工智能之大成、落地多行业、多企业的联运机制，形成数字经济与制造业生态深度融合推动新型工业化的环境优化机制。

# 五、以数字经济与制造业深度融合推动新型工业化的路径

党的二十大报告提出坚持把发展经济的着力点放在实体经济上，推动战略性新兴产业融合集群发展。数字经济与制造业融合发展是数字经济与实体经济融合的关键领域，是我国新型工业化高质量发展的必由之路。面对数字经济与制造业融合推动新型工业化过程中需要解决的关键问题，需要从以下五个方面来实现数字经济与制造业深度融合来推动新型工业化。

## （一）坚持以制造业为着力点推动新型工业化

在数字经济与制造业深度融合推动新型工业化中，坚持以制造业为着力点，积极推进制造业产业基础能力高级化与产业链供应链现代化。一是坚持以制造业为着力点实现数字经济与制造业融合推动新型

---

① 洪银兴、任保平：《数字经济与实体经济融合的内涵与途径》，载于《中国工业经济》2023 年第 3 期。

工业化。在推动新型工业化中着力提升制造业在高端材料、重大技术装备、智能制造与机器人技术、新能源汽车方面的竞争力。二是在新型工业化中推动制造业战略性新兴产业的集群化、融合化、生态化，加快新能源、新材料以及新技术的创新应用。三是在新型工业化中推进制造业产业链供应链的现代化发展。推动传统制造业产业链高端化转型，并积极锻造新型产业链。促进制造业产业链供应链向智能化方向转型升级。四是在新型工业化中优化制造业产业链供应链区域布局。既要实现制造业产业在国内有序转移，做好制造业产业承接，缩减区域制造业发展差距，也要加强制造业产业链供应链的环境优化，强化制造业产业国际合作安全。五是在新型工业化中实施工业化的延伸战略和深化战略。我国经典工业化没有完成，又遇到了数字经济时代工业化的挑战，经典数字经济与制造业时代的工业化任务双重叠加。在数字经济背景下，通过数字经济与制造业的深度融合推动新型工业化，要防止过早结束工业化和去工业化的错误认识的误导，以工业化的逻辑推动数字经济与制造业的融合推动新型工业化。

## （二）以产业数字化和数字产业化的协调推动新型工业化

一是在推动新型工业化中稳步推进制造业产业数字化。推动制造业数字化转型。推进实施"数字技术＋高端智能制造"战略，推动制造业向高端智造转变。同时加快工业互联网普及，工业互联网是数字技术与工业化融合的产物，也是两者融合的新体现。数字经济与制造业的融合需要发展专业化的工业互联网平台，并打造若干细分领域的工业互联网平台，提高工业互联网平台的应用水平。在新型工业化中推动服务业数字化转型。要积极运用数字技术推动生产性服务业的数字化改造，加快科学研究和数字技术服务等新产业发展的同时，积极发展数字化的现代物流和金融房地产服务，加快数字技术的渗透，推动生活性服务业的智能化，推进服务业产业的智慧化发展。二是在新型工业化中推动数字产业化。在新型工业化中要强化制造业核心技术储备，实现技术到产业的转化，充分挖掘数据作为新型生产要素的潜在价值。在新型工业化中要加大科研创新力度。强化我国制造业的核心技术储备，搭建支撑物联网稳定运行的软硬件平台，在人工智能的算法、算力、算料上实现突破①。在新型工业化中要注重培育"技术—产业"的转化。要建设发展数字产业集聚。构建大数据交易中心，提升大数据的科学使用效率，形成大数据产业集聚。加快5G的商业化、市场化发展，充分推动产业网状协同发展。在新型工业化中大力发展人工智能产业。人工智能产业的发展则是注重将智能系统、人工思维模型、知识更新系统以及大数据高效运算技术等运用到研发、生产制造以及经营管理的过程中，加快数字经济与制造业的深度融合推动新型工业化要逐步从智能车间、智能工厂到实现智能产业链。在新型工业化中加快生产制造全过程数字化改造，推动生产过程的智能化。

### （三）加强制造业企业数改智转推动新型工业化

在新型工业化中要实现工业制造业企业与互联网企业的联动发展，提升完善互联网平台的稳定性与安全性。制造业企业要加快数改智转。一是推动制造业企业的数字化转型推动新型工业化。在新型工业化中完善制造业企业数字化转型认知体系，制定制造业企业数字化转型战略，数字化客户服务体系，建立制造业企业数字化运营机制，强化制造业企业管理中的数据能力，推动制造业企业的智能运营的智能化水平。加快培育一批"专精特新"企业、制造业单项冠军企业，培育兼具制造业企业属性且兼具数字创新能力的新型制造业企业，以及科技领军企业、头部企业和平台型企业。同时推动互联网企业与工业企业深度融合，推动两类企业发展的跨界融合，优势互补。二是要借助互联网平台构建数字化和智能化的企业管理体系推动新型工业化。构建数智型企业战略体系，实现与上下游企业的数字化对接，通过数字化重塑企业的战略管理体系。三是以数据驱动制造业生产流程再造推动新型工业化。以数字化设计、智能化生产、数字化管理为基础，以制造业企业价值链和核心竞争力提升为目标，构建新型制造体系，推动我国制造业转型升级。四是依托互联网平台精准了解消费者的消费需要推动新型工业化。在推动新型工业化中为消费者提供定制化服务，提升制造业中小企业的数字化营销能力，推动制造业企业产品供应和服务链条的数字化升级。

---

① 刘淑春：《中国数字经济高质量发展的靶向路径与政策供给》，载于《经济学家》2019年第6期。

### （四）充分利用工业互联网推动新型工业化

在全球新一轮科技革命推动下，新工业革命及其工业互联网对制造业模式和工业体系产生了深刻影响，工业互联网通把工厂、设备、生产线、供应链、经销商、员工、产品和客户连接起来，实现工业生产全流程的要素资源共享，实现工业生产流程网络化、自动化、智能化，最终实现整体数字化。工业互联网是推动新型工业化的主战场，是数字经济和制造业融合发展的新载体，是支撑工业智能化发展的关键基础设施。我国数字经济是从信息互联网和消费互联网开始的，已经走过了信息互联网和消费互联网。开始进入工业互联网时代，需要把消费互联网与工业互联网的发展结合起来。在以消费互联网促进经济增长和助推工业互联网发展的基础上，从战略高度加快推进工业互联网发展，在推动新型工业化中打造数字经济发展的新优势。一是加快工业互联网平台建设和应用推广推动新型工业化。我们要先行加快工业互联网平台建设和应用推广，打造行业级工业互联网平台，形成细分领域的工业操作系统，建设跨行业、跨领域的工业互联网平台。二是产、学、研、用联合提高工业互联网的应用研发推动新型工业化。工业互联网涉及多方主体、多领域技术和知识，需要以企业为主体，联合产业龙头企业、产业联盟、科研院所，建立跨界融合、协同推进的合作机制，推动产、学、研、用联合，地方、园区和企业多方推动，推进技术研发和推广应用，进一步推动新型工业化。三是完善工业互联网平台技术体系推动新型工业化。技术体系是工业互联网重要的支撑体系，"围绕工业互联网七大核心技术体系，加强边缘计算技术，强化工业互联网现场优化能力"[1]。在推动新型工业化中加强区块链技术，促进工业互联网数据安全与数据增值，促进平台间互联互通的操作。四是体系化布局工业互联网生态推动新型工业化。推动工业企业内网改造升级和外网建设，完善网络体系。推进大中小制造业企业的融合发展，完善工业互联网的应用生态。围绕工业互联网核心技术突破，完善技术产业体系、标准体系、监测预警体系和新型服务体系，营造

---

① 王建伟：《工业赋能：深度剖析工业互联网时代的机遇和挑战》，人民邮电出版社 2021 年版，第 406~407 页。

良好的发展环境。加大财税支持、融资服务、人才支撑、完善组织机制，为工业互联网发展提供政策保障。五是加强政策落地推动新型工业化。国务院、工业和数字化部、地方政府已经出台多项政策，要加强已有政策的落地，立足国内优势资源培育本土化工业互联网平台。抓好试点推广和专项试点示范，引领工业互联网创新发展。跨行业跨领域打造制造业龙头企业和品牌，形成国家、部委、地方政府和企业联盟多级联动的工作体系。

### （五）完善生态深度融合的支撑体系推动新型工业化

数字经济与制造业融合推动新型工业化涉及多方面，需要完善相应的支撑体系：一是完善基础设施生态体系支撑。在推动新型工业化中积极推进数字化基础设施建设。加快互联网平台、云数据中心以及5G网络等新型基础设施，强化我国数字经济与制造业融合推动新型工业化的基础设施保障。二是完善数字治理体系支撑。在推动新型工业化中要全方位完善数字治理体系。数字经济与制造业融合的发展拓展了制造业的边界，完善市场的数字化监管和治理。三是完善人才生态支撑。在推动新型工业化中要加强人才保障力度。提升科研人员自主创新能力，全方面强化数字化时代的人力资源保障。四是培育产业生态支撑。在推动新型工业化中培育数字经济与制造业融合的产业生态。围绕数据作为核心生产要素，从底层打通数字经济与制造业之间的联系，解决数据资产属性和数字标准问题，突破体制约束，构建推动新型工业化新的产业标准和产业体系。同时把制造业企业的数字化融入产业生态，将制造业企业纳入到外部的产业生态中，推动制造业企业生态重构。促使企业数字化重构和制造业产业数字化重构良性互动。五是完善工业互联网平台生态体系支撑。在新型工业化中构建工业互联网创新生态圈，鼓励制造业企业合作进行工业软件联合开发和应用，支持工业互联网平台企业积极研发各类产业链协同创新应用、创新服务。六是数字生态体系支撑。营造供需两侧协同升级的良好数字生态，在新型工业化中不断提高对需求侧的适配性，加大对需求侧的影响与引领，培育和创造新的市场需求，逐步形成供给侧与需求侧快速响应的数字经济与制造业深度完善推动新型工业化的数字生态体系。

### 第十三章

# 产业数字化与数字产业化
# 协调推进新型工业化

产业数字化与数字产业化是数字经济发展的两个重要支点，也是推进新型工业化的重要内容。数字产业化是数据要素的产业化和市场化，涉及数字化新产业的成长和发展。产业数字化是传统行业利用数字技术改善业务模式、服务模式、商业模式的过程，产业数字化推动传统产业的数字化转型，主要涉及传统产业基础能力的高级化和产业链现代化。我国数字经济发展已经超越了消费互联网时代，开始进入数字经济下半场的产业互联网时代，在数字经济发展新阶段中，新型工业化推进中现代化产业体系的构建既要推进产业数字化，实现传统产业的数字化改造，提高传统产业的产业基础能力，又要推进数字产业化，加快数字技术的市场化和商业化，加快数字产业的成长。这就要重视研究产业数字化与数字产业化协同推进新型工业化中的现代化产业体系构建。

## 一、新型工业化中产业数字化与数字产业化的关系

产业数字化与数字产业化是数字经济背景下推进新型工业化的两个方面，产业数字化是利用数字技术对传统产业的改造过程，产业数字化的客体是数字技术和数据资源，产业数字化的主体是需要经过改造来提升效率的传统产业，产业数字化就是主体利用客体对其业务进行全链条改造的过程。产业数字化的着力点在于数据要素驱动、科技平台支撑、品牌价值赋能、生态融合共生、深度化场景应用。产业数

字化解决创新、效率和信用问题，重构生产力和生产关系，推动新型工业化。利用数字技术对传统产业进行全链条的改造，推动新一代数字技术和实体经济的技术实现深度融合，提高实体经济的全要素生产率。其中数据、算法与算力是产业数字化发展的三个关键要素，数据是产业数字化的基础要素，算法是产业数字化的核心技术，算力是产业数字化的主要生产力。而数字产业化的功能主要是在新型工业化中促进新产业的出现，目的正是将数字化的知识和信息转化为生产要素，实现数字技术创新、产业创新和商业模式创新，在产业基础能力高级化基础上催生新产业新业态新模式，最终通过产业链现代化形成数字产业链和产业集群，推动新型工业化。数字产业化是衡量数字经济质量的重要标志，数字产业化的成长需要市场需求、技术创新以及满足新生产模式高效运作的组织原则三种驱动因素。数字技术的广泛应用拓展了数字产业化的市场需求，与数字技术匹配的网络化组织原则满足了定制化生产模式的高效运行，进而驱动了数字产业化[①]。

　　数字产业化和产业数字化是推进新型工业化中有机联系和协同推进的过程，数字产业化是数字经济发展的基础，数字产业化是指为产业数字化发展提供数字技术、产品、服务、基础设施和解决方案。产业数字化是数字技术与信息数据在传统产业中的应用，主要表现为数字技术与实体经济的融合。但是两者具有明显的区别：一是侧重点不同。数字产业化侧重于数据要素的商业化开发与市场化交易活动，形成数据服务、数据产品和数据应用等战略性新兴数字业态，强调技术性和科技含量，关注数字技术的应用。而产业数字化侧重于利用工业互联网、人工智能、大数据、云计算等新一代数字技术对传统产业进行数改智转，推动传统产业实现基础能力数字化和现代化。强调全链条性，在新型工业化中关注整个产业链上的数字化转型和产业链的协同发展。二是从产业分类不同。在国家统计局发布的《数字经济及其核心产业统计分类（2021）》中，数字产业化部分包括 01～04 大类，包括计算机通信、电子设备制造业、电信广播电视和卫星传输服务、互联网和相关服务、软件和信息技术服务业等内容。产业数字化部分是 05 大类，包括智慧农业、智能制造、数字金融、数字商贸、智慧医

---

疗、智能交通、智慧物流、智慧教育、数字社会和数字政府等行业。三是在数字经济发展中的地位不同。在数字经济背景下新型工业化中数字产业化是内核，起到先导作用，是数字产品与服务的供给方，为数字经济发展提供基础设备、搭建平台。而产业数字化是数字经济背景下新型工业化的外延和数字经济发展的主战场，是数字经济发展的需求方，利用数字技术改善传统产业的业务模式、服务模式、运营模式、商业模式，通过数字技术创新、数字化平台与数字化设备实现传统产业结构的转型升级，促进新型工业化。四是任务不同。数字产业化涉及了前沿的数据科学硬核技术，任务是推动形成数字化新兴产业，是数字经济背景下新型工业化中的根基和动力源泉，是新型工业化中壮大人工智能、大数据、区块链等新兴数字产业的重要途径。产业数字化的任务是对传统产业进行数字化改造，是数字经济背景下新型工业化中的主战场。在产业数字化过程中传统产业与数字技术结合，传统产业的基础能力和价值模式被全链条地改造，演化出新的数字业务应用场景。产业数字化表现为数字经济与实体经济、制造业的融合发展，从而形成新型实体经济的过程。

数字产业化与产业数字化作为数字经济背景下新型工业化中的两种途径，既相互联系，又相互区别，两者协同推进了现代化产业体系的构建。在数字经济发展中，不同地区可以依据不同的产业基础、技术基础和基础设施基础，选择不同的方面。科技创新能力强、互联网基础设施好的地区适宜采用数字产业化，而实体经济发达、制造业基础好的地区适宜采用产业数字化的途径。但是从我国新型工业化的整体性、系统性和长远性来看，需要协同推进数字产业化和产业数字化的协同发展，两者协同发展共同推进新型工业化中的现代化产业体系的构建。

## 二、新型工业化中推动传统产业数字化改造的产业数字化

产业数字化解决的是新型工业化中传统产业的数字化转型问题，数据、算法与算力三者结合起来改造传统产业的产业基础能力，在传统产业基础能力的高级化和产业链的现代化基础上实现新型工业化。

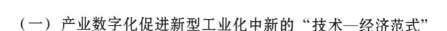

## （一）产业数字化促进新型工业化中新的"技术—经济范式"

技术创新是促进产业变革的基本动力，而技术—经济范式体现了技术演进的本质特征。人类历史上的四次技术革命基于不同技术—经济范式，形成了不同的新兴产业，同时基于核心通用技术对于传统产业进行升级改造，进而引发企业、产业乃至宏观经济领域的一系列变化。产业数字化是数字经济—技术范式对于传统产业的全面变革，在产业数字化过程中以数字经济的发展规律为主线，以传统产业基础能力的高级化为目标，以数字技术的渗透扩散和数据赋能对传统产业链进行数字化再造，推动新型工业化。

作为产业数字化的基础，产业数字化是基于信息技术—经济范式，以数字化改造为核心，借助互联网及通信网络带动产业各要素的关联，从而降低产业成本，提升产业效率的转型过程。数字经济背景下新型工业化中的产业数字化具有三个方面的核心特征：一是在新型工业化中以数据作为关键生产要素。数据作为信息的载体，是产业数字化的核心，也是商业模式创新、业务流程优化、商业决策制定的底层依据。不同于信息与知识的抽象性，数据更易编码且通用，因此更容易实现大规模的传输、收集和集成，从而形成巨大的数据资产，成为价值创造、业务创新、供需联动及产业升级的重要源泉。二是在新型工业化中以产业互联网为基础的产业生态。产业数字化的结构并非简单的网络式结构，而是以产业互联网为核心内容，包含不同消费者、生产者及政策监管者的数字生态系统，重构传统产业价值链、产业链，通过产业关联效应实现跨行业数字效率的整体提升。三是在新型工业化中产业链的全面重塑。产业数字化并非简单通过数字化提升产业基础能力，促进产业链整体效率的提升。而是通过研发、生产、流通、消费等流程的数字化和智能化重构企业生产流程和组织架构，从而再造全产业链流程，推动新型工业化。同时，产业数字化也将重塑产业间的协同合作。例如，将移动办公、电子商务、数字金融等多领域连接整合，能够促进产业链上下游行业的有效协同，形成良好产业生态，推动新型工业化。

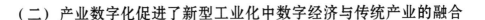

## （二）产业数字化促进了新型工业化中数字经济与传统产业的融合

在新型工业化中数字产业化从网络空间向实体空间扩展边界，推动了以产业融合为主要特征的演化范式。一方面，数字技术、信息通信产业等数字基础产业交互融合，形成了数字经济的基础产业部分，也就是数字产业化部分；另一方面，数字基础产业的创新扩散拓展到生产、消费、商业等多个领域，推进了传统产业部门跨产业、跨部门的交互融合，实现了产业数字化转型，并促进了数字经济与传统产业的融合，推动新型工业化。

新型工业化中产业数字化的融合机制具体表现为两个方面：一是新型工业化中数字产业与传统产业渗透融合。数字产业快速发展带来了数字技术的快速突破，人工智能、云平台、大数据等新兴技术的广泛应用加快了对传统产业发展模式的全面改造。一方面，传统产业借助数字技术的平台性与共享性能够降低信息不对称，减少交易成本，从而改变产业自身效率。例如，纺织服装、美妆日化等传统产业，产业链相对完整成熟，属于劳动密集型行业，这类行业创新程度相对低，且极易掣肘于地理限制及产业规模。而借助电商平台及企业上云等新数字基础设施，能够打破地理空间限制，促进信息交流及数据沉淀，从工艺设计到销售推广供需对接，拓宽产业发展空间。另一方面，传统产业能够借助数字技术实现智能生产、决策与管理。例如，数据科技与农业相结合，能够促进农业生产精准化、管理数据化、经营网络化、服务在线化，加快农业现代化步伐。二是新型工业化中数字产业与传统产业交叉融合。具体体现为数字产业对传统产业的功能进行互补和延伸，从而使传统产业的产业链加长，实现了产业融合。一方面，数字技术拓展了传统产业的业务范围，融合产生出新的产业模式和新业态。这种融合多产生于智能化技术与传统产品的结合，例如，无人驾驶汽车作为传统汽车行业与数字技术的紧密结合下的新产品，借助车联网、数字孪生等新技术，成为传统汽车行业在智能驾驶方面的新延伸。同时，数字技术能够弥补传统产业的发展短板，融合激发产业发展的新动能。例如，受制于产品复杂程度，制造业的服务化转型长期迟缓。数字技术通过云平台对接用户需求，促进了制造业基于"标准化批量生产"向"个性化柔性生产"的服务化转型。

## （三）产业数字化促进了新型工业化中传统产业链的现代化

产业链现代化的过程是支撑新型工业化的必要条件，对于突破中等收入陷阱实现国家现代化具有长远和重要的战略意义[①]。新型工业化中产业数字化能够催生产业新模式，创新产业新业态，打造新产业，深度创新与变革产业链，推动产业链的基础能力和现代化水平提升，补齐供应链产业链短板，推动新型工业化。当前中国面临百年未有之大变局，面对"双循环"新发展格局，在新型工业化中加快产业数字化转型无疑成为构建产业基础能力，提升产业链现代化程度与韧性能力的必然选择。

基于产业链现代化目标，产业数字化的发展格局将包含以下方面：一是新型工业化中企业链的全面数字化。这是产业数字化的微观基础，产业是由生产相关产品的企业构成的经济系统。整个产业的数字化转型也是以企业链的数字化转型为微观基础，首先，通过数字化布局，利用数字"赋值、链接、模拟、反馈"的优势，提升企业的数字化能力。同时，企业的数字化不仅是采取数字技术增强与用户的交流互动，也不仅是帮助企业拓展业务，而是通过数字技术整体改变现有的商业模式，利用数据资产释放企业价值。其次，企业链的数字化意味着企业借助数字化转型，能够实现产业链上的深度分工与高度协同。二是新型工业化中创新链全面数字化。从研发和技术能力来看，产业数字化不仅是实现生产流程及商业模式的数字化，数字化价值的源泉也应当来自数字化的创新能力。这意味着，一方面，数据成为创新的基本要素，数字技术促进创新产出的智能化，包括专利产出的智能化管理、创新主体的智能化协同等。另一方面，数字平台赋能创新要素的网络化和平台化，能够打通内外互联的创新平台，促进创新资源的有效流动与合理分配。三是新型工业化中供需链全面数字化。供需链是产业投入产出动态流的基本桥梁，供需链的数字化能够极大帮助产业提升供应链效率、增强供需端的动态匹配，降低产业的成本与损耗。供需链的数字化需要高效的数字平台作为支撑，消费互联网与产业互联网，

---

① 任保平、迟克涵：《数字技术创新驱动新兴产业成长的路径选择与政策取向》，载于《新疆师范大学学报（哲学社会科学版）》2023 年第 5 期。

作为实现万物互联的新一代数字基础设施，能够实现生产者与消费者的直接联系，连接和打通供应链，从而提升产业链的现代化水平，增强经济发展的集约程度。四是新型工业化中数字化促进价值链提升。产业数字化能够从本质上提升产业链的现代化程度，这是在新型工业化中中国迈向全球价值链中高端的必由之路。一方面，产业数字化能够提升产业层级，数字技术的创新性及带动性能够打通上下游产业链，增强产业基础能力，提升产业核心竞争力。另一方面，产业数字化能够提升产业价值的可行边界，促进头部企业对于价值链的治理能力，占据微笑曲线的两端，实现高价值分工。

## 三、新型工业化中推动新产业成长的数字产业化

数字产业化是数字技术创新成果的应用落地或者是数字技术走向产业化和商业化的过程，科技研发、技术创新是数字产业化的驱动力。新型工业化中数字产业化将数据变成财富和资产，解决的是新型工业化中新产业的成长以及产业链现代化问题。

### （一）数字技术创新驱动新型工业化中的数字产业化

数字产业化的问题归根结底是技术问题，技术创新是数字产业化的前提条件。数字产业化是通过通用技术创新和专有技术创新带来数字新产业的成长推动新型工业化：一是通用技术创新推动新型工业化中数字产业化的成长。通用技术是指基础性的可以支持很多领域的科学和技术研究与应用发展的技术，由通用数字技术的产业化直接形成的数字产业，为其他数字产业化技术创新提供基础支撑。该类产业以数字技术作为核心产品与服务，这一过程就是新型工业化中的数字产业化。通用技术指应用广泛而且能够推动其他部门技术进步的重大技术，一套新的通用技术的出现与广泛扩散是新型工业化中技术—经济范式转变的重要标志。通用技术的特点是辐射面几乎遍及所有产业，与其他技术的创新之间存在互补性，在新型工业化中起核心作用。并且由于通用技术和应用领域之间存在正向反馈，因此通用技术可以在一段时间内持续激发新型工业化中的技术创新。现有经验研究也表明数字技术对企业创新绩效有显著的正向影响，通用数字技术在新型工

业化中的数字产业化成长中起着基础作用，其不仅是数字产业化的重要组成部分，还为新型工业化中各个产业提供创新要素。二是专有技术创新推动新型工业化中数字产业的成长。专有技术创新是通用技术革新带来的技术创新环境变革，是指在通用技术基础上，结合不同应用领域进一步深化研究发展形成的新技术，如航天技术、量子通信技术等。数字技术作为通用技术，可以直接刺激其他技术创新，提高新型工业化中的技术创新效率。人工智能作为专有数字技术的结晶在新型工业化中发挥巨大的作用，专有数字技术从根本上改变了新型工业化中的技术创新的条件，通过对现实世界中海量信息的数字化，建立普遍的信息链接，并对海量信息进行存储与计算，极大提高新型工业化中的各种技术的创新效率。

### （二）数字技术创新驱动新型工业化中数字产业化和商业化的速度

数字技术的创造和发展是引领新型工业化中数字产业化变革的基础和动力，数字产业化的创造离不开新技术的发展。在数字产业化过程中，数字技术经济范式的构建将为产业发展创造一个更高平均生产率水平的新框架和新标准，从而为数字产业化创造新的空间。建立在知识、信息和数据基础上的数字技术创造不但在产业技术融合效率和技术更迭上实现突破，更提升了新型工业化中数字技术产品化进而产业化和商业化的速度。一方面，新型工业化中的新技术创造在数量和速度上远超第四次工业革命之前的新技术。每一次工业革命所带来的技术创新也基本遵从着数量从少到多、速度由慢变快的基本规律。5G、大数据、云计算、AR/VR 等技术相较于上一次工业革命中出现的计算机、互联网等技术，这些通用技术不但数量显著增加，并且基础技术细分类目下的技术创新也呈快速上升趋势。新型工业化中数字产业化关注数字技术的基础性支撑和数字产业的价值创造，数字新技术与产业融合发展的效率较前几次工业革命大幅提升。在新技术产业链的上下游以及与其高度关联的产业中，通过相互融合突破了产业边界，创造了全新的产业形态，推动了新型工业化中数字产业化的过程。另一方面，新型工业化中数字产业化的核心是以市场为导向，依靠数字龙头企业带动数字技术的应用。伴随着数字新技术的出现，跨越数字新技术向产品转化和产品向商品转化两道鸿沟的难度被逐渐减弱。在数字产业化过程中，从科学技术向市场化产品的跨越和从产品化的技术向盈利性商品的跨越是两个关键环节，数字产业化可以推动数字技术走向产业化、市场化和商业化应用，实现生产过程的自动化、智能化，推动供需精准对接，缩短交易时间、提高交易速度，推动数字技术、数字产业和数字产品创新，打造出新的产业增长点，培育出新型工业化中新产业成长的新动能。

### （三）数字技术创新驱动新型工业化中数字产业化的市场拓展

数字技术创新可以拓展新型工业化中数字产业化的市场需求，新的市场需求产生，使得新的产品或服务转化为可能的商业机会，从而形成新型工业化中数字产业化的需求牵引。一是市场需求结构驱动新型工业化中数字产业化。在新型工业化中数字产业化可以创造出新的消费需求，消费者多样化需求的不断释放对数字产业化中产品或服务创新的拉动作用。新型工业化中数字技术的创新与应用则激发了消费者的需求能量，驱动生产者实现产品或服务的创新，推动了数字产业化的形成。一方面数字产业化中数字技术创新提高了消费者的信息能力。信息能力指消费者对产品的知情程度，当消费者对于某些产品的信息能力提升到一定水平后，商家必须通过创新找到新蓝海，而这客观上推动了新型工业化中产品的多样性增加。另一方面作为新型工业化中数字产业化中数字技术创新产物的数字化平台改善了产品的供需匹配，使消费者的多样化诉求得到更好的回应，生产者的回应过程就是新产品创造过程。这一微观过程的宏观表现就是数字技术创新拓展了新型工业化中数字产业化的市场需求结构，进而驱动新型工业化中的数字产业化。二是市场需求范围的拓展驱动新型工业化中的数字产业化。经济发展伴随着社会分工的不断细化，新型工业化中的数字产业化的形成是产业内分工的结果。亚当·斯密在《国富论》认为劳动生产力的增进是分工的结果，并明确分工受到市场范围的限制。阿林·杨格在斯密论述的基础上进一步指出，分工所得到的回报来源于迂回生产，并且市场的范围与劳动分工相互决定。由此形成了著名的"斯密－杨格定理"，但是，随着市场需求范围的不断扩大，市场的交易成本不断上升，所以市场需求范围的扩张是受到限制的。新型工业化中数字产业化的产业内的分工发展是指以提质增效、开拓市场为目的，从现有产业中分离出的多个不同子产业独立成长形成新业态，进而推动数字产业化。市场需求范围的拓展是新型工业化中数字产业化产业分工深化的必要条件，产业分工深化的过程就相当于数字产业化的过程。数字产业化是有交易成本的，交易成本来源于信息成本，而数字技术创新的广泛应用大幅降低了信息成本，带来了信息层面的市场范围扩大，数字技术创新能够拓展新型工业化中数字产业化的市场需求范围，进而驱动新型工业化中的数字产业化。

## 四、新型工业化中数字产业化和产业数字化协调

数字经济推动新型工业化中现代化产业体系的构建需要从数字产业化和产业数字化两个方面着手，数字产业化是新型工业化进程中数字技术在传统产业中的渗透，从而对传统产业进行全链条的改造过程，主要体现为传统产业的数字化转型。产业数字化则是新型工业化中数字技术产业化和商业化，是新型工业化中数字经济新产业的形成过程，具体表现为新型工业化中数字新技术扩散运用的外延表现。新型工业化中现代化产业体系的构建要促进数字产业化与产业数字化的协调。

### （一）以良性互动方式促进新型工业化中数字产业化与产业数字化的协调

产业数字化是新型工业化中传统产业与数字经济的融合，从而推动传统制造业的数字化改造过程，解决的核心问题是新型工业化中的传统产业基础能力的高级化问题。数字产业化是数字技术产业化和商业化，实现数字经济新产业的成长问题，解决的是新型工业化中的产业链的现代化问题。数字经济发展良性互动方式促进数字产业化与产业数字化的协调推进，以推动新型工业化中现代化产业体系的构建。一是在新型工业化中推进数字产业技术创新。数字技术创新是新型工业化中产业数字化发展的动力支撑，需要强化数字基础能力支撑，加快5G、数据中心规模化部署，强化人工智能、数字孪生等关键技术攻关，推动工业芯片、工业软件研发突破和迭代应用。围绕新型工业化产业技术创新的方向，提高关键技术的研发供给能力，激发释放产业数字化需求潜力，推进数字产业化发展。加强数字技术成果的有效转

化，不断推进国家数字创新体系建设，以数字产业化与产业数字化的协调推进新型工业化。二是在新型工业化中提高产业数字化水平。新型工业化中全面促进传统产业与数字类资源高效整合，在传统产业链中嵌入数字化服务，推进数字技术赋能传统产业链，为链上企业提供数据采集和分析服务，发掘数字产业的供给潜能，消除数字供给约束，避免数字经济结构失衡。不断提升对产业数字化的辐射能力，放大数字技术变革的扩散效应，着力解决新型工业化中数字产业化与产业数字化协调发展中的结构性矛盾。三是在新型工业化中做好数字产业化的顶层设计。新型工业化中数字产业化要做好数字产业发展的整体规划，统筹协调产业数字化与数字产业发展的关系。做好数字产业化的整体规划，以数字经济与实体经济的融合促进传统实体经济产业的数字化改造，在技术融合、产业融合、企业融合和生态融合技术上发展特色数字产业集群，引导传统产业集群开展数字化转型。推动数字产业与传统产业融合，实现传统实体经济的产业数字化转型，推进新型工业化。

## （二）以融合方式促进新型工业化中数字产业化和产业数字化的协调

在新型工业化中产业数字化是用数字化手段改造传统产业，实现传统产业经济价值的再创造，数字产业化是新型工业化中新产业成长过程。因此，以融合方式促进数字产业化和产业数字化的协调推进新型工业化要从侧重数字产业化转向侧重产业数字化。一是在新型工业化中推动数据要素与传统产业深度融合。一方面加快新型工业化中企业的数字化进程，打通企业业务流程数据通道，完善企业数字基础设施，通过数据改善企业业务流程，提高企业数字化转型能力和智能化水平；另一方面加快新型工业化中产业链数字化进程，利用数据驱动传统产业的全产业链、全供应链的转型升级，利用数字技术和数据要素推动跨产业、跨区域的产业协同，促进数字产业化和产业数字化的协调，促进行业资源整合和产业结构升级，推动新型工业化。二是在新型工业化中推动数字技术与制造业的深度融合。数字经济与实体经济的融合提升新型工业化中的产业基础能力，提升新型工业化的创新力和竞争力。为此，需要在新型工业化中推动数字技术与制造业的深度融合，在宏观层面要推动数字技术在制造业各个环节和各个领域的深度应用和融合，发挥数据要素的价值创造作用，促进创新链和产业链对接，对实体经济的设计研发、生产制造和销售服务等进行全流程、全链条、全要素的改造。在微观层面支持实体经济产业链头部企业搭建数字化协同创新平台，构建产业数字化的微观机制，带动上下游配套企业加快数字化转型。三是在新型工业化中推动数字经济与农业的融合。在新型工业化中加快农业数字化转型的进程，推动数字经济与农业农村现代化的融合，通过数字经济赋能实现农业农村现代化。实现数字经济与农业生产的融合，积极建设农业数字化发展的实验基地，推进数字化农业技术在农业农村发展中的运用。实现数字技术和农业流通的结合，应用现有的电商平台改造传统的农业销售渠道，实现农村流通体系的现代化，利用电商平台等数字化流通渠道缩短农户到消费者的销售距离，利用数字技术构建城乡双向流通的商贸体系。四是在新型工业化中推动数字经济与服务业的融合。大数据和互联网的发展，拓展了原有服务业的运营方式与空间，同时也为服务业发展带来新方向和发展空间。要积极运用数字技术推动生产性服务业的数字化改造，加快科学研究和数字技术服务等新产业发展的同时，积极发展数字化的现代物流和金融房地产服务。加快大数据、互联网、人工智能的渗透，推动生活性服务业的智能化发展，推进旅游、养老、健康、教育等产业的智慧化发展。

### （三）以均衡模式推进新型工业化中数字产业化和产业数字化的协调

"数字产业化与产业数字化在某种程度上是供与需的关系，数字产业化侧重数字要素供给，产业数字化侧重数字要素应用，两者必须协同发展、同向发展。"[①] 在新型工业化中产业数字化关注数字技术与传统产业的渗透融合，提高产业数字化质量，实现传统产业数字化转型在全产业链上的协调推进新型工业化。一是在新型工业化中发挥企业数字化转型的矩阵效应。数字化转型关乎制造企业本身的生存和发展，要发挥企业主体作用，引导企业深化对数字化转型的认识，稳步提升数字技术应用、数据管理等能力，不断加大以龙头企业为主力军，专精特新中小企业为生力军的链式数字化转型力度。发挥企业数字化转型的矩阵效应，是摆脱企业单兵作战，转向百花齐放，以协作共赢推

---

① 吕铁：《传统产业数字化转型的趋向与路径》，载于《人民论坛·学术前沿》2019年第9期。

进产业全面数字化转型。以聚焦核心业务的场景化解决方案为杠杆，撬动千行百业的数字化转型，汇聚产业上下游各方智慧和力量共同推进。二是在新型工业化中深化重点产业数字化转型的示范效应。龙头企业及互联网科技领军企业在业数字化的发展中有着较强引领示范作用，以其自身优势成为产业数字化转型头部企业。深化重点产业数字化转型的示范效应要以行业内的龙头企业及领军企业为核心，发挥产业数字化模范效应。以数字技术为基础，以数据要素为核心，以数字化组织和企业文化为保障，加快企业的数字化重构和创新，提升企业的数字化能力。三是在新型工业化中补制造业及农业的产业数字化发展的短板。实现数字经济与制造业、农业的融合深度，推动制造业及农业全方位、全链条数字化转型。一方面提升农业数字化水平，运用数字技术和数据要素改造传统农业，提升农业各环节数字化水平，推广智慧农业模式，推动农业产业的数字化。另一方面提高新型工业化中数字经济与制造业的融合深度，实施智能制造工程，推动装备数字化，纵深推进工业数字化转型，加快工业领域全生命周期数字化转型。

### （四）以实体经济为着力点推进新型工业化中数字产业化和产业数字化的协调

在新型工业化中推进实施"数字技术＋高端智能制造"战略，提升我国新型工业化中数字经济的自主研发创新水平，将数字技术应用到实体经济生产制造的过程中，实现实体经济产业基础能力的改造，推动我国实体经济实现从价值链低端制造向高端智造转变[①]，在新型工业化中形成新型实体经济。因此新型工业化中产业数字化需要坚持以实体经济为着力点，实现数字经济与实体经济的深度融合，在推进产业基础高级化与产业链供应链现代化基础上促进新型工业化。一是在新型工业化中坚持以实体经济为着力点推动制造业数字化转型。在新型工业化中积极推动制造业数字化转型，实现制造业高质量发展，提升制造业在高端材料、重大技术装备、智能制造与机器人技术、农业机械装备、新能源汽车和智能汽车等多方面的核心竞争力，深入推进

---

① 杜庆昊：《数字产业化和产业数字化的生成逻辑及主要路径》，载于《经济体制改革》2021年第5期。

智能制造、绿色制造以及服务型制造。二是在新型工业化中注重数字经济方面战略性新兴产业的壮大。实现我国数字经济战略性新兴产业的集群化、融合化、生态化发展。加快新能源、新材料以及新技术的创新应用，积极培育新型工业化中的数字先导性产业和支柱性产业以及数字产业发展的新动能。加快新型工业化中的产业链供应链现代化，锻造长板，补齐短板，优化其整体的区域布局。三是推进产业链供应链的现代化。立足于我国制造业已有的优势，在新型工业化中利用数字技术推动传统制造业产业链高端化转型，积极锻造新型产业链。在新型工业化中推进产业基础再造工程的有序实施，增加创新投入，加快攻克重要产品和核心技术。引进现有的先进技术，促进同和发展，促进产业链供应链向强创新、高附加值以及智能化的方向转型升级。四是实施工业化的延伸战略和深化战略。我国经典工业化没有完成，又遇到了数字经济时代工业化的挑战，在新型工业化中既要加快实现传统工业化，又要推进数字经济与工业化的结合，经典工业化与数字经济时代的工业化任务双重叠加。在数字经济背景下，推进新型工业化要防止过早结束工业化和去工业化的错误认识的误导，以工业化的逻辑实现数字经济与工业化的结合，实现数字经济与实体经济的融合发展，进一步推动新型工业化。

### （五）以数字生态系统优化推进新型工业化中数字产业化和产业数字化的协调

数字生态系统是数字技术与生态环境的融合，是数字技术在新型工业化中的应用和发展生态环境。在新型工业化中优化数字生态系统有助于实现多主体协同，进而解决新型工业化中数字产业化和产业数字化的协调推进。一是在新型工业化中以数字生态构建推进数字产业化和产业数字化的协调。产业集群数字化转型是新型工业化中数字产业化和产业数字化协调发展的重要途径[①]。推进产业集群数字化转型，推进以数字平台为基础，产业数字化服务平台为核心、大数据运营平台为支撑的产业集群数字化转型可以推动新型工业化中产业新动能的

---

① 李腾、孙国强：《加快数字产业化与产业数字化协同发展》，载于《中国社会科学报》2022 年 1 月 12 日。

培育，打造数字产业化和产业数字化协调推进的生态。一方面，打造基础设施生态，提升产业集群数字化转型的数字化基础设施建设，使用数字化手段进行管理，通过信息技术和各类资源的整合，推动新型工业化中产业基础能力的高级化；另一方面，打造创新生态，围绕产业集群数字化转型和新型工业化的要求和人才的需要，把创新链、产业链与人才链结合起来，推动新型工业化。二是在新型工业化中打造产业数字化与数字产业化协同推进的产业生态系统。良好的产业生态系统是产业数字化与数字产业化协同推进的基本条件，产业生态系统包括创新生态系统、生产生态系统以及要素供给、基础设施、政策体系等构成的环境因子集合或者有机系统。在新型工业化产业数字化与数字产业化协同推进中，要打造能促进产业数字化与数字产业化协同推进的产业生态系统。在营商环境层面，政府提供良好的营商环境，处理好政府和市场的关系，提供基础设施等公共服务，提供良好的法制环境和公平竞争的市场环境等。在要素市场层面，完善数据、信息要素创造价值的条件，完善数据要素市场，促进数据要素的流通。在企业层面，加快企业数字化转型和智能化管理，构建产业数字化与数字产业化协同推进的微观主体。在产业融合层面，促进工业化和数字化深度融合，工业技术与数字技术的深度融合，数字经济与实体经济的深度融合，提高新型工业化中产业基础能力的高级化和产业链的现代化，加快新型工业化中现代化产业体系的构建。三是在新型工业化中培育数字化转型支撑的服务生态，推进数字产业化和产业数字化的协调。建立市场化服务与公共服务双轮驱动数字产业化和产业数字化的协调的体制机制，构建多要素支撑的数字产业化和产业数字化的协调生态推动新型工业化。首先，是培育发展新型工业化中数字化解决方案的供应商，面向中小企业转型要求，引导开发轻量化、易维护、低成本、一站式的解决方案，提升供应商的数字化转型服务能力及国际竞争力。其次，在新型工业化中依托数字经济头部企业及产业联盟加快建设数字转型平台，开展数字化服务资源的有效衔接，在新型工业化中面对产业链上下游统筹推进数字产业化和产业数字化的协调。最后，在新型工业化中建立创新转型支撑的服务机制。包括因地制宜创新架设区域产业数字化转型，在新型工业化中兼顾产业差异化特征制定数字化转型方案等。

### 第十四章

# 人工智能和实体经济深度
# 融合推动新型工业化

人工智能是指机器模仿人类智力活动的能力，人工智能具有特殊的溢出效应，能够推动战略性新兴产业总体突破，正在成为建设制造强国和网络强国的抓手，也正在成为，进一步培育经济发展新动能、振兴实体经济的新引擎。在提高实体经济适应力与竞争力方面，人工智能有利于提升实体经济适应国内外供求结构变化。在促进产业生产流程的再造升级，提高企业生产效率方面，人工智能直接影响了生产流程的各环节，既有附加值较高的研发设计与销售服务环节，也有附加值相对较低的中间制造加工环节。因此，人工智能与实体经济的融合对改造传统产业、带动新兴产业、催生新商业模式以及增强生产端与消费端的协同机制有重要意义，为推动新型工业化提供了强劲支持。所以，我们要高度重视人工智能和实体经济的融合推动新型工业化。

## 一、人工智能为振兴实体经济提供了新机遇

### （一）人工智能的特点

作为新技术革命的核心内容，人工智能是指机器模仿人类智力活动的能力[①]。目前关于人工智能的认知尚未统一，已有观点主要强调两点，一是强调人工智能是一种通用技术，可以赋予机器学习、决策等

---

[①] 资料来源：《韦氏词典》。

人类行为的能力，并能够普遍使用、创新互补以及成为技术动力[①]。二是强调人工智能是对经济社会各领域的颠覆性变革，涉及计算机科学、自动化、生物学、哲学、社会科学等多个科学，能够对人的智能进行拓展，根据应用范围可以分为专用人工智能、通用人工智能以及超级人工智能。能够形成以人工智能技术为核心，由基础支撑和应用场景组成的覆盖领域广泛的产业。

新一代人工智能的新特征主要体现为，一方面是技术领域的突破。人工智能技术前两轮的计算智能与知识智能的发展高潮，分别在逻辑推理、传感器应用、初级神经网络等方面取得进展，但未能在感知能力与自我学习领域取得突破。直至辛顿（Hinton）于 2006 年提出深度学习神经网络，使得深度学习与大数据组合取得重大突破，人工智能的发展进入感知与认知智能的新阶段。人工智能具有大数据驱动下深度强化学习智能、基于网络的群体智能，人机和脑机交互的技术导向混合智能以及跨媒体推理智能和自主智能无人系统。另一方面是人工智能的应用的深化，人工智能更强调与其他产业的融合。将人工智能基础和共性技术与不同产业、场景的深度融合，落脚点是技术产业化、商业化、不断拓宽人工智能的应用场景。能够实现智能制造、智能医疗、智能城市、数字经济等多个领域的"智能＋"发展。

### （二）人工智能在培育新型工业化新动能中的引擎作用

我国经济发展进入新阶段，既面临产业转型升级与重塑国际经济格局的机遇，也面对传统要素红利衰减、经济增速换挡、经济结构失衡的挑战，传统以规模扩张为特征的数量型增长动力难以支撑新阶段高质量发展的要求。因此，亟须培育经济增长新动能，实现效率提升型的质量型增长。

尽管人工智能作为新一代科学技术革命的代表，对经济增长、劳动就业以及收入分配的影响尚未形成统一观点，并有学者提出新技术与劳动力技能的不匹配以及过快更新的技术会阻碍生产率提高（Ace-moglu & Restrepo，2018），工艺流程的创新也会导致劳动需求下降，引

---

[①] Brynjolfson, E. et al (2017), "Artificial inteligence and the modern productivity paradox: A clash of expectations and statistics", in: A. K. Agrawal et al (eds) Economics of Artificial Inteligence University of Chicago Pres.

起更多就业。但更多实证研究表明，以人工智能为代表的新技术的出现，可以推进技术进步，促进经济增长，并会通过资本化效应创造新就业。对于我国旨在推动新型工业化的新阶段来说，人工智能在培育推动新型工业化的新动能方面有着重要的支持作用。不仅可以作为共性基础技术，融入经济各领域，全面提高存量经济的增长效率，优化经济结构，还可以变革经济生产组织方式，催生新经济，形成新的经济增长极推动新型工业化。

在重塑供给驱动力方面，人工智能有利于培育推动新型工业化的高端要素，优化要素禀赋结构。在推动新型工业化的优化传统要素方面，人工智能不仅可以依托新互联网、移动设备等新的信息环境，延伸扩展人的学习能力，加速人力资本积累，还可以利用数字经济完善投融资环境，提高资本配置效率。在推动新型工业化的技术进步方面，人工智能技术的深度学习能力与大数据基础，有利于降低技术创新的风险和不确定性，减少创新成本，提高推动新型工业化的创新效率，同时还可以通过群体智能技术，加速知识技术创新、产品产业创新以及市场需求创新等多维度的协同创新效率推动新型工业化。此外，大数据不仅是人工智能的基础，更是一种推动新型工业化的新因素，对企业的生产决策和产出效率、竞争水平都有着直接影响，是影响产出水平的新的要素。

与此同时，群体智能、混合智能以及人机一体等人工智能技术也能推动新型工业化产业转型升级，释放新的结构红利。一方面，新的大数据信息环境使得市场机制日趋完善，企业的市场竞争与适应力也不断提高，特别是要素市场与信息市场的完善能够促进存量要素的重置效率，推动新型工业化产业转型升级；另一方面，群体智能可以实现复杂工作流程，人机交互与自主智能无人系统改变了企业投入产出决策，提高企业产出效率，诸多人工智能技术的融合，不仅重塑了企业的组织分工与生产流程，也带动了上下游企业与整个产业链的变革，打破了原有产业布局与合作模式，优化了推动新型工业化的产业空间布局。

在推动新型工业化的需求拉动力方面，人工智能可以释放更多的消费力，催生以需求为主的需求侧结构。随着发展阶段的转变，居民的消费需求不断升级，对一般消费品种类、质量、售后等方面的要求不断提升，并且对医疗、养老、教育等服务需要的日益增多，特别是随着我国人口老龄化趋势的显性，人工智能可以通过智能产品的推广以及智能服务的普及，满足消费者的个性化需求以及老龄化社会对于医疗、养老和社会服务水平的要求。与此同时，新一代信息网络以及跨媒体以及自主无人智能等技术在金融服务领域的应用，使得金融服务渠道多元化，不仅能为经济主体的储蓄投资活动提供便利服务，降低投资成本，提升资本市场的交易效率，满足了居民投资理财的多元需求，更重要的是人工智能有利于促进金融市场完善，数字化、网络化的趋势提升了金融市场风险管控。

可以看出，人工智能技术无论是对短期的需求拉力还是长期的供给驱动力对于推动新型工业化有积极的促进作用，不仅能够从培育高端要素，促进新型工业化要素重置和产业布局，释放新的要素红利与结构红利，还可以诱致消费升级，控制投资风险，释放更多的消费能力。

### （三）人工智能为振兴实体经济和推进新型工业化提供的机遇

实体经济作为我国经济发展的基石，包含农业、工业以及除房地产与金融业以外的服务业，是国家经济增长的核心载体，也是推动新型工业化的主战场。当前，我国经济进入以服务业为主导的工业化后期，为维持经济增速，避免过度去工业化，我国需要振兴实体经济，保持实体经济活力。振兴实体经济的关键是增加产业应对要素禀赋结构变化的能力，保持产业的适应性和竞争力，不断提高实体经济的生产效率。人工智能的发展为实体经济的全面振兴和推动新型工业化提供了技术支持和变革机遇。

在推动新型工业化，提高实体经济适应力与竞争力方面，人工智能有利于提升实体经济适应国内外供求结构变化。一方面，资源环境约束的增强，劳动力价格的上升都使得我国的比较优势出现阶段性变化。人工智能不仅可以加速人力资本的积累，提高在岗工人通过中学中获得的知识技术水平，提高了劳动力的流动效率，还能够利用强大的深度学习能力以及群体智能技术加速技术创新与技术扩散，优化要素配置结构，提升人力资本与技术进步对产出效率的贡献，实现资本密集型和技术密集型的实体经济的发展提供高质量人力资本与技术支持。另一方面，随着我国产业正逐步深入融入全球价值链，面对国际贸易保护主义的兴起以及贸易格局的重塑，我国产业的发展需要发挥大国经济中的区域价值链的优势，增强不同区域、不同产业的协同发展和产业转型效率。人工智能的物联网、数字化经济使得传统产业布局和转移模式发生变革，加之物联网的普及，以及智能城市与智能交通、智能电网等各领域的完善，不仅能够有效降低产品流通和交易成本，还能够跨区域、跨产业融合发展提高市场支持，升级产业的空间布局，有利于形成有效的产业集聚与区域产业链。

在推动新型工业化，促进产业生产流程的再造升级，提高企业生产效率方面，人工智能直接影响了生产流程的各环节，既有附加值较高的研发设计与销售服务环节，也有附加值相对较低的中间制造加工环节。人工智能能够通过大数据和跨媒体智能的融入有效降低创新成本，优化企业根据市场需求迭代升级的能力。在加工制造环节，人机一体与群体智能技术的推广，能够完成复杂协同流程，节约人力成本，提高中间制造环节的附加值。在销售服务方面，人工智能能够通过大数据智能和信息系统，有效节约销售费用与交易成本。企业生产的各环节都有较大的增加值空间，网络化、智能化制造能力使得生产流程进一步细化，各环节的产出效率大幅提升，不仅有利于制造业结构不断优化升级，还能够促进制造业与服务业的深度融合推动新型工业化。

## 二、人工智能与实体经济融合推动新型工业化的效应

当前，我国经济已进入增长新阶段，人均收入水平进入中高等收入行列，进入服务业为主导的工业化后期。新阶段我国经济增长的目标是实现高质量发展，这不仅要求经济增长效率的提升，注重经济结构的优化升级，强调经济增长成果共享与经济增长代价的降低。然而，作为后发追赶型经济体，尽管我国国民经济体系相对完善，产业门类齐全，传统产业的发展基本成熟，但随着与成熟工业化国家技术差距的不断缩小，我国传统产业的发展面临比较优势衰减，价值链低端锁定的挑战，新兴产业的培育也面临较大的市场不确定性。人工智能与实体经济的融合对改造传统产业、带动新兴产业、催生新商业模式以及增强生产端与消费端的协同机制有重要意义，为实现高质量发展和

推动新型工业化提供了强劲支持。

## （一）对传统产业的改造效应

人工智能与实体经济融合的过程中，也可以创造新的产品和服务，提供新的工种和业务，为实现各产业现代化发展和推动新型工业化提供了要素支持和技术条件。

首先，人工智能为农业现代化提供了装备与服务支持。农业现代化的主要目标是提高农业综合效益，促进农业增收。人工智能可以通过人机协同以及自主让无人系统实现自动化、集约化、规模化的生产，不仅能提高农业产出效率，还可以释放更多的劳动力。同时，大数据信息系统和新一代物联网能够使得农产品的供给和需求精准匹配，可以优化农户的生产决策，缓解农产品价格波动，保障农户收益。此外，智能服务与物流体系的完善，可以缩小农业服务体系的地区差异，在优化地区间农产品流通渠道的同时，提升农业公共基础设施水平，统筹城乡发展。

其次，人工智能是实现"制造2025"的重要技术支持。制造业不仅是实体经济的支柱，更是整个国民经济的核心。要实现以创新驱动发展的中国"制造2025"需以数字化与工业化深入融合为主线，全面推进智能制造，推动新型工业化。然而，新阶段我国传统制造业的发展面临大而不强的困境，原有比较优势的衰减，竞争优势的缺乏，我国传统制造业亟待转型升级走新型工业化道路，不仅需要通过产业转型，化解产能过剩，淘汰落后产能。还要加快产业升级，提高制造业的技术水平，积极适应比较优势的动态变化，提高我国传统制造业的适应力与竞争力。这不仅需要有效的自主创新与高端要素，更需要完善的市场机制与制度环境。

人工智能与实体经济融合能够为传统制造业转型升级和推动新型工业化提供有利的技术支持。一是人机一体技术与自主无人系统能够促能够完成复杂精细的生产流程，细化产业分工，促进制造业由自动化升级为智能化、集约化。二是智能工厂、智慧企业的发展能够重构制造业体系，人工智能技术融入产品研发、加工制造、售后服务等各环节，不仅能大幅提高创新效率，降低创新成本，还能提高生产线的灵活性与适应能力，以及完善售后服务水平。在互联网及大数据的背景之下，制造企业能够通过数据分析，全方位地了解消费者及客户的产品需求，及时地对产品进行改进，并逐渐形成更加高效的价值链[①]。

最后，人工智能与服务业的融合，有利于全面推动现代服务业发展。特别是对于教育、医疗、交通通信等服务业的变革有着重要影响。智能教育能够打破教育资源稀缺且分布不均的约束，借助物联网和新一代信息平台，创新教育模式，缩小区域间、城乡间的教育资源差异，加速人力资本积累，为学习型社会提供支持。同时，智能医疗的发展可以利用深度学习与群体智能技术，不仅可以借助精密仪器提高医疗水平，利用智能机器人提高医疗便利性，降低医疗成本。更重要的是，能够促进医学药物研究的时效性，降低研究的成本，还能增加医疗资源供给。此外，基于网络系统与自主无人系统的智能交通与智能城市，既能提高交通物流体系的效率，还能完善交通安全保障。

### （二）对新产业成长的带动效应

人工智能与实体经济融合可以大大提升生产力，推动新型工业化。在工业、农业、酒店和餐饮服务业、金融投资业等行业中，使用人工智能系统可以更有效、更精准、更低成本地完成工作。促进大数据、云计算、智能制造等新型产业的发展。引领带动作用的人工智能产业，促进人工智能与各产业领域深度融合，形成数据驱动、人机协同、跨界融合、共创分享的智能经济形态。

人工智能有利于降低新型工业化中新型产业发展中的不确定，促进产业规模化。对于我国战略性新兴产业中规模最大、创新最密集的新一代信息技术与生物医药的发展而言，人工智能既可以通过大数据，精准定位市场需求，优化企业产出决策，还可以利用深度学习和群体智能加速技术创新和技术扩散，提高不同创新主体的协同创新效率，不仅可以控制新产业发展面临的市场风险，还能降低技术创新的不确定性与成本。对新材料、新能源以及高端装备制造业而言，物联网的普及，跨媒体、群体智能的发展以及信息技术的推广，提高了新兴产业的数字化、智能化水平，特别是生产流程的重塑与企业组织方式的变革为催生新产业提供有利条件，有利于形成规模经济。此外，在充

---

① 李勇坚：《推动人工智能和实体经济深度融合》，载于《中国社会科学报》2018年5月28日。

分发挥人工智能的共性技术对其他产业发展的促进作用时，还需要系统提升我国人工智能产业的发展，增强数据提供和计算能力基础支撑、提供机器学习、计算机视觉、语音与自然语言处理等关键技术，扩大涉及机器人、智能医疗、智能驾驶、智能家居等多行业的应用。

### （三）对新商业模式成长的带动效应

人工智能不只是流行一时的商业模式，而有着旺盛的生命力，代表着一个未来时代。在推动新型工业化中能够为企业创造和改变商业机会、重塑产业格局、改变人才团队结构，为企业盈利状况及市场价值带来提升。

商业模式是公司所能为客户提供的价值以及公司的内部结构、合作伙伴网络和关系资本等借以实现（创造、推销和交付）这一价值并生成可持续盈利收入的要素[①]，商业模式的创新是企业竞争优势的驱动力，人工智能与实体经济融合对于企业商业模式的发展定位、目标市场、竞争优势以及盈利方式等都有深刻影响。特别是能够开拓新的细分市场以及创新盈利模式方面。

大数据智能有利于企业精准定位目标客户需求，行业竞争状况进行精准判断，充分挖掘价值需求与潜在用户，创新业务活动。更重要的是，人工智能还会转变企业组织架构，扁平化、分权化的组织趋势不仅能够减少企业的监督成本，提高部门间的协同效率[②]，创新伙伴关系和网络形态。此外，物联网、大数据信息平台的完善对供应链也有变革性影响，有利于涉及成本结构、分销渠道创新。人工智能与实体经济融合的应用能够在推动新型工业化中催生大规模、深度横向一体化的商业形态。

### （四）生产端与消费端的协同效应

在推动新型工业化中，实现生产端与消费端的有效协同，从消费端倒逼生产端实现两者深度融合；关注企业智能化，重点关注产业链上下游的整合，释放更大的社会效益和经济效益。

---

① 孙永波：《商业模式创新与竞争优势》，载于《管理世界》2011年第11期。

② 菲利普·阿吉翁、本杰明·琼斯、查尔斯·琼斯：《人工智能与经济增长》，载于《比较》2018年第2期。

生产端与消费端的协同发展，既要实现精准的供需匹配，也要促进深度的产业融合，是实现市场融合，优化要素配置效率的重要路径。充分的信息是形成有效价格信号的基础，高效的生产组织方式是及时优化供求的路径，产业间的合作竞争是市场融合的重要支撑。

对消费市场的供求匹配而言，一方面，随着发展阶段的转变和人口结构的调整，居民的消费结构也不断升级，通过大数据和智能服务的发展能够为企业提供更多信息，引导企业及时调整生产决策，不断创新发展；另一方面，企业也可以通过数据分析寻求潜在客户和消费市场，不断开拓新商品，发展新的商业模式，进而诱发新的消费需求。依靠人工智能技术能够实现更加精准，良性互动的供求关系。

对产业间的融合发展而言，智能制造和深度学习技术不仅可以推荐技术的扩散和转换，带动上下游企业生产效率的提升，更重要的是，生产组织方式的变革使得企业分工更加细致，与上下游企业的交易成本不断下降。不仅有利于我国企业在全球价值链地位的升级，还有助于区域价值链分工的优化，实现区域价值链与全球价值链的深度融合和不断升级。

## 三、人工智能与实体经济融合推动新型工业化的路径

2024年中央经济工作会议提出，要大力推进新型工业化，发展数字经济，加快推动人工智能发展。目前我国人工智能与实体经济深度融合面临着一系列瓶颈制约，主要表现在：一是缺乏系统的超前研发布局，缺乏政策法规支持体系和标准体系欠缺，是我国人工智能与实体经济深度融合的难题。二是缺少重大原创成果。当前人工智能技术的理论仍然不太完备，需要继续加强基础理论研究。三是基础设施不匹配，特别是目前的硬件特别是移动端或者物联网设备，很难满足人工智能算法需求，需进一步优化算法。四是人工智能尖端人才远远不能满足需求。要吸引和培养人工智能高端人才和创新创业人才，为人工智能与实体经济深度融合提供人才支持。支持加强人工智能相关学科专业建设，引导培养产业发展急需的技能型人才。为有效发挥人工智能与实体经济融合推动新型工业化，要积极破解难题，突破瓶颈制约，促进人工智能与实体经济的深度融合。

随着人工智能技术不断发展和突破，以及在各行各业的广泛应用，其在经济建设以及国家战略层面的作用日益重要。人工智能已经成为新一轮科技革命和产业变革的核心技术，全球都在争先进行战略部署。为有效发挥人工智能与实体经济融合，对促进高质量发展和推动新型工业化的积极作用，关键是要协调好制度与技术的关系，以及计划与市场的关系。

### （一）设计好人工智能与实体经济融合推动新型工业化的关键路径

人工智能作为一种技术革命，具有较高的风险和不确定性，既是一种赶超机遇也是一种转型挑战。因此，需要政府做好顶层设计，通过战略规划、政策法规等手段，降低风险，减少外部性。

一方面，确立整体推进人工智能与实体产业融合的战略规划。由于人工智能的基础支撑、核心技术以及应用场景等涉及面广泛，因此，需要政府出台相应的战略规划，设立整合推进机制，有效的协调部门间、区域间人工智能与实体经济融合。不仅要构建激励机制，全面释放经济主体的活力，促进人工智能对经济各层级发展的促进作用。一是要整合收集各部门、各层级的数据信息，统筹协调各部门的"智能＋"融合效率，降低协调成本与交易费用。二是要集中有限的研发要素，增加在共性基础领域的研发创新，协调产学研创新主体的创新活动。

另一方面，构建人工智能与实体经济融合发展的支持体系。由于人工智能的发展依然存在很多模糊边界，需要在发展中不断调整完善制度法规，积极应对新产业发展中带来的"创新型毁灭"造成的社会成本和代价。一是需制定人工智能发展的法律法规和道德框架，特别是对信息安全、人机一体、无人自动系统等领域的规范。二是需确立人工智能技术标准和知识产权体系，加快推进应用领域和行业协会的相关标准制定，增强专利保护机制。三是需建立人工智能安全监管和评估体系，针对人工智能的复杂性、风险性以及不确定性等问题构建预警机制和风险管控体系。

### （二）实现人工智能与实体经济产业融合推动新型工业化

智能制造已成为人工智能与实体经济深度融合的重要抓手。实体经济的数智化改造，需要结合产业特色和优势，鼓励企业扩大人工智能技术在农业、制造业、服务业等实体经济领域的应用场景，聚焦智慧医疗、智慧治理、智能制造、智慧物流等领域，打通人工智能创新链和产业链，加快科技成果转化，推动人工智能技术与实体产业深度融合推动新型工业化。

要充分发挥人工智能对产业升级的促进作用，持续推动产业结构优化升级，以智能制造为主攻方向，推进新型工业化：一是加快改造升级传统产业，推进传统工业企业"智改数转"。目前，我国实体经济领域的数字化改造尚未完成，智能化很难在短期快速渗透。政府应提供更多资金支持与税收优惠，制定更具针对性的政策，同时选取一些智能化改造示范项目进行宣传推广，鼓励企业间进行交流合作，促进智能化技术和经验共享，加快产业的智能化改造步伐。二是支持人工智能在重点领域的应用。人工智能进入大模型时代，生成式大模型是人工智能的重大突破，对智能制造产生重大的影响。要加快孵化具有重要引领作用的人工智能产业，推动主导产业向价值链高端发展，大力支持实体经济绿色发展，全面提高经济发展质量和效益，以人工智能与实体经济产业的融合推动新型工业化。同时要着力打造人工智能的重大应用场景。围绕前沿高效的智能经济，鼓励深入挖掘人工智能技术在制造业等重点行业的应用场景，推动智能经济的高端化和高效化发展。以人工智能技术与产业融合创新为导向进行场景创新实践，不仅要推动人工智能技术在传统产业的应用和创新，还要完善其在新兴领域的创新。以人工智能和制造业深度融合为主线，以智能制造为主攻方向，加快重点行业智能升级，推动人工智能与实体经济融合赋能新型工业化。三是深入实施智能制造工程和中小企业数字化赋能行动。以智能制造为主攻方向系统推进新型工业化，扩大智能制造增量规模。推动智能制造重点领域与新一代信息技术、生物技术、新能源、新材料等战略性新兴产业深度融合。聚焦设计、生产制造、经营管理、运维服务等制造全过程，加强关键核心技术攻关，提升智能制造核心能力。要通过产业链供应链数字化智能化改造升级，培育跨界融合新业态，加快打造数据驱动、软件定义、平台支撑、服务增值、智能主导的现代化产业体系。提升智能装备、系统解决方案供给能力，提升智能制造对制造业优化升级的科技供给能力和基础支撑能力，夯实智能制造发展基础。鼓励不同领域、产业链上下游设计企业、智能技术提供商、智能装备制造企业、应用服务商等企业加强交流合作，完善智能制造生态体系，加强智能制造发展的保障。

### （三）培育人工智能与实体经济融合推动新型工业化的产业发展环境

加速技术研发，成果转化机制，引导人工智能技术向制造业输出。培育、组织和支持人工智能在工业大数据等重点领域的应用。人工智能与实体经济融合推动新型工业化既需要产业政策的支持也需要有效的学习型社会环境。

合理利用竞争性产业政策对技术创新的促进作用，在保障市场机制在要素配置中的决定性作用的基础上，以市场的力量选择合适的产业发展路径。增加政府对基础创新领域的要素投入，降低人工智能深入研发的风险和成本等领域的作用。一是要利用功能性产业政策实现人工智能与实体经济融合推动新型工业化，维护市场竞争秩序，维护更有强竞争力的产业发展，通过竞争机制实现实质创新，实现人工智能与实体经济融合推动新型工业化。二是利用产业政策实现人工智能与实体经济融合推动新型工业化，优化产业技术研发与扩散的效率，提高知识创新、技术创新、产业创新、产品创新等各创新环境的协同性。三是需要利用适度的财税优惠政策实现人工智能与实体经济融合推动新型工业化，扶持战略性新兴产业的发展，分担新兴产业的创新成本。

与此同时，还要积极构建"全局促进，重点突破"地实现人工智能与实体经济融合推动新型工业化。在产业层面，目前，人工智能的发展主要集中在服务业，侧重消费端的推广应用，主要在教育、医疗、交通等服务业领域产生了积极的影响，对于农业与制造业的发展相对落后。因此，需要全面促进人工智能与各层级的经济活动的融合，重点推进智能制造的发展，为实现创新驱动高质量发展，实现人工智能与实体经济融合推动新型工业化提供有力支持。在区域层面，需要进一步优化人工智能产业的空间分布与发展，应依托高校资源、企业资源、增加基础设施建设，提高各地区"智能＋"的发展。但由于不同地区的发展阶段和产业结构的差异，人工智能对各地区产业发展的作用重点也有所差异。对于在高收入发展阶段，在人工智能发展前沿的东部沿海发达地区而言，应积极推进人工智能产业链的发展，以带动全国人工智能技术的发展。对于中等发展阶段，人工智能发展滞后的中西部地区，人工智能应侧重作为共性基础技术，推动产业转型升级，促进新兴产业的规模化。

**（四）加强人工智能与实体经济融合推动新型工业化的数字基础设施建设**

促进基础设施从道路等物理基础设施建设转向数字基础设施建设，为人工智能与实体经济融合推动新型工业化提供基础设施支持。数字基础设施不仅涉及道路交通等传统基础设施的数字化过程，还强调高速宽带网络、互联网协议地址、域名等传统的信息基础设施。目前我国数字基础设施建设存在不平衡的空间分布、低效的数字信息收集、传输、挖掘和利用。因此，一是要加快工业互联网、物联网、5G、大数据、云计算等方面的新型基础设施建设，为实现人工智能与实体经济融合推动新型工业化提供基础设施条件。二是要加快推进铁路通信传输网、公路基础设施数字化、全国高速公路信息通信联网工程，整合各路段通信传输资源，优化交通信息网络。三是加强人工智能与实体经济融合推动新型工业化的算力基础设施。适度超前发展超大规模算力和超快训练速度的智能算力平台，建设涵盖通用计算、智能计算、超级计算的融合算力中心。响应快速迭代的算力市场需求，促进智能计算和高性能计算等算力资源综合应用。提升算力网络传输效能，探索算网协同运营机制，构建跨区域算力调度体系，推动算力、数据、算法融合发展。

**（五）优化人工智能与实体经济融合推动新型工业化的资本市场支持**

完善资本市场支撑环境，引导整合社会各类资金，通过创投模式培育发展人工智能与传统产业融合创新催生的大量新技术、新业态、新模式。培育在工业智能产业中具有国际影响力的各类企业。进一步优化融资环境，鼓励商业银行、股票发行机构等加大对有能力提供行业解决方案的人工智能企业的支持力度。一方面，需建立财政引导、市场主导的资金支持机制。统筹政府和市场多渠道资金投入，加大财政资金支持力度，为人工智能基础前沿研究、关键共性技术攻关、成果转移转化提供支持，适度减少人工智能企业的税负与研发成本。另一方面，需发挥大企业的研发优势与中小企业的成果转型效率。要鼓励大企业牵头成立市场化的人工智能发展基金，利用多元投融资市场，引导社会资本支持人工智能发展。同时，还应积极运用政府和社会资本合作等模式，发挥中小企业的灵活性，引导社会资本参与人工智能重大项目实施和科技成果转化应用。

# 数字经济与实体经济深度融合推进
# 新型工业化的产业创新集群发展

进入 21 世纪以后，全球科技产业进入到一个前所未有的创新密集期。以创新为关键特征的新兴产业成为推动世界经济发展的主导力量，而新兴产业集群成为提升国家竞争力的重要载体。作为创新集群的代表，战略性新兴产业集群可以加速实现技术创新和技术产业化，并能带动产业升级和区域创新。而在数字技术发展，推动数字经济高效发展的背景下，数字经济与实体经济深度融合推进新型工业化推动产业集群发展是一个值得研究的问题。

## 一、产业集群创新发展的理论基础

产业集群是指相同的产业高度集中于某个特定地区的一种产业成长现象，产业集群会给企业带来益处，但过度的聚集也会产生拥挤成本。迈克尔·波特认为，产业集群是用来定义在某一特定领域中大量产业联系密切的企业以及相关支撑机构在空间上集聚，并形成强劲、持续竞争优势的现象[①]。国内外经济学家对于产业集群相关的研究主要是从外部经济、专业化分工、交易成本、创新与竞争等几个方面来说明产业集群的形成与发展机制。

国外最早研究产业集群的经济学家阿尔弗雷德·马歇尔把经济规模划分为两类，第一类是产业发展的规模，这和产业的地区性集中有

---

① Porter. "The Competitive Advantage of Nations", Harvard Business Review, 1990.

很大关系；第二类则取决于从事工业的单个企业的资源、它们的组织以及管理的效率。他把第一类的经济规模称为外部规模经济，把第二类的经济规模称为内在规模经济。马歇尔发现了外部规模经济与产业集群之间的密切关系，他认为产业集群是因为外部规模经济所致。马歇尔提到，企业内部的规模经济一般比较容易被人们所认识到，厂商也会尽可能使生产规模进一步扩大；而企业外部的规模经济同样是十分重要的，当产业的持续增长，尤其是集中在特定的地区时，会出现熟练劳工的市场和先进的附属产业，或产生专门化的服务性行业，以及改进铁路交通和其他基础设施。马歇尔还用随产业规模扩大而引起知识量的增加和技术信息的传播来说明产业集群这种现象。因此，以后的经济学家就把劳动市场共享、专业性附属行业的创造和技术外溢解释为马歇尔关于产业集群理论的三个关键因素①。但马歇尔的理论中没有考虑区域内企业的成长和区域间企业的迁入、迁出等动态因素的变化，也忽视了区域产业组织的外部接连与创新。

阿尔弗雷德·韦伯从工业区位理论的角度阐释了产业集群现象，他认为产业集聚分为两个阶段，第一阶段是企业自身的简单规模扩张，从而引起产业集中化，这是产业集聚的低级阶段。第二阶段主要是靠大企业以完善的组织方式集中于某一地方，并引发更多的同类企业出现，这时，大规模生产的显著经济优势就是有效的地方性集聚效应。阿尔弗雷德·韦伯将产业集群归结为技术设备的发展、劳动力组织的发展、市场化的程度和经常性开支成本这四个方面的因素。韦伯的研究主要探讨了产业集聚优势的因素，量化了集聚形成的规则，具有相当的价值，但是韦伯对集聚的研究脱离了制度、社会、文化、历史因素，单纯从资源、能源的角度加以考察。而在实际经济生活中，产业集聚的形成相当程度上决定于地区的社会文化、政治等因素，这是在其研究中所缺失的部分。

保罗·克鲁格曼将产业集聚与国际贸易因素紧密联系起来，利用萨缪尔森提出的天使的寓言来阐释产业集群现象：产品的贸易活动实际上间接地起到了生产要素贸易的作用，无论生产要素最初的分配状

---

① Krugman. History and industry location: the case of the US manufacturing belt, American Econonic Review, 1991.

态如何，通过贸易活动，总会使某些产品的生产集中于某些工业区。产业集群中的外部规模经济因素在克鲁格曼的观点里是一种开放经济的状态，是各个国家产业选择和取得优势的决定性因素。这一点和他的"新贸易理论"是吻合的，即各国的贸易优势并不来自国与国的产业区别以及由此引起的比较优势，而是来自各国内部的地区产业分工和在此基础上所能达到的规模经济的程度。迈克尔·波特从竞争经济学的角度去研究产业集群问题，波特认为产业集群更多的首发于几家创新性企业，这些企业刺激了许多其他同类企业的成长，如华盛顿特区电信业群聚的现象。波特认为产业集群对企业竞争是高度重要的，除了有利于企业创新和出口，还可以使企业更好的接近劳动者和公共物品以及相关机构的服务。

而在国内，对于产业集群的研究也有众多相关文献。首先，从我国自身发展情况来看，自20世纪七八十年代初实施改革开放政策后，我国各地区域经济的发展非常活跃。20世纪80年代中后期，江浙一带的企业集聚区开始迅速发展起来。国内的一些学者在对这些区域进行调查、研究的基础上，提出了"温州模式""苏南模式""江浙模式"等成功发展模式。而这些区域发展都具有一些共同的特征，即企业之间的分工或协作依赖于企业主或劳动者之间存在的共同社会文化背景基础，这是对于集群概念的一个初步说明。产业集群首先是存在于在经济发达的区域，张仁寿从区域经济非正式制度等方面进行了探讨①。李新春则更着重于从企业网络或企业家网络的角度来研究企业集群，认为企业家创新精神在其发展中起到了重要作用②。众多学者认为技术和创新是高技术企业获取竞争优势的源泉，产业集群是高技术产业发展的主要模式。知识资本成为知识经济时代的主导生产要素，高科技产业的研发（R&D）资本产出弹性显著大于非高科技产业的 R&D 产出弹性；同时城市化的集群经济体现出知识外溢、共享基础设施等规模报酬递增效应可以提高地区劳动生产率③。高新技术产业不断地加大研究和开发力度，获取新知识、新技术的投入，从而带动那个产业结构升级、大幅度提高劳动生产率和经济效益，促进产业高质量发展。由

---

① 张仁寿：《深化对"浙江模式"的研究》，载于《浙江社会科学》1999年第3期。
② 李新春：《企业集群化成长的资源能力获取与创造》，载于《学术研究》2002年第7期。
③ 范剑勇：《产业集聚与地区间劳动生产率差异》，载于《经济研究》2006年第11期。

此可见，国内经济学家主要是从区域内资源共享以及知识外溢对于生产力和经济效益提升的角度来探讨产业集群发展的。

由以上研究可以看出，产业集群发展主要是从外部经济、专业化分工、交易成本、创新与竞争、知识外溢、公共资源共享等方面对经济造成影响。其中较为关键的是创新，即新知识、新技术在产业集群发展中起到的作用，相较于单独、分散企业的创新，产业创新集群发展能产生规模效应。经济合作与发展组织（OECD）在其1996年发布的文件中凸显了"创新性集群"的重要性。后来，逐渐习惯用"创新集群"代表一类特殊的"产业集群"：以创新为目标或具有一定产品创新能力的产业集群，创新集群是一个催生产业创新的生态系统。创新集群的优势，是通过产业集聚、知识外溢和集体行动，把创新链上的创新资源不断植入产业中，或者把企业里的创新资源拿出来共享，寻求更多的产业合作机会，创造更多的价值。从实践看，既可围绕产业链部署完善创新链，也可围绕创新链布局赋能产业链。因此，在数字经济发展的当下，产业创新集群发展无疑会被赋予数字特征，在数字技术的加持下发生新的演化。

## 二、数实深度融合推进新型工业化中产业创新集群发展的新特点

实体经济始终是经济高质量发展的根基，充分发挥数字技术和数据要素对实体经济的作用，是我国实现经济高质量发展的必然选择。数字技术降低了数据存储、计算、传输、搜寻、复制、追踪和验证的成本，使数据的收集和使用增加。随着数字技术研发和应用的深入，数字经济的内涵不断丰富，外延不断拓展，规模不断扩大。数字产业化主导的技术变革激发了新技术的发展潜力，而产业数字化则使数字技术推广至生产和生活的各个领域，衍生出的新产业、新业态和新模式能够使企业主体通过引进创新和自主创新等途径"筑长板"来增强自身竞争优势，推动国内大循环加速构建。同时数字产业化也有利于翻越技术壁垒，突破全球价值链分工"低端锁定"的窘境还能增强外循环韧性。数字产业化和产业数字化是数字技术在供给端融入经济活动的体现，有利于提高经济发展效率，加快形成国内国际双循环相互

促进的新发展格局，引领中国经济高质量发展。在数字经济与实体经济深度融合推进新型工业化下将赋予产业创新集群发展新的特征。

## （一）数字经济与实体经济深度融合推进新型工业化赋予产业创新集群发展动态性特征

在数字化、数字化的加持下，信息传递具有高效性、及时性，相同产业的企业之间、不同产业之间信息交换、资源交换更加频繁、更加及时。企业更容易对外界变化作出反馈，及时创新，迅速对竞争对手或相关企业的创新做出反应或是学习吸收，极大地利用了知识溢出效应。熊彼特认为，所谓创新就是要建立一种新的生产函数，即生产要素的重新组合，即把一种从来没有的关于生产要素和生产条件的"新组合"引入生产系统。在数字经济生态系统中，可以更具体的理解为将数字信息，数字技术引入到企业的生产管理运营之中，不断创新，提高效率。具体而言主要有以下五种情况；采用一种新的产品、采用一种新的生产方法、开辟一个新的市场、获取原材料新的供应来源、实现任何一种工业新的组织。企业的创新能力是企业的核心竞争力，在数字化的浪潮中，能否适应环境的不断变化将直接决定企业的生存地位。传统的产业创新集群发展会囿于信息流通的滞后，不能够及时地对外界相关动态作出反馈，难以充分发挥产业集群的优势，因此，在数字经济与实体经济深度融合推进新型工业化的加持下，产业集群创新会呈现出动态性的特点，即及时、不断、反复吸收信息，充分地发挥集群的优势，促进企业、产业创新，促进高质量发展。

## （二）数字经济与实体经济深度融合推进新型工业化赋予产业创新集群发展平台式特征

产业创新集群发展的过程中除了要处理好企业之间的关联，也要处理好政企之间的关系，政府对于不同产业的发展规划、政策补贴、优惠政策等相关行为会直接影响到产业集群发展的状态，如政府大力推进高新科技、医疗技术等重点培育产业园区项目，会对产业集群发展的规模和现状产生影响。因此，建设大平台、大数据、大系统，形成覆盖全国、统筹利用、统一接入的数据共享大平台，建立物理分散、逻辑集中、资源共享、政企互联的信息资源大数据，构建深度应用、上下联动、纵横协管的协同治理大系统，推动全国政企信息资源整合和共享，为"互联网＋政务服务＋企业发展"建立数据基础，有效解决各地区之间、各行业之间、各企业之间发展的各自为政、条块分割、烟囱林立、信息孤岛等问题。促进企业之间、政企之间信息高效交换、有序竞争，打造高效友好的市场竞争关系、清亲的政商关系，塑造高效市场和有为政府，促进产业创新集群平台式发展。

### （三）数字经济与实体经济深度融合推进新型工业化赋予产业创新集群发展跨地域性特征

美国管理学泰斗迈克尔·波特认为，所谓产业集群是用来定义在某一特定领域中（通常以一个主导产业为核心），大量产业联系密切的企业及相关支撑机构在空间上集聚，并形成强劲、持续竞争优势的现象。由此定义中可以看出，传统的产业集群主要还是局限于传统产业园区或是地域因素，受地理位置限制较大。随着产业集群的转型升级和高新技术产业的引进，企业对集聚因素的关注点从过去追求廉价的土地和劳动力等有形生产要素转为对无形资源，特别是对各种知识资源和创新条件的关注。传统的生产要素正退居次要的位置，资源禀赋、地缘优势等传统集群动因对企业的吸引力大大减弱，知识溢出等软性因素正逐渐成为影响企业加入集群的关键点。而新经济地理理论指出，当区际"冰山"运输成本低于区内拥挤成本时，会呈现分散的空间均衡。安同良指出由于产业集群带来的上涨的房价大幅提高了拥挤成本，成为分散企业的力量。而中国的"基础设施奇迹"填平了"接入鸿沟"，在充分发挥网络外部性的同时，助推企业由高房价地区流入低房价地区。互联网放大了以房价为表征的拥挤成本的分散力，正在重塑中国的经济地理格局。以上的研究也表明，在数字经济与实体经济深度融合推进新型工业化下，传统企业在考虑区位选择时会降低地理位置的权重，而更多的考虑对其他无形资源的考虑，即产业创新集群发展具有了跨地域性的特点，传统的集群企业通过线上云平台等互联网数字技术手段进行集聚，破除了传统限制，获得了新的数字经济时代特点。

## 三、数实深度融合推进新型工业化中产业创新集群的关键维度与实现路径

### （一）数字经济与实体经济深度融合推进产业创新集群的关键维度

数字经济与实体经济深度融合能够从促进企业内部数字化转型、优化企业外部营商环境和高效协调家庭需求与企业发展方向三个角度促进产业创新集群发展。首先，从促进企业内部数字化转型这一层面来看，产业创新集群发展意味着同一产业内知识的优化、不同产业内知识的选择性、有机性融合。因此，除了推动企业自身实现数字化转型以外，还需促进各种创新主体之间相互作用、相互吸收、相互借鉴，产生知识的聚合效应。在牢牢把握好企业创新这一基点的同时，积极主动利用知识外溢带来的正向效应。其次，在优化企业外部营商环境层面，也需要有效的使用政府这只"有形的手"，使其做整体产业链规划的总设计师，加强顶层设计功能，在政府的指引下有序的发展。最后，从家庭与政府这一层面来看，由于产业的发展成果最终会由消费者共享，除了在供给层面促进数字化转型，需求侧的改变也至关重要。熊彼特认为创新主要有以下五种情况：采用一种新的产品、采用一种新的生产方法、开辟一个新的市场、获取原材料新的供应来源、实现任何一种工业新的组织。因此，消费层面对新产品的需求对企业而言至关重要，而数字经济与实体经济深度融合的背景下，企业与家庭之间可通过搭建高效的沟通平台、可实时进行信息交互的大数据平台和可随时对于消费者行为进行监测并做出反馈的技术工具来对新需求做出识别，促进企业衍生创新动力，推动产业创新集群发展。因此，加强数字经济与实体经济深度融合下的产业创新集群发展需要从这三个角度分别落实，具体而言，本书认为应该从以下几个维度促进新时代背景下的产业创新集群发展。

第一，要把握数字经济发展机遇，抓住数字经济时代红利，促进企业数字化、家庭数字化转型，推动数字产业化和产业数字化发展，推动数字化技术在供给和需求端的双层应用，以数字化转型为基准点推动产业创新集群发展。

第二，要始终聚焦实体经济这个立身之本，实体经济是物质财富

的源泉、是国家强盛的根基、也是社会和谐的保障。国家强大要靠实体经济，世界经济发展史表明，制造业兴，则经济兴、国家强；制造业衰，则经济衰、国家弱。数字经济与实体经济融合通过建设创新集群锻造制造业长板，形成"搬不走、压不垮、拆不散"的产业集群竞争优势，促进制造业核心竞争力再跃升。

第三，数字经济与实体经济融合推动产业创新集群发展需要聚焦"创新能力提升"这个目标，促进企业研发创新的积极性，构建创新保障体系，推动企业积极主动融入全国科技创新布局，围绕重点领域和产业链关键环节加强科技攻关，尽早解决关键技术核心技术"卡脖子"的现状。

第四，要聚焦"集群发展"的组织形态，优化"集群发展"组织形式，探索新时代背景下的集群新特征。加快集聚创新型企业、新型研发机构、高校院所、科技中介、咨询服务公司、金融和法律机构及行业协会，推动创新资源和产业要素的有机协同性配置，充分发挥规模经济优势，加强知识外溢强度，让创新资源更有集聚度、产学研融合更有深度、关键核心技术攻关更有力度。

第五，构建数字政府，搭建数字治理云平台、数据共享平台、云信息中心，并且完善监督激励制度，在鼓励企业、个体、政府数字资源深度融合的同时对于可能出现的风险和问题迅速反应，及时解决。构建全过程、相互协同、系统的治理环境，确保数据要素安全有序的在系统内部流通。从而加强政府治理能力，及时监测产业创新集群发展中出现的难点、痛点，并高效作出反馈，推动产业创新集群发展高效有序地进行。

**（二）数字经济与实体经济深度融合推进产业创新集群的实现路径**

从有效市场和有为政府这两个层面来看，数字经济与实体经济深度融合对于产业创新集群发展的推进路径主要可以从以下三个方面搭建：促进企业数字化转型与产业之间信息交互、提高政府治理能力，促进政企高效沟通，协调发展、完善产业创新集群发展的支持体系。

1. 数实深度融合推进新型工业化中企业数字化与产业之间信息交互

随着数字技术与实体经济深度融合，数字经济已成为推动经济发展质量变革、效率变革和动力变革的重要驱动力，同时也是世界各国抢占国际市场新的战略制高点。越来越多的企业加入数字化的浪潮，利用人工智能、大数据、云计算和区块链等新型数字技术不断探索转型升级路线和高质量发展的突破点。关于企业数字化转型的定义，中国信息通信研究院发布的《企业数字化转型蓝皮报告》指出，企业数字化转型是利用数字技术，把企业各要素、各环节全部数字化，推动技术、业务、人才、资本等要素资源配置优化，推动业务流程、生产方式重组变革，从而提高企业经济效率，降低企业运营成本，通过将企业业务数字化，实现传统模式的转型升级，最终达到提高生产效率的一种转型过程。在企业数字化转型的过程中，不仅仅是企业内部完成资源配置优化的过程，也是企业通过数字化转型为行业之间发展注入新动力的过程。

在企业数字化转型的过程中虽然受到制度压力、资源条件和产业环境等因素的制约，但是数字化转型为企业带来了创新动力，企业利用数字化技术实现了高效的信息共享和大量的知识积累，进而保障创新活动的顺利开展。另外，由于产业分工不断深化，生产活动的"功能分离"促使产业链关联程度大幅提升。而产业链关联既是构建以国内大循环为主体、国内国际双循环相互促进新发展格局的重要保障，也是推动经济走向高质量发展的必然选择，更是中国经济应对外部复杂环境的立足之本。国内关于产业链关联在价值维度层面的研究主要包括关联效应和波及效应，关联效应表现为对其他产业的需求的拉动作用与发展的推动作用。在数字经济快速发展的情况下，新业态和新场景不断更新换代，中国产业链面临重大变革，新的产业合作模式逐步形成，利用企业数字化转型可以缩短时空距离，促进产业链上下游的资源整合和协同发展。张虎等的研究表明企业数字化转型能够通过降低内部生产成本和外部交易成本两种渠道来促进产业链关联水平的提升。首先，数字化转型过程中促进企业创新，而企业创新继续推动产业链创新，信息的交流、传递可以依托平台系统开展，促进了创新流程在时间和空间上的重叠，扩大数据要素的交流与分享范围，加大知识外溢效率、提高创新效率、降低创新成本，有助于产业链上下游企业、不同产业链之间的互联互通，产业链关联关系逐步优化。其次，企业数字化转型促进了要素禀赋结构的转变，带动产业链发生格局性变化，为数字产业化和产业数字化提供必要条件，有助于形成全产业链、全要素全面连接的生产制造和智能服务体系。因此，在数字经济与实体经济深度融合的过程中，企业数字化转型能够加大知识外溢效率、发挥规模效应、提高创新效率、降低创新成本，从而促进产业链关联水平的提升，促进产业创新集群发展。

## 2. 完善数实深度融合推进新型工业化的政府治理保障

数字经济与实体经济深度融合下的产业创新集群发展不仅仅是企业层面、市场层面的问题，也是与政府治理息息相关的经济问题。作为国家治理体系和治理能力现代化的重要驱动力量，数字政府扮演着实现数字中国、网络强国、智能社会等重大战略目标的支柱角色。政府数字化转型不仅是技术的简单运用，还蕴含着技术与政策、组织的互动过程。政策作为宏观经济强有力的调控手段会引导企业进行那些正外部性较强的活动，而减少会带来较强负外部性的生产活动。产业发展的方向、地区产业的布局应当是符合国家战略要求的方向，而反过来国家政策所支持的产业也是在当前阶段最适宜完成数字化转型的产业，同时也是长期来看经济效益最高的行业。因此，政府作为国家重大战略目标的支柱角色，制定正确的、对产业集群创新发展有利的制度是至关重要的。因此，在数字经济与实体经济深度融合下，经济活动内部会产生在传统经济环境下不会出现的问题。政府需加快数字化转型步伐，提高政府治理能力，数字政府建设的关键在于确立一套完备的制度体系。因此，其数字化转型的关键在于通过数字化技术的应用来实现制度创新，技术只是实现数字化转型的工具，而非最终目标。制度创新通过技术嵌入实现政府体制机制、行政逻辑和文化的重新构建，以适应数字时代的要求。政府需要利用数字化技术，搭建数字治理云平台、数据共享平台、云信息中心，并且完善监督激励制度，完善政策支持系统，积极变革，及时应对各类疑难杂症，构建跨地区、跨业务的数据共享和业务协同体系，全面提升业务处理能力和服务水平。为企业发展适时、精准地提供政策支持，精准识别市场风险。鼓励企业数字化转型、鼓励高新技术企业产业园区建设，吸引企业入驻形成规模效应、提供数字技术税收减免政策、鼓励科创企业融资等。在数实融合的情况下，构建协同一体的政府治理体系，通过高效、及时、实时地对经济环境作出评估，从而制定适当的政策，促进企业数字化转型、促进企业完成资源共享、激励企业主动创新、加强知识产权保护力度、提升企业创新成果共享的意愿，提高知识外溢的边际效用，从而促进产业创新集群高效发展。

**3. 完善数实深度融合推进新型工业化产业创新集群的支持体系**

在数字经济与实体经济深度融合的背景下，推动产业创新集群发展需要重点把握数字经济发展机遇，抓住数字经济时代红利、始终聚焦实体经济这个立身之本、聚焦"创新能力提升"关键目标、聚焦"集群发展"的组织形态，优化"集群发展"组织形式、构建数字政府，搭建数字治理云平台、数据共享平台、云信息中心这五个关键维度。从政府角度来看，本书认为需要从以下几点对产业创新集群发展提供有力支持：第一，完善数字基础设施，为数字经济与实体经济深度融合推动产业创新集群发展创造良好的数字化运营环境；第二，完善各类产业园服务体系，为数字经济与实体经济深度融合推动产业创新集群发展搭建健全的平台支持；第三，加强数字经济时代背景下的法治体系建设，推出用来解决数字经济时代下衍生出的新问题的法治体系，解决数字经济环境下的资源共享过程中衍生出的侵权问题，数据安全等问题，为数字经济与实体经济深度融合推动产业创新集群发展营造公平、有序、高效的市场氛围；第四，创新适宜数字经济时代背景下的制度体系，为数字经济与实体经济深度融合推动产业创新集群发展提供有效的制度保障，提供适应新经济背景的制度支持；第五，加强政策引导、政策性补贴、政策性激励力度，为数字经济与实体经济深度融合推动产业创新集群发展提供必要的财税等相关优惠政策支持，提升企业创新积极性，轻重有序的鼓励支持相关产业发展。

### 第十六章

# 数字经济与实体经济深度融合中数字经济与市场经济融合推进新型工业化

在数字经济快速发展改变社会经济形态的背景下，不仅要推进数字经济与实体经济的深度融合推进新型工业化，而且要实现数字经济与市场经济的深度融合。数字经济与实体经济的深度融合推进新型工业化是技术—经济范式的融合，而数字经济与市场经济的深度融合推进新型工业化的本质是基础制度的融合，目标是推进社会主义市场经济的现代化。习近平总书记在党的二十大报告中指出，"完善产权保护、市场准入、公平竞争、社会信用等市场经济基础制度"[①]。本章主要研究数实融合背景下数字经济与市场经济的深度融合推进新型工业化，发挥数字经济的作用，完善产权保护制度、市场准入制度、公平竞争制度和信用制度，研究数字经济如何克服市场信息不完全，如何克服囚徒困境等方面的问题，进一步实现市场经济的现代化，从而推动新型工业化。

## 一、数字经济与市场经济融合推动市场经济现代化和新型工业化

中国式现代化要求市场经济现代化，市场经济现代化是中国式现代化的重要组成部分。市场经济现代化就是在技术进步推动下，通过一系列规则和制度的完善，使市场经济从传统走向现代，为中国式现

---

[①] 习近平：《高举中国特色社会主义伟大旗帜　为全面建设社会主义现代化国家而团结奋斗》，载于《人民日报》2022 年 10 月 26 日。

代化和新型工业化提供现代化的制度基础。市场经济的现代化包括充分利用新科技成果、市场主体现代化、市场体系现代化、市场治理现代化和市场基础设施现代化。在数字经济背景下，推动市场经济现代化需要实现数字经济与市场经济的深度融合，进一步推动新型工业化。

　　数字经济的发展是一场重大的产业革命，在促进生产生活发生深刻变化的同时，数字经济也与市场经济形成了融合效应。在市场经济条件下市场主体公平竞争、优胜劣汰，而数字经济带来的互联互通、信息充分流动促进了市场供求平衡，提高市场经济的效率。数字技术是市场经济的加速器，特别是当前新一代数字技术中大数据、云计算、物联网、区块链、人工智能新技术的广泛应用，五大数字技术形成一个整体，相互融合呈指数级增长进一步改善了市场机制，实现了数字经济与市场经济的深度融合推动新型工业化，克服了市场机制的一些缺陷，提升了市场效率，推动了市场经济的现代化。在数字经济与市场经济深度融合下，数字经济推动市场经济现代化要克服市场信息不完全，克服囚徒困境等方面的问题。市场经济运行中存在不完全信息问题，不完全信息包括信息不充分和信息不对称，信息不充分是指市场的供求双方对交换的商品不具有充分的信息，意味着市场主体所掌握的信息不够完整，导致市场主体无法作出理性判断或决策。信息不对称是交易双方拥有的信息不同，掌握信息比较充分的一方处于有利的地位，而掌握信息不充分的一方处于不利地位。信息不完全导致市场失灵，导致一些人利用信息优势进行欺诈，损害正当的市场交易，市场的正常作用就会丧失，市场配置资源的功能就会失灵。数字经济时代，数字经济通过数据共享、透明度、评价系统、搜索引擎、社交媒体和大数据分析等手段，解决信息不对称和不完全的问题。数字经济中海量的数据得到收集和存储，数据的共享和开放增加信息的透明度，市场主体可以获得更多的信息，帮助减少信息不对称。数据公开和分享使得消费者、投资者和其他利益相关者能够充分了解各个方面的信息。评价和评级系统为消费者提供了其他消费者的评价和反馈，搜索引擎和比价平台提供了获取信息的渠道，社交媒体分享和交流的消费体验帮助其他消费者作出决策。同时数字经济利用大数据分析和预测技术，可以通过对海量数据的挖掘和分析，帮助企业和决策者更好地了解市场需求信息，减少信息不对称和不完全问题。同时市场经济运行存在着囚徒困境问题，传统市场经济是分散决策，个人从自身利益最大化出发作出决策，并非社会整体利益最优，从而形成"囚徒困境"，囚徒困境意味着个人最佳选择并非团体最佳选择。数字经济是以创造消费和公平分配为目标，数字经济以网络连接和数据共享为基础，提供了广泛合作和协同的基础，企业采用开放的平台模式作为网络连接的节点，利用网络外部性原理实现合作创造价值。平台化战略改变了竞争方式，强调合作而非零和竞争，使企业与竞争对手之间形成竞合关系，在这种竞合关系中每个组织和每个行业都形成潜在的合作伙伴关系，在一定程度上打破"囚徒困境"，使合作与赋能成为数字经济时代市场运行的底层逻辑。

在数字经济与市场经济深度融合下，数字经济推动市场经济现代化和新型工业化要形成有秩序的竞争，市场秩序分为两个阶段，传统市场经济的市场秩序是建立充分竞争，现代化市场经济的市场秩序是有秩序的竞争。数字经济能推动有秩序的竞争自然形成，区块链技术使得有秩序的竞争自然地调整，市场秩序的自我调节使得劣势企业被强制淘汰，数字经济可以自动调节，还避免损失。数字经济与市场经济的深度融合就是要实现有秩序的竞争，通过有秩序的竞争，通过完善产权保护、市场准入、公平竞争、社会信用等市场经济基础制度，通过数字经济克服市场信息不完全，克服囚徒困境等问题，在数经济与市场经济基础制度融合中推动市场经济的现代化。一是数字经济与市场经济的深度融合实现市场主体的现代化。市场主体包括企业运行主体、政府调节主体和家庭消费主体，数字经济与市场经济的深度融合，通过完善产权保护制度、市场准入制度、公平竞争制度和信用制度，推动市场经济的企业运行主体、政府调节主体和家庭消费主体实现现代化。数字经济与市场经济的深度融合，使得企业运行主体利用数字技术和数字基础设施走向企业平台化，形成数字经济背景下新的企业组织形式。企业通过整合互联网和技术实现了业务的数字化、智能化和自动化，企业的决策权力格局由集中走向分化，企业由经验决策走向基于大数据的决策，使企业的组织方式、决策、管理和运行实现现代化。同时数字经济与市场经济的深度融合使得政府调节主体在智能化、数字化和互联网技术的支持下，构建政府、市场、社会多方协同的数字化机制，实现政府决策、管理和服务的智能化改造，以提高决策和管理的科学性。而且数字经济与市场经济的深度融合使得消费主体的生活方式、消费习惯和信息获取方式等发生改变，推动消费主体多元化。数字经济创造丰富的消费应用场景，技术创新能够为人们提供智能化的消费环境和消费体验，推动消费行为的多元化。二是数字经济与市场经济的深度融合可以实现市场体系的现代化。数据成为新的生产要素之后，随之产生了数据要素市场，数据要素市场是市场体系现代化的表现，是全国统一大市场的组成部分。在数字经济与市场经济的深度融合中，通过完善产权保护制度、公平竞争制度和信用制度加速数据要素市场的形成，实现数据要素的市场化配置，建立以市场为基础的调配机制，实现数据的流动，推动数据在流动中产生价值。使市场体系数据要素和数字技术的双轮驱动下走向现代形态，进一步实现高标准化。三是数字经济与市场经济的深度融合可以实现市场制度的现代化。不论是市场经济的发展，还是数字经济的发展都有其基础制度，数字经济与市场经济的深度融合，不仅促进了市场主体、市场体系现代化，而且使得两者的基础制度有机衔接，在产权保护制度、市场准入制度、公平竞争制度和信用制度方面深度融合，形成既促进数字经济发展，又促进市场经济发展的基础制度，实现市场经济制度的现代化。四是数字经济与市场经济的深度融合可以实现市场治理的现代化。数字经济发展和市场经济发展都需要治理制度和治理体系，数字经济治理的目标是维护数字经济的稳定，加强监管和监测，解决数字经济领域的风险和问题，确保数字经济平稳运行，实现社会公平与公正。市场经济治理的目标是克服市场失灵，增加就业，推进市场监管，稳定物价，消除外部性，实现社会公平与公正。数字经济与市场经济深度融合，推动在产权保护制度、市场准入制度、公平竞争制度和信用制度方面深度融合，实现数字经济基础制度与市场经济基础制度的衔接，克服市场失灵、外部性以及信息不对称问题，实现市场经济基础制度的现代化。五是数字经济与市场经济的深度融合可以实现市场经济基础设施的现代化。市场经济的发展需要基础设施支撑，基础设施是市场经济发展和经济增长的基础因素，基础设施可以提高生产率、降低交易成本、增加劳动力的流动性，促进经济发展。在数字化时代，数字基础设施是支持数字经济发展的关键要素，数字基础设施是以数据创新为驱动、通信网络为基础、数据算力设施为核心的基础设施体系，包括通信网络、数据中心、云计算平台、物联网等数字技术基础设施。数字经济与市场经济的深度融合推动新型工业化，通过完善市场准入制度，推动基础设施投入主体的多元化，推动传统基础设施向数字基础设施转型，实现市场经济基础设施的现代化，为建设高水平市场经济体制和高标准市场体系提供数字化、智能化和现代化的基础设施支持。

## 二、数字经济完善产权保护推动新型工业化

产权保护制度是对产权关系实现合理界定、有效调节和保护的制度安排，其主要功能在于降低交易费用，提高资源配置效率。"现代产权制度的特征是归属清晰、权责明确、保护严格、流转顺畅。保护产权是完善产权制度的重要环节"[①]。通过明确产权归属、规范产权运作，为市场经济运行与发展提供的保障。建设高标准市场体系要不断完善产权保护，数字经济发展更要加强知识产权保护和数字产权保护。按照科斯定理，产权界定是市场交易的前提，在明确产权界定的前提下，资产的使用会带来最高的资产价值，但是数字经济的产权与传统工业经济的产权是不同的，传统工业经济的产权中使用权与占有权是对称的。而数字经济是共享经济，占有权与使用权是不对称的，是"使用而非占有"的产权关系[②]，是基于使用权的产权关系，是舍弃了排他性，基于合作与利益共享的产权。数字经济时代知识产权保护与创新支持是相互依存的，数字经济和市场经济的发展要加强知识产权保护和数字产权保护，使得市场经济背景下数据要素的作用得到发挥。

数字经济背景下的新型工业化对传统产权保护制度带来了挑战，数据产权形成过程复杂，是多方协同参与的结果，权责难以清晰界定。同时易于侵权，维护成本高。需要在数字经济与市场经济深度融合中，通过数字经济完善产权保护，加快市场经济基础制度的完善，发挥市场机制的作用，构建数字经济时代产权保护制度，进一步推动新型工业化：一是数字经济完善数字产权保护制度实现数据安全。通过数字

---

① 洪银兴、王慧颖、王宇：《完善市场经济基础制度研究》，载于《经济学家》2023 年第 11 期。
② 刘志毅：《数字经济学：智能时代的创新理论》，清华大学出版社 2022 年版，第 162 页。

技术应用实现数据安全、公共利益和个人隐私保护，数据安全是数据处于有效保护和合法利用的状态，数据安全的前提条件是完善数据产权保护。数字经济背景下数据安全是多方参与条件下创造的，产权界定具有复杂性和模糊性，需要通过法律手段和政策手段来确保数据产权保护，通过完善的数据产权制度，既保证数据安全，建立对个人数据的规范处理，保护个人隐私，又保证数据的有效流动，实现公共利益。二是通过数字经济构建新型数据财产权制度。把握数据的特有属性和产权制度的客观规律，建立与数字经济特征相适应的新型财产权制度。数据市场与普通商品和服务市场性质差别很大，需要依据数据的特性需要进行数据产权保护。数据产权是新型的财产权利，数据不仅区别于传统物权法中的物，也区别于知识产权中的知识产品，数据财产权不能被传统财产权体系所涵盖，需要针对数据的特有属性和产权制度的客观规律，建立一种新型的数据财产权制度。这种新型的数据财产权制度应该包括数据控制权、数据处理权、数据处分权、数据收益权。根据《中共中央　国务院关于构建数据基础制度更好发挥数据要素作用的意见》（以下简称"数据二十条"）"建立数据资源持有权、数据加工使用权、数据产品经营权等分置的产权运行机制"。三是数字经济完善数字产权保护制度保证数据价值的实现。数据作为生产要素只有在流动中发挥作用，在流动中激活其价值。建立数据产权制度，明确各方权利边界和数据利用范围，才能让数据持有主体使用数据，并在使用中获得收益，充分尊重数据处理者的劳动和相关投入。而且完善数字产权保护制度能促进数字技术的创新和转化，激发数字产业的活力和竞争力，提升数字服务的质量和效率，保障数字社会的公平和正义，充分发挥数据对产业数字化转型、新型工业化和经济高质量发展的支撑作用。

数字经济的产权制度是调整人与人之间关于数据使用的利益关系的制度，数据产权制度建立的目的在于让数据资产具有可控性，有利于数据要素的流通、使用，实现价值增值。数字经济产权制度与传统产权制度不同，传统产权遵循"一物一权"的原则，具有非排他性，而数据产权具有非排他性特征，数据价值的实现依赖多方合作，需要根据个人数据、企业数据和公共数据各自的特性进行分类分级确权授权。在数字经济与市场经济深度融合推动新型工业化中完善数字产权保护需要做到：一是明确数据、算法、模型等新型知识产权客体的界定和确权。依据"数据二十条"在国家数据分类分级保护制度下，推进数据分类分级确权授权使用制度，探索数据产权结构性分置制度。建立公共数据、企业数据、个人数据的分类分级确权授权制度。推进实施公共数据确权授权机制，推动建立企业数据确权授权机制，建立健全个人信息数据确权授权机制，建立健全数据要素各参与方合法权益保护制度。二是建立健全与数字经济发展相适应的知识产权制度体系。完善与数字技术和平台相关的法律规范，以法律形式确立数据产权的权利归属、权利范围及使用等，使数据产权的流通和使用有法可依。建立健全与数字经济产权保护相适应的知识产权司法保护的专业化机构、司法保护的程序和规则，拓展与数字经济产权保护相适应的知识产权保护的渠道和手段，加强知识产权行政部门的职能和协作。利用大数据、人工智能等技术探索知识产权行政保护的新模式和新方法，完善与数字经济产权保护相适应的知识产权保护的理论体系，构建以知识产权为核心的数字经济创新体系，实现知识产权与数字经济的良性互动。三是探索知识产权行政保护的新模式和新方法。利用大数据、人工智能等技术提升行政保护的智能化水平，推动专利链与创新链、产业链、资金链、人才链深度融合，不断提升知识产权全链条保护水平，提高数字和知识产权的创造、运用、保护、管理水平。推动知识产权行政保护领域数字化改革，运用互联网、大数据、云计算、人工智能、区块链等新技术在知识产权行政保护领域的新应用，探索"区块链＋司法＋知识产权保护"模式，大力推动知识产权保护数字化治理模式创新。四是探索数据产权制度的创新。我国数据产权制度正处于探索阶段，需要依据数字经济发展的实践进行数字经济产权制度的创新。建立健全数据产权管理法律法规，构建数据产权的法律制度体系，强化数据生产、流通、使用过程中的法律保障。运用区块链技术创新数据产权管理技术，为产权保护提供技术支持，深化区块链数据产权应用，运用区块链技术实现数据管理的标准化。鼓励数据产权制度创新，支持具备条件的地区在数产权登记、产权评估、产权流转、产权交易等方面的实验，探索可推广的经验。

## 三、数字经济完善市场准入推动新型工业化

市场准入是规范市场参与者的进入和退出的一系列制度。数字经济完善市场准入制度解决的是有场可入和进入市场无障碍问题，也就是如何通过完善市场准入制度来促进市场竞争的问题，实现数据要素的市场化配置，在新型工业化中保证数字经济的各类要素和数字经济主体自由选择进入市场。目标是消除垄断，构建开放透明、规范有序、平等竞争、权责清晰、监管有力的市场准入制度。正如马克思所说"社会内部已有完全的贸易自由，消除了自然垄断以外的一切垄断"①。具体措施是市场准入实行负面清单制度，使得更多领域和更多的市场主体进入市场，解决全国统一大市场，使得市场由分割走向统一。

市场准入的领域和范围越大，企业选择越是自由，要素流动越是自由，市场作用越大，数字经济完善市场准入能推动数据要素自由流通，实现市场由分割走向统一：一是数字经济完善市场准入能削弱市场分割，推动建立全国统一大市场。通过构建数据要素市场打破区域的障碍，数字经济能够通过完善市场准入强化地区经济联系，降低市场分割的效应，通过数字化突破各种阻力，有效缓解国内市场循环困境，推动建立全国统一大市场。二是数字经济完善市场准入，拓展范围经济，推动建立全国统一大市场。工业经济借助产品生产技术的关联性，实现生产上的范围经济。数字经济具有高创新性、强渗透性、广覆盖性，可推动各类资源要素快捷流动、各类市场主体加速融合，依托大数据、云计算、人工智能等数字技术，范围经济的实现条件从产品相关性变为市场占有率与用户数量，在高市场占有率与海量用户的基础上，拓展范围经济，扩大市场的空间范围，构建平台监管体系，打破监管部门之间的壁垒，推动市场公平竞争，助力建设全国统一大市场。三是数字经济完善市场准入能打破传统市场的地理空间局限，推动建立全国统一大市场。发挥数据要素市场突破空间局限的优势，通过数据要素市场打破传统要素市场的地理空间局限，推动建立数据要素统一大市场，从而充分实现数据价值，发挥数据要素突破空间限

---

① 马克思：《资本论》，第3卷，人民出版社2004年版，第218页。

制的优势，助力建设全国统一大市场。

　　数字经济完善市场准入推进全国统一大市场需要做到：一是发挥数据要素市场突破空间局限的优势扩大市场规模。在数字经济完善市场准入中，重点完善全国统一的数据要素市场顶层设计，构建全国统一的数据要素大市场规则，制定全国统一的数据交易标准体系，打造开放共享、互联互通、有序流通的公共数据运营大市场格局。形成全国统一的数据交易机制，完善市场准入制度，促进数据的跨区域流动，推动建立数据要素统一大市场，从而充分实现数据价值，发挥数据要素突破空间限制的优势，助力建设全国统一大市场。二是发挥数字平台整合市场主体的功能提升市场运行效率。在区块链、人工智能、大数据、物联网、云计算等新技术引领下完善市场准入，利用数字经济平台逐渐融合企业和市场的功能，实现数据在部门间融通共享。利用数字平台汇集多种市场交易主体的海量信息，促使各类市场主体直接沟通，通过完善市场准入将分布在全国的市场主体与企业内部各环节连接起来，打通生产、交换、销售等经济循环过程中关键环节的堵点，消除数据要素部门间、区域间、平台间、企业间流通壁垒，使信息、物流流通更加顺畅，助力建设全国统一大市场。三是优化数据要素市场空间布局。完善市场准入要建设数据要素市场，优化数据要素市场空间布局，消除数据要素部门间、区域间、平台间、企业间流通壁垒。探索建立区域性数据交易中心，以数据为纽带构建数据要素跨地区的合作机制，实现数据要素区域流通合作，提升数据在各地区数据要素市场流通效率，建设全国统一大市场基础。同时完善市场准入要突破现有行政条块分割格局，强化数据要素跨地区合作的统筹协调，优化数字基础设施和应用的空间布局，完善跨区域数据中心运行增值服务和产业培育机制，促进东西部地区加强国内数据中心市场合作，注重东西部算力供需精准对接。四是统筹构建全国统一的数据大市场。完善市场准入首先要完善数据要素流通和交易制度，推进流通业数字化转型，借助数字技术提升生产要素跨区域流通效率构建多层次市场交易体系，统筹构建全国统一的数据大市场，推动各类资源要素快捷流动。同时完善市场准入还要健全数据交易规则，构建数据流通准入标准规则，推进数据交易场所互联互通，制定全国统一的数据交易标准体系。

## 四、数字经济完善公平竞争推动新型工业化

公平竞争制度是促进市场正常运行、实现经济发展的重要举措。公平竞争是现代市场经济的本质特征，是市场经济的核心，是建设统一开放、竞争有序市场体系的要求。市场经济完善公平竞争的要求是按照加快建设统一开放、竞争有序市场体系的原则，维护公平竞争秩序，促进和保护市场主体公平竞争，保障各类市场主体平等使用生产要素，公平参与市场竞争，激发市场活力，提高资源配置效率。公平竞争制度是包含竞争性政策、公平竞争审查、公平产权保护，并以竞争政策为前提，以公平为原则的产权保护制度为基础，以公平竞争监管为保障的制度体系。在数字经济背景下完善公平竞争制度是为了应对数字经济扩张过程中出现的反竞争行为，维护市场竞争秩序和消费者权益。卡尔·夏皮罗和哈尔·瓦里安在《信息规则：网络经济的策略指导》中指出，"设计竞争政策和反垄断政策的初衷应当是保护公平竞争，而不是惩罚赢家，保护输家"[1]。加强反垄断，克服行政保护，推动公平竞争，通过数字经济解决市场经济的公平竞争，公平竞争是推动数字经济高质量发展、新型工业化和市场经济现代化的关键。

数字技术为保障公平竞争提供了新的手段，区块链技术、人工智能等技术的应用，可以增强市场透明度和公平性。区块链技术可以实现去中心化的信任，保障数据的安全和真实性，人工智能技术可以辅助监测和识别虚假宣传等不正当竞争行为。数字经济与市场经济结合推动新型工业化，构建数字经济公平竞争治理体系，发挥数字经济的作用完善公平竞争：一是数字经济完善公平竞争需要重点解决垄断和不正当竞争问题。传统经济中企业规模扩展缓慢，大部分市场呈现竞争性市场格局，少部分市场存在行政垄断和自然垄断。数字经济的平台组织模式和网络经济效应，短时间内会形成规模扩张，取得垄断地位。数字经济的竞争格局由竞争性市场结构转向垄断性市场结构[2]。而且数字经济背景下市场垄断与不正当竞争甄别与判断更为复杂。需要

---

① ［美］卡尔·夏皮罗、哈尔·瓦里安：《信息规则：网络经济的策略指导》，中国人民大学出版社2000年版，第278页。

② 马俊、袁东明，等：《数字经济制度创新》，中国发展出版社2022年版，第230页。

破除垄断和市场封锁等制约数字经济市场良性运行的堵点，打造市场化、法治化数字经济环境。二是数字经济完善公平竞争能有效发挥政府的作用。厘清政府、市场和社会的作用边界，构建数字经济公平竞争治理体系，提升政府数字经济治理水平和治理效能，使政府在促进公平竞争方面发挥更加积极的作用。依托 5G、互联网、大数据、AI、区块链等数字技术，大力推进数字经济竞争治理手段创新，提升数字经济市场竞争治理效能。全面落实公平竞争审查制度，健全公平竞争审查配套制度，规范和加强政府公平竞争审查工作，清理妨碍公平竞争的规定，保障各类市场主体公平参与市场竞争。三是数字经济完善公平竞争能营造良好的数字市场交易秩序。数字技术广泛应用带来深刻变化。平台规模扩大、市场主体增加和新商业模式创新改变着市场结构和运行规则，对市场秩序产生重要影响。传统制度秩序部分"失效"，干扰着市场正常运行。在数字经济发展中，通过数字经济与市场经济的深度融合，完善公平竞争制度，加强数字经济监管，在传统市场经济的自发秩序、监管秩序和法律秩序基础上，加强技术秩序的形成，形成新的秩序结构，实现各种市场秩序、各类监管之间的最优组合维护市场有序运转[①]。四是数字经济完善公平竞争能促进数字经济发展中的公平正义。数字经济在促进经济发展的同时，也带来了资本无序扩张、贫富分化、数字鸿沟、系统性风险、算法歧视等影响社会公平正义的问题。数字经济完善公平竞争要"从生产效率、社会福利和激发创新等方面审视不正当竞争，体现反垄断政策的初衷"[②]，构建数字经济公平竞争治理体系，提升数字经济竞争治理效能，能消除系统性风险、数字鸿沟等问题，促进数字经济发展中的公平正义，引导数字经济的健康发展。

数字时代的市场竞争逻辑发生深刻变化，竞争理念由静态竞争向动态跨界竞争转变，竞争方式由产品服务竞争向生态系统竞争转变，竞争优势由追求规模经济向依托网络效应、规模经济和范围经济叠加转变，竞争格局由竞争性结构向垄断性结构转变。传统经济中技术进步缓慢，企业竞争主要是市场内竞争，而数字经济条件下技术创新、

---

① 江小涓、黄颖轩：《数字时代的市场秩序、市场监管与平台治理》，载于《经济研究》2021 年第 12 期。

② 徐翔：《数字经济时代》，人民出版社 2021 年版，第 312 页。

算法创新、数据要素在竞争中发挥作用，利用平台、数据、算法、技术、人力资本等形成复合优势竞争、动态竞争、跨界融合等竞争方法。因此，数字经济完善公平竞争推动新型工业化需要依据数字时代的市场竞争逻辑法的变化做到：一是做好数字经济公平竞争市场秩序的制度设计。以数据为基础，以数字技术为手段，以公平正义为目标，围绕行业内反垄断、跨行业无序扩张、数据使用公开开放等方面做好数字经济公平竞争市场秩序的制度设计。建立适应数字经济的反垄断审查标准，在公平监管环境下加强反垄断与行业规制的协同性，依托数据公平开放防止数据垄断[①]。二是加强数字经济领域公平竞争的法律制度建设。完善以反垄断法、反不正当竞争法为主体的数字经济竞争治理基础性法律法规，利用数字技术提高对新型数字经济垄断和不正当竞争行为的甄别和判定能力，加强数字经济领域重点领域专项制度建设，制定专利滥用、数据滥用和平台排他性行为监管适用的法律。同时加强数字经济反垄断合规体系建设，不断完善反垄断监管体制，优化反垄断监管职权的层级配置，推动形成与统一反垄断监管相适应的执法模式，推进数字经济领域垄断问题的专业化执法。引导并协助数字平台企业建立有效的反垄断合规管理体系，加强面向数字领域企业的公平竞争，发挥行业组织在促进数字领域公平竞争中的作用。三是完善数字经济领域公平竞争协同治理机制。在数字经济发展中垄断造成了价格歧视和社会福利损失，特别是不正当竞争和垄断带来了创新的阻滞，制约了技术创新。数字经济完善公平竞争需要反垄断和不正当竞争，但是不能以规模作为反垄断和不正当竞争的标准，而是要以生产效率提升和激发创新为目标，建设有利于创新的市场环境，建立数据共享机制和流量分配机制，打破数据垄断和流量垄断，限制和约束垄断与不正当竞争，维护市场公平竞争，营造创新氛围。一方面以互联网平台推进反垄断和反不正当竞争。充分利用平台及其提供的数据要素，通过对大量用户信息与行为数据的分析，准确甄别企业行为。另一方面完善跨部门、跨区域、跨领域的数字经济竞争协同监管机制，形成政府、市场、社会多元主体协同，构建纵向联动、横向协同的数

---

① 　陈琳琳、夏杰长、刘诚：《数字经济市场化监管与公平竞争秩序的构建》，载于《改革》2021 年第 7 期。

字经济竞争监管体制。四是以公平竞争构建适应数字经济发展的营商环境。营商环境的本质是公平竞争，以数字经济完善公平竞争核心是要营造统一有序的公平竞争营商环境。"尽管数字平台的各个细分市场都由几大平台占据较高比例，但平台间竞争较激烈，使得竞争性市场所具有的特点并未被消除。"① 在数字经济发展中线上经济活动不断增多，线上数字平台成为数字经济的主要存在形式，平台成为与政府、市场、企业并列的市场主体，市场准入权从市场和政府端让渡给了平台，这种情形表明构造线上市场的公平竞争营商环境显得尤为必要。线上市场的公平竞争营商环境需要引入竞争解决平台利用大数据实施价格歧视问题，在平台和数字生态系统中重建市场竞争机制，促使平台保持市场所具有的公平竞争特性。需要把反垄断与线上营商环境建设相结合，将营商环境建设从线下转到线上，完善线上市场的公平竞争机制，统筹优化线上线下市场竞争生态②，处理平台规则制定权，让各方参与者可以公平竞争，以公平竞争构建适应数字经济发展的营商环境。

## 五、数字经济完善社会信用制度推动新型工业化

信用制度是指关于信用及信用关系的制度安排，是约束人们信用活动和关系的行为规则。市场经济发展和数字经济发展都需要社会信用制度做保证。在市场经济中各种交易活动凭借信用进行交易，社会信用制度是市场经济的基石，也是高水平市场经济体制的重要基础制度，社会信用制度的完善程度直接影响着市场经济的稳定和发展。数字经济的新经济形式需要新的数字化社会信用体系进行规范和约束，数字经济能够为信用信息的采集、使用和交易提供便利，借助强大的数据和平台支撑，通过数字经济甄别真伪，使得市场主体的信用信息能够更加高效精准地生成、获取和流通。数字经济的发展，数据成为新的生产要素、新一代数字经济的广泛使用，都要求在数字经济与市场经济的深度融合中，以数据要素和数据技术驱动社会信用制度的

---

① 江小涓：《数字时代的技术与文化》，载于《中国社会科学》2021年第8期。
② 刘诚、夏杰长：《数字经济发展与营商环境重构———基于公平竞争的一般分析框架》，载于《经济学动态》2023年第4期。

完善。

　　数字经济完善社会信用制度推进新型工业化就是促进数字经济与社会信用体系建设融合发展，推进社会信用的数字化，社会信用的数字化不仅可以促进市场经济信用制度的创新，而且能为数字经济自身的发展提供现代化的信用制度保证。一是数字经济完善社会信用制度可以实现社会信用体系数字化。数字经济完善社会信用能够实现信用信息采集的多维化、信用信息传递的平台化、信用产品供给的多元化、信用联合惩戒的精准化以及信用监管的智能化。而且社会信用体系能够以信用监管和信用治理支撑数字经济发展，有效解决数字经济模式下的信息不对称和道德风险。同时信用信息的互联互通，支持多部门协同监管，通过建立信用信息智能处理模型，基于信用分类和数字技术手段构建企业信用风险预警机制，及时防范和处置风险。二是数字经济完善社会信用制度可以促进信用制度的创新。数字经济利用大数据和机器学习等数字技术来识别信用的创新性手段，能够将个人或者组织的信用更具象化、更低成本地表现出来。数字经济推动信用制度的创新拓展信用主体信用信息的来源和应用场景，强化市场主体信用约束的同时减少交易中的信息不对称，降低交易成本，提升交易效率。三是数字经济完善社会信用制度能推动数据的应用。数据治理、确权及使用、流通交易、公共数据开发利用、重点行业数据应用等都与信用密切相关，数字经济与社会信用制度的融合能推动数据的高水平应用，发挥数据要素在培育新产业、新模式、新动能方面的价值。

　　数字经济与社会信用制度是相互促进的，在数字经济完善社会信用制度中社会信用体系为数字经济发展提供伦理和制度内核，数字经济为社会信用体系建设提供技术支撑。数字经济完善社会信用制度推进新型工业化需要做到：一是推进区块链技术与人工智能的融合建立新型社会信用体系。区块链技术是一种"创造信任"的工具，通过区块链的去中心化特性，建立更加透明、安全的社会信用体系。区块链技术通过跨链技术、信用数据确权以及共识机制等技术手段，实现了信用信息系统的互联互通与信用数据的交换共享，实现公共信用链与市场信用链的互联互通与共享。构建"信用＋公共服务"模式，推动了社会信用体系的数字化转型。二是全面推进社会信用体系数字化转型。以数字技术推动信用治理新格局，增强政府、市民与企业之间的互动，应用数字技术创建政府、企业与公民新的联系与沟通方式，形成信用治理新格局。以区块链技术建立系统信用，以系统信用有效解决信任问题，推动信用治理模式的转变，以区块链分类为基础，以公有链为基础链，配合私有链的信息链以及侧链的通信链，建立有效的社会信用链系统，并借此搭建信用信息服务平台，提供标准化的社会信用产品，让区块链技术在社会信用体系建设中发挥重要的作用[①]。以数字技术推动信用评估体系升级，信用数据来源的扩大，以大数据技术为基础多源头采集数据，并纳入评估系统，为用户提供信用服务。数字技术让信用评估的技术模型更新换代，新型信用评估模型与传统模型的组合应用，提高信用评估的效率和质量。数字技术让信用机制取得更多的应用场景，以数字技术的信用服务降低管理成本，提高管理效率。三是完善数字经济与信用制度融合的治理制度。完善数字经济时代社会信用制度的法治化。数字经济完善社会信用制度推动新型工业化实质是推进社会信用制度的数字化，需要在法治轨道上推动社会信用体系数字化转型，完善数字化社会信用立法体系，构建数字社会信用法治监督机制，规范信用信息和信用数据处理和利用，实现数字化社会信用体系建设的法制化、科学化和规范化发展。推动大数据、人工智能等技术在社会信用体系建设中的深度融合，利用大数据、互联网技术建立个人信用信息、公共信用信息和市场信用信息数据库。加快构建数字经济时代社会信用体系。建立国家级信用大数据平台和全国信用信息共享平台，打破数据壁垒，建立跨部门的信用信息共享机制，提高信用信息共享的覆盖面。加快数字经济时代社会信用体系，推动社会信用体系建设的数字化和智慧化。积极探索5G、物联网、大数据、区块链、云计算、人工智能技术在企业信用评级、公共信用档案建设、金融信用评估等领域的多场景应用，实现数字经济与社会信用叠加，为社会信用体系建设注入新活力。四是加强数字经济的信用监管。适应数字经济发展规律和新型工业化，利用数字技术推动数字经济背景下市场监管制度的创新，将社会信用机制嵌入数字经济监管过程中，以适应数字化转型的需要。新商户、新品牌、新产品急速涌

---

① 秦光远、张嘉一、刘伊霖：《社会信用体系数字化转型：一个文献评述》，载于《农村金融研究》2023年第12期。

现且快速迭代，产生了许多新的监管问题，需要通过数字经济与市场秩序融合得以解决。针对这些问题借助数字技术创新监管方式，利用区块链、大数据、人工智能等新一代数字技术，建立数字化信用风险防控机制，对信用信息的监测和分析，构建对失信市场主体的预警告知机制，提高数字化监管效能和预警能力。

第十七章

# 数字经济与实体经济深度融合
# 推动新型工业化的制度设计

数字经济与实体经济的深度融合推进新型工业化，将从技术，资源禀赋，创新能力多方面提升我国的工业发展水平，并发挥乘数效应，为经济增长带来全新动力。但目前我国数字经济与实体经济的深度融合仍面临着一系列的困难，同时我国实体经济的发展起步较晚，许多方面仅仅依靠实体经济本身难以做到，因此必须加强制度设计、推动数实深度融合。

## 一、制度设计影响数实融合推动新型工业化的机理

按照制度经济学的基本理论，制度是规范人或组织之间的行为准则和互动关系，制度的功能最核心的作用在于对经济主体行为的激励和约束，从而影响经济主体的行为，优化资源配置，是决定经济运行效率的内生性变量。数字经济与实体经济的深度融合，既是对我国实体经济的数字化赋能与转型，也有助于推动数字经济的实体化，有助于在推动构建全国统一大市场的基础上，激发各类生产要素的活力，提高要素、产品的交易流通，重塑国民经济的生产、分配、流通和消费的各个环节，激发新发展阶段经济增长的关键动能。然而，当前我国数字经济与实体经济的深度融合推动新型工业化中需要完善相关的制度设计，发挥制度的激励和约束作用促进数实融合推动新型工业化的进程，保障数实深度融合推动新型工业化的有效性。

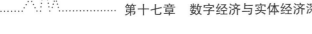

## （一）制度设计为数实经济深度融合推进新型工业化提供激励

从一般意义上来讲，制度的激励作用是实现对组织成员的方向引导、动机激发与行为强化，从而激励个人或集体去做一些有利于组织和社会的事情。在数字经济与实体经济的融合推进新型工业化中，通过制度激励融合的主动性，引导激励的方向，从而推动数实深度融合推进新型工业化的方向。制度设计为数实经济深度融合推进新型工业化提供激励主要体现为以下四点。

1. 制度设计激励数实融合推动新型工业化中数字化基础设施建设的方向

在数字经济和实体经济融合发展中，新型的数字化基础设施和公共产品是推动企业数字化转型的重要组成部分，诸如，公共互联网、大数据存储与云计算中心、数据要素交易场所、数字技术交易撮合综合平台，数据要素、数字技术与数字产品的认证和交易法律规制等基础设施以及相关法律援助，打击电信与互联网诈骗等公共服务供给。这些外部基础设施和公共服务产生广泛的社会效益，同时具有强的外部性、规模经济等公共产品特性，能够对全产业形成较强的联动效应，以科技赋能来补齐传统基建的短板。数字化基础设施是数字经济发展的重要载体，涉及的种类多，范围广，仅依靠市场难以供给，就需要政府根据数实融合发展的客观需要，出台相关的制度，统筹调配、规划、建设，确保数字企业实体化和实体企业的数字化转型过程中有良好的基础设施和公共服务的支撑。基础设施建设为中国经济社会发展提供了重要支撑，在历次危机中发挥着促投资、稳增长、调结构的重要作用。受到内外部环境变化，当前国内消费、国际贸易出口面临严重冲击，其不利影响难以短期消除，亟须通过扩大需求、提高活力等方法来缓解。理论上来看，基础设施建设投资既能增加生产能力，又能以供给消费的方式拉动生产需求，是经济面临下行压力时，推动推动新型工业化的重要抓手。然而，伴随着传统基础设施建设边际收益下降，信息技术和产业变革加速演进，传统基础设施建设已经无法满足现代经济发展的需求。数字基础设施建设不仅具有强外部性、规模经济等公共产品特性，还能够对全产业链形成较强的联动效应，并以科技赋能来补齐传统基建的短板。由此可见，数字基础设施建设对于释放中国经济增长潜力、实现新旧动能转换具有重要意义。

2. 制度设计激励数实融合推动新型工业化中企业的数字化转型

在数字经济与实体经济融合的过程中，由于我国工业化起步较晚，企业数字化程度不足，且除了个别大企业外，规模较小的企业在人才、技术、资金上均缺乏数字化转型的能力，面临着一系列"不会转""不敢转""不想转"的问题①。面对此类情况，发挥制度设计的作用来助推企业的数字化转型，为融合转型动力不足的行业企业提供动力。例如，大数据试验区的政策就通过为试验区内的企业提供数字补贴和技术支持来助推企业数字化转型。通过良好的制度设计，以发放补贴、提供金融信贷、数字技术上的支持与便利等方式来助推转型动力不足的企业的数字化转型，加速了数字经济与实体经济的融合。

3. 制度设计激励数实融合推动新型工业化中实现跨行业跨部门的合作

制度环境对企业经营战略和行为决策具有重要影响。其中，法律和政府政策是制度环境的核心，特别是二者对知识产权的保护会直接影响企业的经营行为。已有大量研究证实，良好的制度环境有利于保护企业的财产权利不被侵害，使企业对市场和政策的反应更加积极。相反，当地区制度环境较差时，企业则更倾向通过建立政治关系来谋求企业发展。在面对大数据试验区带来的数字化改革冲击时，良好的制度环境，如有效的产权保护政策、公正的司法程序等，能够让企业愿意将更多精力投入到数字化转型当中，加大数字技术研发投入。反之，如果外部的制度环境无法保障企业的合法权益，则会提高企业开展投入高且不确定性大的数字化活动的风险，阻碍大数据试验区通过改善数字生态激励企业数字化转型作用的实现。良好的制度设计促进相关的法规政策的完善，保障了数实融合的顺利进行。制度设计有助于推动跨行业跨部门的合作。数字经济与实体经济的融合是一场时间长，程度深，范围广的融合，要完成整个实体经济的融合转型升级，需要的不仅是相关的人才技术创新和基础设施建设，也需要整合各个行业领域部门，推动整体的数字化转型，同时发挥不同行业部门间的

---

① 孙伟增、毛宁、兰峰等：《政策赋能、数字生态与企业数字化转型——基于国家大数据综合试验区的准自然实验》，载于《中国工业经济》2023 年第 9 期。

溢出效应，加速整体的数字化进程，这需要相关的制度设计保证这一联动发展过程的顺利进行。

4. 制度设计激励数实融合推动新型工业化中人力资本作用的发挥

党的二十大报告指出："教育、科技、人才是全面建设社会主义现代化国家的基础性、战略性支撑。"[①] 教育、科技、人才一体化推进也是数实经济深度融合推进新型工业化过程中实现技术创新的基本方略。在与技术创新深度融合中，坚持科技作为推动数实经济深度融合推进新型工业化的第一生产力、人才作为支撑推动数实经济深度融合推进新型工业化的第一资源、创新作为引领推动数实经济深度融合推进新型工业化的第一动力，并使三者在推动数实经济深度融合推进新型工业化中结合起来，构建数字经济与实体经济技术深度融合的坚实基础和智力支持。在数字技术的人才培养上，制定激发人才数字化创新活力、培育人才数字化技能的人力资本政策。面向世界数字科技前沿、面向数实经济深度融合推进新型工业化的主战场、面向数实经济深度融合推进新型工业化的重大需求，构建高水平复合型数字经济人才培养模式。加强产教对接，重点培养大数据、人工智能、网络技术、虚拟现实、区块链等领域的紧缺人才，相关的制度设计有助于培养人才、吸引人才，并发挥出数字经济时代人才的聚集效应，推动数字经济与实体经济的深度融合。

**（二）制度设计为数字经济与实体经济融合推动新型工业化提供约束**

从一般意义上来讲，制度约束的约束功能就是通过制度规范行为、明确权责、保护利益，减少不确定性、降低交易费用，从而形成一种良好的秩序。数字经济与实体经济融合也需要发挥制度的约束作用，维护融合秩序，降低融合的交易费用，提高融合效率。制度设计为数字经济与实体经济融合推动新型工业化提供约束体现在以下三点。

1. 制度设计能约束数实融合推动新型工业化过程中的数据流通行为

制度设计能为数实融合过程中的产权确定提供约束，随着数字技

---

[①] 习近平：《高举中国特色社会主义伟大旗帜　为全面建设社会主义现代化国家而团结奋斗》，载于《人民日报》2022 年 10 月 26 日。

术的发展，数字成果以及相关的知识产权保护受到社会的高度关注，数据资源以及衍生的数据产品具有财产性和价值性，也具有非物质性和易复制性的特征，在数实融合的过程中极易被侵占窃用，使相关知识产权的拥有者的合法权益受到损害，因此需要出相关的制度对其加以约束，打击数实融合过程中的非法侵占数字成果的行为，为相关的企业与个人积极参与数字化转型提供助力。制度设计为数实融合过程中的数据交易提供约束，数据作为一种关键生产要素具有财产属性和价值属性，而数字技术的发展也革新了实体经济的运行模式，数字交易是数字要素流通的主要途径，数字交易的壮大离不开数字经济的发展，数字经济的发展也需要数字交易提供动力。但数字交易领域仍存在法律规定不够明确、产生管理空白的现象，数字产权不够明确，数字标准模糊，数字政策存在区域性差异都会影响数字数据交易的效果，因此，数实融合过程中的数据交易需要相关的制度来约束规范。

2. 制度设计为数实深度融合推动新型工业化的数据安全提供约束

数字经济与实体经济的融合过程中受到数字化时代数据的开放化与商业化发展需求的影响，个体用户的数字信息与偏好被企业收集存储并处理应用，这其中存在着一系列的因为商业目的而导致的数据滥用、用户数据和隐私泄露的问题。商业实体或数字平台在持有用户数据信息的情况下，出于逐利的目的，不仅存在滥用个人隐私或者偏好信息来牟利的可能，还有可能通过共享信息对数据市场实行垄断，企业的逐利行为将个人数据信息商品化、私人化，侵犯了个人数据主权的同时对个人的信息安全造成了威胁，进而产生一系列的道德风险和社会问题。因此，相关的制度设计可以通过推动出台相关的法律法规，约束相关企业的行为，保护公众的隐私与信息安全。

3. 制度设计为数实深度融合推动新型工业化的国家数据安全提供约束

随着数字技术的发展，数据作为一种关键生产要素，其重要性日益上升到国家层面。在数字经济与实体经济的融合过程中，数据作为一种虚拟要素，其独特的性质可能会给国家的主权和安全造成危害。例如，企业间数据跨境流动风险威胁数据主权与安全；数据的出入境渠道存在安全风险；此外，不同国家、地区间的数据政策、数据法治建设程度存在差异，与数据治理较差的数据主体间的数据流通可能会带来数据安全隐患。相关的制度设计可以明确企业的数据处理方式与数据传递的标准规范，保护数实深度融合推动新型工业化国家的信息数字安全与主权。

### （三）制度设计保障数字经济与实体经济深度融合推动新型工业化的有效性

制度经济学认为制度是塑造经济行为和经济绩效的关键因素，制度不仅可以保障制度实施的稳定，还可以带来经济效益，是决定经济绩效的关键因素。制度为数字经济与实体经济融合推动新型工业化提供过了一系列的保障措施，保证了融合的绩效和有效性。制度设计保障数字经济与实体经济融合推动新型工业化的有效性体现在以下两点。

（1）制度设计促进相关的数字经济与实体经济融合推动新型工业化政策的制定和落实，数字政策是国家对于数字经济与实体经济融合推动新型工业化的指导与规范，是在现有国情、现有发展状况下最适合我国数实融合的道路，同时，数字技术的高速发展带动了数字经济的高速发展，长时间保持同一的政策不能很好的适应不断变化的数字环境。因此，通过制度的设计，促进政策的推出和更新提升，是适应数字时代经济发展与数实融合推动新型工业化的最好选择，保证了我国的数字经济发展始终沿着正确的方向前进。制度设计推动相关数字政策的落实，数字政策是推动数实经济深度融合推进新型工业化的主要方式之一，通过制度设计，可以保障数实深度融合的有效性。数字政策并不是一经推出就能得到全面落实，需要一个由中央推广到地方、再由地方落实到各领域及企业中，因此，这一落实过程就需制度来保障。通过制度来保障数字政策的落地，规范实施到"最后一公里"，可以最大程度地保证数字政策的效果和数实深度融合的有效性。

（2）制度设计增强对数字经济与实体经济融合推动新型工业化效果的监管。数实融合不是一个一次性的过程，企业的资金链断裂，受到外来的冲击都可能导致数字化转型的停滞和倒退；除此之外，部分企业尽管接受了国家的数字扶持补贴等，仍可能会在相关的年报中虚报自己的数字化转型效果，甚至存在违法违规行为，因此，在数实融合的过程中对于数字化转型效果的监管应该提升到一个较为重要的位置,通过相关的制度设计,设立监管机构、规定监管原则,搭建监管平台,完善监管的整体构架,增强对数字化转型效果的监管。

## 二、数实深度融合推进新型工业化的制度需求

数字经济时代,数字技术成为重要的驱动力,数据作为一种新的关键生产要素,参与到社会发展的各个方面中,数字技术和数据要素双轮驱动下的数字经济与实体经济的深度融合推动新型工业化过程中,数据从过去的符号化的信息记录变成当下凝聚着巨大的经济社会价值的数字化财产,这一财产化的过程为数字产权带来了法制上的挑战。因此,数字经济与实体经济的深度融合推动新型工业化的制度需求日益提升。

### (一)数字经济与实体经济的深度融合推动新型工业化中产权确定方面的制度需求

数据作为一种数字财产需要制度的保护,数据的财产属性来自其生产增值的过程,企业等市场主体对数据这一关键生产要素投入劳动和时间,对其中的信息进行处理和挖掘,得到衍生数据,在这一过程中,数据的价值形成和累积来自数据生产和处理者的劳动。类似于传统要素和产品的生产、占有过程一样,数字财产也需要明确其主体与权利,尤其是衍生数据是经过个人或企业收集、处理、加工后得到的数据,其中包含着劳动者的无差别的人类劳动,具有和知识产权客体相类似的特性,作为一种数字财产,对其进行数据确权是有必要的。相关的制度设计就具有必要性[①]。

数据作为一种虚拟要素,其具有不同于实体要素的特征。其一,原始数据本身具有非独占性和非竞争性,不像有形资产一样可以直接占有,在数字技术高度发展的今天,数据在网络平台上保持着相对开放的状态,不能排除他人的获取和使用。其二,数据本身不会因为取用和加工而消耗,数据的内容和质量不会因此减少降低。数据会经历一系列的产生、传递,处理过程,流程多,处理快,因此数据在开放

---

[①] 冯晓青:《数字经济时代数据产权结构及其制度构建》,载于《比较法研究》2023 年第 6 期。

而难以有效及时监管追责的网络平台上极易受到外来的非法取用和侵害。

数字产权相较于传统的产权制度，面临更加复杂的产权环境，处理手段更加复杂，同时其广泛地涉及法律、经济、技术等多个领域，使得数字侵权行为的界定更加复杂，追责更加困难，数字产权的保护更加难以开展。然而，当下我国对于数据确权方面存在一定的法律空白，例如，《中华人民共和国数据安全法》是我国数据安全领域的基础性法律，该法律规定了数据安全领域内治理体系的顶层设计，规范数据处理活动，保障个人和组织与数据有关的合法权益，对于数据权属却并没有做出明确的规定；此外，《中华人民共和国个人信息保护法》是个人信息保护领域的基础性法律，对于数据以及数据与信息的关系的表述也相当模糊。在当前的数实融合发展现状下，数据确权的法律缺失提升了对于制度设计的需要。除此之外，因为技术、突发事件等不确定性因素，数字鸿沟在个人、企业、不同部门之间不断加剧，以及对于相关领域的治理程度不足，都表明我国的数字产权现状迫切呼吁制度设计来保障数实融合过程中产生的数字产权问题。

**（二）数字经济与实体经济的深度融合推动新型工业化中数据交易方面的制度需求**

随着数字技术的快速发展，数据在社会生产生活中发挥着越来越重要的作用，具有很高的使用价值。数据作为一种信息产品，与传统的具有实体的产品不同，数据具有非竞争性和较低的排他性，数据市场上的其他竞争者也可以得到同样的数据并加以处理利用，并且从本质上来说，数据本身是符号化的，更具价值的是其中的信息，数据交易就是针对信息的交易，相较于传统的产品价值来自占有和控制，数据价值的核心是数据的流通、利用与共享。因此，数据交易在我国的数实经济深度融合推进新型工业化过程中必将发挥重要的作用，对于数据交易的制度设计是必须的。

当前，我国的数据交易市场仍保持着高度增长态势，数据交易市场已达到百亿规模，但数据交易所场内交易量却较少，可能的原因包括：一是数据安全保障难以得到交易者的信任。当前，对我国的数据实际占有者的权益保护机制并不完善，并且通过数据交易所交易期间存在较多的问题，首先，不同的数据交易所之间发展水平不同，部分数据交易所安全保障体系不够健全，相关过程处理不够规范，其次，目前的数据交易所大多无法完成数据交易的全生命周期维护。二是数据价值难以明确评估定价。数据的生产过程中需要对数据进行一系列的收集、处理、加工过程，需要的人力成本较高，而相较之下，数据又具有易复制转存的特点，人工成本较低，而基础设施等方面的固定成本较大，并且数据交易过程中包含数字平台、数据持有者、数据购买者等多方面参与，参与方较多，交易过程较为复杂，难以对数据要素进行准确有效的定价。三是在建立国内数据交易机构的过程中的市场布局规划和行业指导规划也存在不足，在发展、功能定位上界限不清，出现同质化竞争现象，导致形成多个分割的交易市场，无法形成综合优势来发挥数据交易机构的作用，无力承担联通数据要素市场主体的重任。

产品交易需要对产品的所属权进行判断，在传统的实物交易过程中，这一过程仅需要较低的成本，但是数据要素的交易过程中，往往难以对数据的所有权使用权进行界定。数据权利所表现出的"一数多权"来自数据要素的非竞争性与可复制性，同一份数据可以同时被多个主体使用而互不影响。因数据所有权所引发的争议会随着数据影响的范围与商业价值而不断增加，当数据具有较高的商业价值而所有权确定不明时，就会引发数据主体间的争端。目前对于数据交易的法规制度建设尚处于地方试点阶段，且其推进较慢，数量规模有限，影响范围较为分割，不能形成统一的标准。

### （三）数字经济与实体经济深度融合推动新型工业化数据要素参与分配方面的制度需求

数字经济时代，数据要素不仅是实现我国高质量发展的关键，更是推动全球经济发展的"数字石油"。在中共中央、国务院发布的《关于构建更加完善的要素市场化配置体制机制的意见》中，将数据作为与土地、劳动力、资本、技术处于同等地位的五大生产要素之一，并明确了加快培育数据要素市场的任务。数据要素被纳入基础性分配制度是实现高质量发展的关键举措。但数据要素参与分配仍面临着一系列的现实困境，阻碍着数据要素的有效分配，解决这些现实困境需要相关的制度设计来保证其顺利进行。

在数字经济与实体经济的深度融合中，数据要素参与分配需要构建完善的数据治理机制。当前，首先，数据交易的信任问题导致数据要素交易难以推进，同时数据要素流转过程缺乏统一标准，使得数据要素交易者缺乏交易动力，数据要素需求不足；其次，数据要素交易双方都难以对彼此进行有效的考察，且数据要素交易过程缺乏监管，使得数据交易过程中存在一系列的风险。推进数据要素参与分配的前提是科学的数据治理体系的建立，面对数据泄露、权责不明、个人数据缺乏保护、用户激励不足等问题，需要数据要素治理体系加以规范。

数字经济发展不平衡也阻碍了数据要素参与到分配中去。随着数字经济的迅猛发展，数据主体对于数据要素的掌控和处理存在地区和个体上的不平衡，从而引起不同的地区间数据要素发展水平的割裂，以及数据要素收益分配在不同个体间的差异。个人数据作为数据要素的重要组成部分，在流动的全过程中也存在着不平等情形，个体作为数据主体的一部分，目前还无法参与到数据要素收益的分配之中，其个人数据保存和积累在平台和厂商处，成为厂商的可支配要素，其收益也被归入到企业的收益分配中；东部、西部地区之间的经济发展水平存在差异，使得数字经济的发展水平差异增大，进一步加剧了收入分配不均，增大了东部、西部地区之间数据要素发展和储备差异，导致我国数字经济的发展程度、发展质量存在不平衡；劳动、知识等要素在初次分配过程中存在着价格歧视、数据技术创新被低估等问题，都使得数字经济发展过程中的要素分配存在失衡现象，亟须通过制度设计来改善数据要素市场的现状，加快数据要素参与分配的进程。

### （四）数字经济与实体经济深度融合推动新型工业化中数据安全方面的制度需求

数据要素的内涵和特征决定了数据安全治理对于应对数据的外部效应、促进经济发展、保障个人和国家安全、增强国际竞争优势具有重要意义。但同时保证数字经济发展过程中的数据安全还面临着一系列的现实挑战。为了应对这些挑战，我们需要相应的制度设计来保证数字经济和实体经济深度融合的顺利进行。

数据安全的主要方面是关于数据要素的安全，而数据要素是数字技术发展到一定阶段的产物，并且依赖于数字技术而产生流转利用，因此数字技术的发展水平可以一定程度上影响一个国家企业的数字安全和数据安全。然而数字技术的发展是一个漫长的过程，需要投入大量的人才、资金等，我国企业的数字化、数字化普及程度有限，多数企业缺乏单独开发相应技术的能力，因此，通过相关的制度设计推动数字技术的发展是必要的[①]。

目前我国正处于数字经济与实体经济融合的快速发展的时期，随着对数据的需求越来越大，对数据安全性的要求也越来越高，因此，政府需要充分发挥在数字化时代下的技术和数字化的优势，进行科学的决策，提升政府的决策水平，从而使政府公共服务的供给、宏观调控和城市管理的职能得到更好的发挥。企业需要根据市场产品数据、人口行为特征等数据来进行产品的生产和营销，因此，数据的开放与共享已经成为一种必然的趋势。数据市场的发展带动着数据安全市场的发展，数字经济市场规模持续扩大，带动金融数据安全市场，以及整个数据安全市场规模上涨。相比之下，对数据的安全防护却无法及时跟上，导致当前数据缺乏全面有效的管理和安全保障，催生出许多数据违法行为，包括网络犯罪、数据泄露、黑灰产业链等，因为数字经济发展速度较快，对于相关的法律法规空白的监管可能会不到位，因此，就需要制度设计来增强对新兴的数据违法行为的监管。

在数据要素已经上升到国家战略高度的今天，各国之间的竞争日益激烈，利用数据进行监控、打击对手、确立"数据霸权"已经成为西方各国普遍采取的行动方式。目前的数据跨越国界非常频繁，作为企业之间的正常贸易活动，数据的跨境流动本身并不会给国家带来任何的危害，但跨国企业依然受本国法律约束，被迫将敏感数据资料提交给政府，使得这些国家在经济霸权的情况下，获得了比其他国家更多的数据优势，相较之下，对于数据管控较弱的国家，其数据主权易受到数据霸权国家的侵害，造成一系列的数字危机，因此，对我国而言，规范数据跨国流动，保护数据流通安全是数字经济与实体经济的深度融合的必要举措。

---

① 史宇鹏、曹爱家：《数实经济深度融合推进新型工业化：趋势、挑战及对策》，载于《经济学家》2023 年第 6 期。

（五）数字经济与实体经济深度融合推动新型工业化中数据治理方面的制度需求

数据治理是针对数字经济与实体经济的深度融合中产生的数据进行的针对性治理。数据具有财产属性，且其经过加工处理后得到的衍生数据可以反映很多有价值的信息，不仅涉及个人、企业，也关乎于国家和社会的安全，在数字时代日益受到世界各国的关注，欧盟在2020年和2022年先后出台了《欧洲数据战略》和《数据治理法》，强调构建单一的数据市场；美国在2019年发布《联邦数据战略》，并配套《2020年行动指南》，明确将数据作为战略资产，对联邦政府的关键数据进行统筹管理[①]。而我国的"数据二十条"《数字中国建设整体布局规划》和《党和国家机构改革方案》为复杂信息环境中数据要素的安全治理提供了具有指导性和纲领性的意见，强调建立安全可控、弹性包容的数据要素治理制度。因此，在数字经济与实体经济融合的大背景下，数据治理需要制度设计来加强和规范。在数字经济中，作为关键生产要素，利用好这些数据资源，使其能够在一个安全、有序、公平、公正的环境中自由地进行跨界的自由流通，使数据的红利得到最大程度的发挥，需要强化对数据的统一治理。区位差异、治理理念差异、价值观不同都会导致数据治理政策的不相兼容和实施困难，这就使得数据治理需要制度的参与来规范协调。

数据的标准化与规范化是推动数字经济全国一体化发展，领先建立全球数字化统一标准的必行之举，完备的数字标准可以降低不同区域间要素流通的成本，简化操作，并且便利于数字经济的统一监管调控，但是在全国范围内仅仅依靠数据治理措施来实现统一的标准是具有一定难度的。因此，通过设计相关的制度来推动这一进程就是必要的。数字经济的发展每时每秒都在产生、处理海量的数据，仅仅依靠政府机关来治理的效率可能不能达到预想的效果，而数字技术的发展为数据治理提供了全新的思路和途径，新兴的数字技术，例如，人工智能、区块链、云平台等可以参与到数据治理的过程中来；除此之外，

---

① 续继、王于鹤：《数据治理体系的框架构建与全球市场展望——基于"数据二十条"的数据治理路径探索》，载于《经济学家》2024年第1期。

数据处理的平台也可以允许全社会参与进数据处理中，增强数据处理的效率和反馈。加大对这些先进技术的开发与普及、推动全民参与的大平台的设立，需要更基础的制度设计的指导与带动来全面提升数据处理的能力。

## 三、数实深度融合推进新型工业化的制度设计

在数字经济与实体经济深度融合推动新型工业化的大背景下，存在着一系列的现实困境，包括产权归属不明确，数据交易不流畅、数据交易体制不完善，数据要素参与分配存在阻力、数据安全存在隐患，数据治理体系不够全面等问题，相应产生了产权确定、数据交易、数据要素参与分配、数据安全、数据治理方面的制度需求。通过对这五个方面进行制度设计，为数实融合推动新型工业化提供激励与约束，保证数实融合的有效性，进而在数字经济与实体经济深度融合推动新型工业化的实现。

### （一）数实深度融合推进新型工业化产权确定方面的制度设计

推进数字经济与实体经济实现深度融合推动新型工业化中，数据的地位与重要性不断提升，成为国家与社会发展中的重大课题。在数字经济与实体经济实现深度融合推动新型工业化背景下，对于数据这一具有财产属性的要素，其产权的确定需要从制度设计的角度出发，保障数据产权朝着更加规范的方向发展。

数据产权的制度设计是数实深度融合推进新型工业化的重要组成部分，良好的制度设计不仅关乎数据产权的健康发展，对于实现数字经济与实体经济深度融合推动新型工业化，实现高质量发展也有重要的意义。第一，数据产权制度设计需要能够刺激和推动数字经济的发展。在数字经济与实体经济融合推动新型工业化中，数据作为关键生产要素，通过市场的收集、处理、流通来释放价值，这就要求数据产权的制度构建应当以"促进数据流通和交易，激发数据活力，赋能数字经济"为导向。数据的生产交易流通刺激着数字经济的发展，数字经济的发展不断产生新的数据；而数据确权明确了数据的产权归属，使数据持有者更有动力来参与到数字经济的发展中来。因此良好的数据确权制度必须在保证数据拥有者能够明确数据归属，维护自身合法

权益的前提下不阻碍数字经济的发展，保持数字经济和数字市场的发展活力。第二，在数实深度融合推进新型工业化中，数据产权制度设计需要保证数据确权的在不同数字主体间的合理公正。数据权益归属于其数据主体，数据的产权确定观点随着个体存在差异，但都应基于保护数据主体的合法权益的基础上，以尊重个体权益的态度开展产权结构的构建。

数据伴随着数字技术发展而产生，在推进数字经济与实体经济深度融合推动新型工业化中不断壮大，而数据本身也不是由单一的数字主体进行生产流通的，其中有许多数字主体参与并发挥作用，因此在数实深度融合推进新型工业化中数字确权的制度设计需要明确各个环节的各个主体的合法权利。

第一，数据处理的权利。数据处理权是数据主体处理其合法持有的数据的权利。数据处理是数据信息提取、数据价值释放、数据要素增殖的重要环节。因此，数据处理权是数据产权构建过程中的重要组成部分。在数字经济与实体经济的深度融合推动新型工业化中要通过赋予数据处理权，数据主体对于数据的筛选，分类，整理，加工行为的合法边界得到界定，数据主体的数据行为确定性得到增强，数据处理行为规范性增加，确保数据处理者的合法权益的实现。

第二，数据控制的权利。数据控制权则是指数据主体通过一定的方式和手段有效控制其数据的权利。数据控制权是对数据主体持有和控制数据法律上的认可。该权利同样可以保证数据主体在数据从生产到接受处理的价值增长过程中对其进行有效的开发利用。数据持有权是数据过程中的加工、使用以及数字产品经营等一系列权利的基础，保证数据的正常流通利用。

第三，数据收益的权利。数据主体可以通过行使数据处理权、数据处分权等获得相应的数据收益，并且基于数据资源动态流转和价值转化实现数据资源持有权、数据加工使用权和数据产品经营权的过程中同时保障数据收益权。数据主体可作为数据控制者，通过提供相关数据服务而获得利益，包括利用专业技术进行数据分析与算法策划，并收取费用；或以转让、许可数据产权的方式获益。

第四，产权交易过程中权利合法性保障。明确了各个主体所拥有的合法权利后，数据在各个主体之间产权的转换依然需要进行相关的制度设计。数据的产权的变换伴随着一系列的交易与转接的过程，针对这些方面，我们需要明确交易的规范性，保证交易是合法合规的，杜绝数据滥用侵占他人的数字产权，也防止因数字发展水平滞后而在相关的产权交易过程中合法权利受到侵害。

第五，明确界定公共、企业以及个人层面的数字产权。"数据二十条"明确公共数据、企业数据和个人数据分类分级确权授权机制。针对公共数据，需要明确公共数据开放共享的基本理念、原则和限制，明确公共数据向社会提供的原则和方式，明确公共数据无偿使用的边界，为公共数据提供政策性规范。针对企业数据，在数字经济中，数据作为一种生产要素、经营资源和战略资源，在企业的运营过程中的重要性日益增加。因此，企业受到商业利益的驱动，其对于数据的控制、使用和对数据产品的开发的主动性不断提高。对于企业数据，要明确企业等市场主体的合法数据权益，强化数据激励。针对个人数据，需要保护个人对于自身数据的合法权益，保护个人隐私的前提下，取得个人同意后合理合规的开发利用数据。

## （二）数实深度融合推进新型工业化数据交易方面的制度设计

数据交易是数据流通、传递的重要途径，数字经济与实体经济和深度融合推动新型工业化需要实现数据交易，而数据交易的健康发展离不开标准化的体系的支撑，推动数字经济与实体经济的深度融合推进新型工业化，需要通过制度设计来推动标准化的数据交易体系的建立。

第一，数据交易的标准化和规范化。在数字经济与实体经济和深度融合中为了提高数据交易的透明度和可信度，数据交易需要建立标准化和规范化的交易准则。数据标准由交易相关方进行协商发布，并结合官方的数据制度规范进行交易操作，并通过数字技术、数字平台等，优化数据交易效率，推进交易标准化。

第二，数据交易流程的制度设计。现有的数据产品交易在合规和操作方面仍存在很多不足。因此，在数字经济与实体经济和深度融合中需要对数据交易参与者的流程进行标准化、规范化的统一，数字经济与实体经济和深度融合中数据交易的流程从发起交易、产品核验、交易进行、交易完成的全过程引导，并设定数据市场的规范化开展。

同时，对数据交易平台的行为进行规范，包括监督交易流程的合规合法开展，对数据产品和交易流程进行备份留档等。

第三，监管角度。明确国家数据局的数据治理与监管职责，保障数字经济与实体经济和深度融合中数据交易统一标准的实施。首先，国家数据局居中协调，保证行业部门、政府机关、企业等的数据畅通与标准统一，执行统一的交易流程与标准。其次，国家数据局对数据交易过程实行监管职责，对数据交易平台实行监督职责，保障数据交易的安全可靠。此外，国家数据局积极探索数据交易的新模式，将新的数字技术、新的交易方式纳入到数据交易体系中，在数字经济与实体经济和深度融合中不断提升数据交易的质量与效率。

### （三）数实深度融合推进新型工业化数据要素参与分配的制度设计

在数字经济与实体经济深度融合中推动数据要素融入收入分配制度，需要把数据要素的分配方式与三次收入分配体系相结合。收入分配方式关系民生福祉，是实现全体人民共同富裕的关键组成，建成数据要素参与分配的分配制度，有助于推动社会经济发展，实现数字经济与实体经济的深度融合。

第一，将数据要素纳入初次分配。初次分配注重效率，要素分配往往向着社会效率最大化的方向倾斜，以期实现社会财富的最大化。推进数据要素纳入初次分配首先需明确数据要素的产权归属，完善要素主体登记机制。同时，完善数据要素的定价机制，引导市场发挥定价功能，遵循价值分配的市场化激励机制等。

第二，将数据要素纳入再分配。数据要素的初次分配受到诸多因素影响，该环节中可能产生分配不公平的现象，在数字经济发展中可能会引起数据要素积累不均衡。因此，在数字经济与实体经济深度融合中需要继续将数据要素纳入到第二次分配中，推动发展均衡。首先，需要建立直接面向数据要素市场的政府财政税收制度及财政预算支出项目，可以考虑增设面向数据交易流动环节的直接税制度，对参与数据要素流转中间环节的中小企业进行转移支付，改善由于数据要素生产链过长但税收制度未能覆盖而导致的分配不公平现象。其次，政府还可以通过设立专门针对数据要素市场基础平台建设的支出项目，为数据要素市场的合理化配置提供基础性公共服务平台。最后，建立健全针对数据要素分配过程的监督机制，减少数据要素分配的不公平行为，推进共同富裕。

第三，把数据要素纳入第三次分配。数据要素的非排他性、共享性与第三次分配以及中国特色社会主义的属性相契合，将数据要素纳入第三次分配的同时也是推动数实经济深度融合推进新型工业化中的关键一环。在数字经济与实体经济和深度融合中以政府部门牵头，以数据要素基础设施与平台为基础，鼓励数字主体和数字企业承担社会责任。在数字经济与实体经济深度融合中推动公共数据开放，建立面向特定市场主体的公共数据授权运营和收益分配制度。

**（四）数实深度融合推进新型工业化数据安全方面的制度设计**

我国数据安全治理体系加速发展，主要表现为数据安全治理机制不断健全以及数据安全领域法律法规不断完善。但数据安全治理是一项复杂的系统工程，数据的特性就决定着仅仅依靠国家和政府的力量不能完全保护国家与政府的数据安全，还需要一系列的制度设计，实现多方协同的数据安全保护格局，为数字经济与实体经济深度融合推动新型工业化提供制度保障。

第一，完善数据安全治理的顶层制度设计。解决数据安全治理问题，需从顶层设计入手，从完善制度规则等方面重点做好以下方面工作：首先，构建完善的数据安全治理法律体系；其次，完善数据确权的法律制度与规范，明确各数据主体的权责界定；再次，完善数据交易的规范过程与监督体系，防止产生数字交易安全漏洞；采用先进数字技术与大数据平台，提升数据安全治理的效率与能力；最后，在国家层面建立起统一的数据跨境流动监管机构，完善数据跨境安全监管机制。

第二，建立多方协同的数据安全治理体系。解决数据安全治理问题，需要各方充分参与，调动个人、企业、社会的治理热情，群力群策参与到数据安全治理中。政府通过完善法律法规，规范约束数据行为，并优化制度设计，推动数据安全治理的共建共创，保障数据安全治理体系的运行；针对企业和个人参与到数据治理过程中的行为进行鼓励与引导，推动资源共享与体制创新，加强对于数据安全的宣传科普，贯彻国家整体安全观，增强民众的安全意识和保护意识。

第三，推动数据安全保障的技术发展。通过相应的人才和科技发展促进制度进一步强化数字技术研发创新能力，提升数字技术水平，推动数字基础设施建设的技术自主化，保障国家关键数据资源的安全可控；另外，通过制度设计推动以人工智能、区块链等为代表的先进数字技术的发展应用普及，可以有效管控数据计算价值使用的目的和方式，保障数据使用的安全与合法，提升监管水平与预防风险的能力。

**（五）数实深度融合推进新型工业化数据治理方面的制度设计**

数据治理是数字经济与实体经济和深度融合推进新型工业化中过程中对于数据这一关键要素的统筹治理过程，对于数据治理的制度设计既应考虑到国内的数字经济发展，也要和世界其他地区实现数据标准与制度的对接统筹发展。

第一，明确数据治理的目标。2020 年 9 月，中国政府在发出的《全球数据安全倡议》中提出了秉持多边主义、兼顾安全发展、坚守公平正义的全球数据治理三原则，以及和平、安全、开放、合作、有序的全球数据治理目标。2023 年 3 月，中国政府提出将成立国家数据局，集中处理数据资源共享、开发利用与安全管理等方面问题。针对数据治理的制度设计也应当秉持着保证数据安全、坚持数据开放合作有序，推动数字经济的发展以及与实体经济的深度融合的原则。

第二，加强本国数据监管的同时推动全球可行的数据标准化的规范的建立。针对国内的数据，中国要参与全球数据治理自然也要处理本国政府数据治理政策和国际社会数据治理规则的协调，使国内数据治理与全球数据治理达到一定程度的平衡。目前，我国已颁布《中华人民共和国网络安全法》《中华人民共和国数据安全法》《中华人民共和国个人信息保护法》《数据出境安全评估办法》等数据治理法规政策，确立了我国跨境数据治理的规则体系，随着数字技术不断发展，人工智能区块链等技术的进一步应用也呼吁着更新的数据治理制度的设计，对国内的数据进行有效的监管调控，保证国内的数据市场与数字经济在一定的制度背景下实现有序保发展和良性循环。同时，推动数据标准化规范化，尽快在国内数据标准统一的基础上实现全球数据标准化的建立，并使中国参与到国家数据标准化制度的建设中去，成为数字经济全球化发展的引领者与推动者，这需要相关的制度设计来保证相关的战略规划有序进行。

第三，借助多边合作机制和多边平台，加强数据治理的国家合作。中国参与全球的数据治理需要顺应全球化的浪潮，以多边主义的方式解决全球化发展中存在的各种问题。对中国而言，唯有继续大力提高质量对外开放水平，加快形成"双循环"新发展格局，坚持对外开放的基本国策，形成全方位、多层次、宽领域的全面开放新格局，才能为我国创造良好的国际环境，开拓广阔的发展空间，在此基础上，就全球数据治理规则、数字贸易等领域深化国际合作，凝聚共识、减少猜疑，为中国参与全球数据治理创造良好政治氛围。

## 四、数实深度融合推进新型工业化制度设计的实现路径

实体经济为数字经济发展提供根基和空间，数字经济是实体经济高质量发展的重要引擎。当前数字经济与实体经济融合推进新型工业化进入新的阶段，目前关键是加强制度建设，完善数实经济深度融合推进新型工业化的基础制度，规范融合行为、提高融合效率，为数实深度融合推进新型工业化提供制度保障。

### （一）加强数实深度融合推进新型工业化的立法

数字技术的爆炸式发展与传统经济的广阔市场催生了规模庞大的数字经济市场，给各类传统领域造成了冲击，其中就包括法律。数字技术革命重塑了经济形态，深刻改变了企业的经营方式、组织类型，也赋予数字经济时代的每一个数据主体新的行为方式与社会关系，面对数字领域的巨大变革，有关数据产权归属、数字创新利益保护，数字化市场的规则界定，新兴技术所带来的社会、道德风险等问题，必须由政府进行顶层设计，以法律的形式落到实处，构造法律框架，设定法律准则，保护数字经济个体利益的同时推动数字经济的健康发展。而进入数字时代，在传统经济形态和制度的基础上，法律体制需要根据数字时代特点完成根本性转型，从而更好地适应数字经济生态，维护数字正义，构建数字秩序。

随着数字经济发展而开展的立法有两种，一种是为适应数字经济这种新的经济形式而出台的法律，包括《中华人民共和国个人信息保

护法》《中华人民共和国网络安全法》《中华人民共和国数据安全法》等多部重要法律，这些法律设立的出发点是对数字经济时代社会的数字化转型的规范与约束，填补数字科技发展所产生的法律空白，是随着数字经济发展而推出的法律；另一种是对于既有的法律进行的修订，通过对这些法律做出和数字经济发展相关的补充和规范，从而推动数字经济的发展，其中就包括《中华人民共和国反垄断法》《中华人民共和国反不正当竞争法》《中华人民共和国消费者权益保护法》等。为了推动数字经济与实体经济的深度融合，当下的法律法规建设尚不完备，不能适应快速发展的数字技术和数字环境，因此，法律的进步需要和数字经济的发展同频。

第一，对于新兴的立法领域，涉及数字化、数字化、智能化的领域加强立法，推出新的法律规范的同时对已有的法律进行补充完善。数字经济作为一种随着数字技术发展起来的新兴的经济形式，产生了新的产权结构、流通渠道、交易方式、管理方式等，不断增补相关的法律法规，有利于为数字经济的健康发展奠定良好的制度基础。

第二，对于传统的立法领域，需要对既有的法律进行不断的修订补充来增加数字经济的法律规范，这不仅是为了推动数字经济的发展，也是为了实现数实深度融合的需要，通过增加数字经济的相关条款，让数字经济在传统的立法领域与实体经济实现对接，减小数实融合过程中的阻力，回应工业经济时代的要求，还可以不断适应数字经济发展的需要。

第三，数字经济领域涉及的行业多，范围广，层级多，且数字技术的更新迭代较快，新的技术环境也在不断诞生，因此在进行法律建设时更应当紧跟数字经济发展，从原来相对的地方立法、分散立法向中央集中综合立法的形式转变，以全局性的视角加快立法，紧跟数字经济发展的步伐，加强相关的基础性综合性立法，形成以基础立法为引领，随数字经济发展而不断补充出台的法律相互交织形成的综合性的数字经济法律体系，为数字经济的发展提供保障。

**（二）完善数字经济与实体经济融合推进新型工业化的治理体系**

数字经济与实体经济融合发展推动新型工业化的过程包括数字企业的实体化、实体企业的数字化、数据要素向经济中心的转移过程，而随着数字技术的发展，数据的治理监管也有向平台转移的趋势。为了协调数字经济与实体经济的关系，保证数实融合的顺利进行，需要完善数实融合的治理体系，通过源头治理、综合治理、系统治理等方式，建立标准化规范化体系，强化技术驱动和数据赋能，对治理体系进行动态调整，坚持问题导向，完善数字经济与实体经济融合推动新型工业化的治理体系，推动数实深度融合。

第一，建立标准化规范化体系，通过立法等方式严格规范数字产业的实体化融合和实体经济的数字化转型。通过对个人—企业—社会的数据权益主体体系进行统一的标准化规范化，减少数据交易流通过程的阻力，降低数据要素管理审查的成本，便于对数实融合过程进行全方位全过程的监管。

第二，强化治理中的技术驱动和数据赋能，提高数据治理水平。一方面，优化治理过程中的数字技术应用和基础设施的支撑，采用区块链、大数据、云计算、人工智能等技术，与综合治理体系深度融合，提升治理能力；另一方面，应用大数据分析优化数据决策模板和智能。通过针对性的设计具有高的适应性和包容性的数据协议模板，以满足不同行业需求，帮助中小企业减缓决策步骤，降低决策成本，提高数据治理效率。

第三，治理机制的建设过程中要坚持动态调整与问题导向。其一，治理机制应包含定期的调查和回访制度，针对个人、企业的数据治理诉求进行定期的回访调查，为治理机制的动态调整寻找依据和方向，对于数据权益主体所提出的建议进行审查研判，并及时作出相应的决策和调整。其二，定期甄别新的治理点，并进行调查分析，消除治理空白，并力求保持治理体系的完整性、包容性、一致性[①]。

### （三）正确处理数字经济与实体经济融合推进新型工业化中政府与市场的关系

数字经济与实体经济融合推动新型工业化的过程需要政府和市场的共同参与。如果仅仅依靠政府，而排除市场的调节作用，市场无法

---

① 阙天舒、王子玥：《数字经济时代的全球数据安全治理与中国策略》，载于《国际安全研究》2022年第 1 期。

发挥其配置资源的作用，数实融合的成果不能得到及时的检验反馈，产生要素资源的配给不均衡等一系列问题，使得数实融合的发展失去活力；如果仅仅依靠市场，会使得数实融合过程缺乏有效的监管，容易产生融合不规范，大企业垄断等市场竞争乱象。

第一，在数实融合推动新型工业化的大背景下，保持政府与市场充分但有度的参与，政府起指导、规范、兜底的作用，明确数实融合的方向，规范数实融合的制度，并为数实融合过程中企业、行业转型的不足之处提供支持和兜底作用，但政府也应该认识到发挥市场作用的重要性，不会过分地限制市场发挥其作用，为市场的调节机制留出发挥的空间和政策支持。同时，加速建设数字政府，提升政府体制的数字化水平和数字问题处理能力，增强政府机关在数字经济发展中的规范引导能力，同时需要政府遵循数字经济发展规律，推动政府数字化转型的同时提升政府工作人员的专业素质，进而提升政府服务的精准化水平和智能化水平，实现数字政府与数字体制的协同发展，建设良好的数字生态。

第二，市场在数实融合推进新型工业化过程中应充分发挥其调节、反馈、配置资源的作用，企业数实融合的结果必将以一定的方式反应在市场中，良好的结果会吸引更多的资源和要素助推这一融合，反之则会撤出并从市场流入另外的融合发展中，但市场自由度过高，可能会使市场中产生垄断等不当竞争现象，此时就需要政府的介入。此外，通过数字经济的发展为市场以及市场中的企业赋能，从而扩大市场规模，在市场中增添新的数字技术衍生出的企业的同时，丰富传统企业中的数字技术的应用场景，即推动企业的数字化转型，开创新业态和新模式，为制度创新提供动力，激发市场的创新环境，通过数字技术带来的创新重塑要素配置机制，来进一步实现数实深度融合推进新型工业化。

第三，在新的发展环境中，推动有为政府与有效市场的结合，实现协调发展。政府对数字经济的发展进行顶层设计，进行数字治理，激励市场活力的同时对市场行为进行约束，防范和化解数字经济安全风险；市场通过数字经济的发展对其自身以及市场中的企业赋能，推动市场的机制创新，激发市场活力，促进数字经济与实体经济的深度融合①。

### （四）完善数字经济与实体经济融合推进新型工业化政策体系

数字经济与实体经济融合推进新型工业化过程中需要充分考虑到市场与政府之间的关系，而政策就是政府指导、约束、规范市场的一种方式，数实融合过程中的政策通过明确发展方向，以包括数字补贴、人才引进补助、技术支持等方式助推；政策也可以通过推动法律法规的出台来规范约束使数实融合过程沿着正确的方向发展。例如，大数据试验区这一政策形式，通过在不同地区设置不同的大数据试验区政策，例如，在京津冀、珠三角地区设置跨区域综合试验区，上海等地区设置区域示范类综合试验区等，以数字补贴、改善数字发展环境，发挥知识溢出效应来助推企业的数字化转型。

第一，数实融合推进新型工业化的政策应着眼于数字经济的顶层设计，以当前的数字需求为政策导向，以推进供给侧结构性改革为建设现代化产业体系的基本方略，改善数实融合推进新型工业化的体制环境与机制设计。同时数实融合推进新型工业化政策也应当鼓励技术创新与数字竞争，为企业发展、产业变革营造良好的创新环境，增强政策的普惠性与包容性，发挥政策的导向作用。

第二，数实融合推进新型工业化的政策应与数字生态环境相契合，全面推动数字经济与实体经济的深度融合发展。通过完善数字经济与实体经济融合推进新型工业化的政策体系，使企业在技术、资金、数字环境以及数字基础建设设施建设等方面享受到红利，增加对中小企业的帮扶力度推动数字化转型；同时发挥体制优势，加强人才培养，促进对关键核心技术的研究攻关，有助于改善地区甚至全国大市场的经济聚集、数字知识溢出和带动作用，同时为数实融合过程进行引导规范，稳步推进全行业的数字化水平向着数实深度融合的方向迈进。

第三，数实融合推进新型工业化政策需要拓宽国际合作，实现互利共赢。数字经济时代要实现数实融合推进新型工业化，实现数字产业和传统产业的国际合作，提升数实融合的国际视野与互利共赢。首

---

① 任保平、孙一心：《数字经济背景下政府与市场制度创新的协调研究》，载于《财经问题研究》2023年第4期。

先，贸易是不同国家间的主要交流方式，交易主体的数字化转型推动了贸易数字化的国际合作，通过对现有贸易政策的数字化转型来推动国际贸易数字化，其次，随着数字经济的发展开拓新的贸易模式，推动国内数字经济的国际化发展；最后，拓宽数字经济的朋友圈，缓解数据孤岛的问题，借助"一带一路"、金砖国家等平台，推动全球的数字化标准与数字基础设施的互联互通，积极参与到全球数据治理中，在全球的数字化浪潮中发出中国声音，推动国内的数实深度融合的实现。

### 第十八章

# 数字经济与实体经济深度融合形成
# 新质生产力全方位推进新型工业化

　　2023 年中央经济工作会议提出要大力推进新型工业化，发展数字经济。同时"新质生产力"第一次被写进中央经济工作会议，强调要以科技创新推动产业创新，发展新质生产力。目前推进新型工业化面临着全球数字化浪潮带来的挑战和机遇，改变了工业化发展的生产力基础和性质，形成了新技术、新产业、新能源为代表的新质生产力。新型工业化与新质生产力具有相互促进的作用，以数字经济与实体融合为特征的新型工业化是形成新质生产力的主要阵地，发展新质生产力就是通过科技创新与产业创新形成现代化产业体系来推动新型工业化，新质生产力是推进新型工业化的驱动力，新型工业化可以为新质生产力的形成提供保障，可以说推进新型工业化的进程是加快形成新质生产力的过程，形成新质生产力的过程就是推进新型工业化的过程。因此，我们需要以数字经济与实体融合为路径加快形成数字新质生产力全方位推进新型工业化。

## 一、以数实深度融合为核心形成新质生产力推进新型工业化

　　党的十六大首次提出新型工业化至今已经有二十多年了，党的十六大后历次党的代表大会都重点强调实现新型工业化。党的二十大报告提出坚持把发展经济的着力点放在实体经济上，推进新型工业化[①]。2023

---

　　[①]　习近平：《高举中国特色社会主义伟大旗帜　为全面建设社会主义现代化国家而团结奋斗》，载于《人民日报》2022 年 10 月 26 日。

年9月召开的全国新型工业化推进大会和2023年中央经济工作会议提出要大力推进新型工业化，发展数字经济，加快推动人工智能发展。目前中国工业化遇到了数字化时代的挑战，为了迎接数字化时代工业化的挑战，需要以数字经济与实体经济的融合实现工业化路径的转型。

　　全球数字化浪潮是当前世界经济发展的新趋势，受新一代数字技术革命和产业革命的影响，世界各国在数字产业的国际竞争中开始通过数字经济与实体经济融合推动新型工业化的趋势，"以数字经济和实体经济的深度融合推进新型工业化是我国在工业化后期深化工业化进程的重要战略选择"[①]。数字经济与实体经济融合是数字技术改造传统产业，进一步成为新产业的过程，也是形成数字新质生产力的过程。数字经济与实体经济融合之所以形成数字新质生产力的原因在于：一是数字技术及其产业化为形成数字新质生产力提供了技术基础和产业基础，形成了数字新质生产力。科技技术革命和产业革命是引致生产力变革，形成特定时期的生产力的技术基础和产业基础，新质生产力是以数字技术为代表的新一轮技术革命引致的生产力跃迁，数字技术创新驱动形成新质生产力的新动能，数字技术创新与应用为形成新质生产力提供了新引擎，在数字经济与实体经济融合过程中不断催生出了新的产业[②]，形成数字新质生产力的产业基础。在新产业不断出现的同时，数字技术不断向传统产业渗透，推动了传统产业的数字化转型，推动了数字经济与实体经济融合的不断加深，在融合中形成数字新质生产力，数字新质生产力使传统产业中的资本密集型产业和劳动密集型产业中的数字技术含量不断提高，以技术创新和产业创新推动新型工业化。二是产业基础能力的高级化推动数字新质生产力的形成。依据产业结构理论，在工业化发展中产业发展在工业化后期由高加工工业向高新技术过渡时，产业发展的技术基础将发生转变。特别是在新一代数字技术发展的背景下，数字技术是综合的技术，所形成的数字新质生产力在传统产业价值链冲击下，催生出一大批具有现代化技术基础的新产业。同时加速了产业从分立走向融合，使得数字经济与实

---

　　① 任保平：《以数字经济和实体经济深度融合推进新型工业化》，载于《东北财经大学学报》2023年第11期。

　　② 钞小静：《数字经济赋能中国式产业现代化》，载于《人文杂志》2023年第1期。

体经济相互融合，产业融合使得产业的界限变得模糊①，改变传统产业的基础能力，实现了传统产业基础能力的高级化。三是大型企业组织的数字化转型推动数字新质生产力的形成。大型企业是推动新型工业化的主体力量，是新型工业化中推动数字经济与实体经济融合发展的重要载体，它们具有的研发组织是推动企业数字化转型的主要主体，运用不断增加的科技投入形成的数字技术创新，为数字经济与实体经济的融合发展提供技术支持②，通过数字经济与实体经济的融合推动数字新质生产力的形成。同时在此基础上数字经济与实体经济融合也改变了传统的产业组织，行业界限逐步模糊，产业边界逐步消失，以产业融合形成新质生产力和推进新型工业化提供了高级化的产业基础和现代化的产业链。

新型工业化是以新一代数字技术进步带动的数字化与工业化的融合，其本质通过数字经济与实体经济融合推动数字新质生产力的形成来带动工业化的新发展，形成数字经济时代以数字经济与实体经济融合为特征的工业化。数字经济与实体经济融合是在数字技术和人工智能技术发展的前提下在基础层面、产业层面、企业层间和生态层面系统融合的过程，由于数字经济与实体经济融合使传统工业化的生产力基础和生产方式发生了变化，数字新质生产力推动形成了数字经济与工业化的融合效应：数字经济与实体经济融合在工业化中推动了高附加值产业的成长。数字经济与实体经济融合是新型工业化的本质属性，在推进新型工业化的过程中，需要采取积极的措施推动数字经济与实体经济深度融合，通过数字经济与实体经济融合形成的数字新质生产力推进我国的新型工业化进程。推动新型工业化的数字新质生产力是在数字化与工业化互动中产生的，数字经济与实体经济融合是数字化发展的结果③，通过数字经济与实体经济融合推动数字新质生产力的形成，进而推进新型工业化进程需要进行工业化发展战略和发展方式的转变。

要促进数字经济与实体经济融合推动数字新质生产力的形成，必

① 卫玲：《新型工业化背景下产业分立向产业融合的转型》，载于《西安交通大学学报（社会科学版）》2007 年第 5 期。

② 任保平：《数字经济与中国式现代化有机衔接的机制与路径》，载于《人文杂志》2023 年第 1 期。

③ 任保平：《新型工业化道路的经济学再分析》，载于《天津行政学院学报》2005 年第 5 期。

须首先促进数字产业化和产业数字化的协调，创造数字经济与实体经济融合推动数字新质生产力形成的产业基础条件，以数实深度融合为核心形成新质生产力推进新型工业化：一是以技术融合为引领的产业创新范式快速变革推进新型工业化。以数实深度融合为核心形成新质生产力将数据价值转化为工业化创新的源头供给，加强数字技术和产业技术融合创新，构建产学研用协同创新体系，推动创新链、产业链、资金链和人才链的衔接，推动数字新质生产力的形成，带动产业创新能力的整体提高，推动工业生产从自动化、数字化迈向数字化和智能化。二是以数实融合提升实体经济价值链水平。以数实深度融合为核心形成新质生产力通过数字经济与实体经济融合发展提升全产业链数字化水平，培育发展新型制造模式，塑造传统产业的创新范式，推进生产侧与需求侧深度融合，推进制造业与平台经济深度融合①，推动实体经济价值链向用户赋值、平台创值等方向延伸，实现产业链现代化。三是以数实融合激发产业创新活力。以数实深度融合为核心形成新质生产力推动实体经济全链条数字化转型，挖掘数据资源、数字技术等新型要素的价值。推动算力、模型、数据等关键要素创新突破，优化创新成果快速转化机制，促进重点数字产业创新发展，推动数字新质生产力的形成，提升产业链关键环节竞争力。四是扩大数字化转型的应用场景。推动数字新质生产力的形成推进新型工业化要加快工业互联网规模化应用，推进互联网、大数据、云计算、区块链等数字技术在实体经济的应用，加快重点领域智能装备发展，推动通用人工智能赋能新型工业化，提升产业链供应链智慧管理水平。推进重点行业和重点应用场景深度覆盖，完善工业互联网技术体系、标准体系、应用体系，以工业互联网推动工业全价值链价值重构。推动数字经济与工业化实现融合，探索新的应用场景。五是激发数字经济与实体经济企业融合发展活力。企业是数实融合的产业发展主体，也是形成数字新质生产力推动新型工业化的重要力量，在数实融合中面向企业数实融合需求，促进各类要素资源向企业汇聚，激发企业创新动力和融合发展活力。发挥数字化头部企业的引领作用，培育创新能力强的融合应

① 洪银兴、任保平：《数字经济与实体经济深度融合的内涵和途径》，载于《中国工业经济》2023年第2期。

用头部企业，通过开放平台鼓励头部企业与中小企业互利合作，在数实融合中形成协同创新的企业集群。

## 二、在数实深度融合中以数字产业价值链升级形成新质生产推进新型工业化

产业是新质生产力形成的载体和表现形式，在数字化与工业化结合中形成数字新质生产力推进新型工业化中提高经济效益的关键是要实现经济结构的合理化和高级化，工业经济结构合理化和高级化的本质是推动产业价值链升级。因此，在以数字新质生产力的形成全方位推进新型工业化中，要以数字产业价值链升级为重点形成新质生产推进新型工业化。通过产业价值链升级在产业内形成产业价值链关系，产业价值链升级是提高整体产业竞争力和产业经济效益的关键。因此，形成数字新质生产力推动新型工业化的过程中，要提高工业经济效益，就必须进行产业价值链升级，在数字技术和数据要素的双轮驱动下推动数字新质生产力的形成，使产业结构向具有高产业利润和高附加值的产业上游转化，在新型工业化中促进产业价值链的升级。

在以数字产业价值链升级为重点形成新质生产推进新型工业化中，需要实现产业链的现代化和价值链的高级化，企业创造价值的过程中的设计、生产、营销等一系列经济活动的总和构成了产业的价值链。产业链是价值实现和价值增值的途径，涉及产业价值创造和实现，产业链从微观上来说是指一个企业的供应链，而从宏观上则是指产业链。产业价值链是指从原材料到加工到最终产品生产、以及到达市场的产业价值的分布，是价值创造的完整链条，是由产业各个环节上一系列价值创造活动所构成。价值链分布将产业链分为上游、中游和下游。上游是掌握了行业的关键技术，具有核心竞争力。中游依据上游提供的标准进行初级产品进行精加工，中游厂商的利润来自规模经济和专业化生产。下游为中游提供零部件加工、配套产品的加工，下游产业处于完全竞争市场结构中。在数字化与工业化结合形成新质生产力推动新型工业化中，要推进产业基础再造和产业链提升工程，打造具有创新能力和高附加值的产业链，把重点产业链作为推进新型工业化的抓手，完善产业链数智化机制，提升重点产业链的数智化水平。为此

在以数字产业价值链升级为重点形成新质生产推进新型工业化中要推动产业结构的高级化，通过产业结构的高级化使工业化向高附加值化的工业结构方面转化，工业结构高级化的实质是产业链的延伸和产业价值链升级，使得产业链由低利润区延伸到高利润区，在高利润区形成产业集聚。使得低端的产业结构升级为高端的产业结构，由单一的产业结构演变为多元化的产业结构。使工业化方式由规模扩大型转变为质量和效率提高型①。

在以数字产业价值链升级为重点形成新质生产推进新型工业化中需要推动产业价值链升级，推动产业价值链升级对于新型工业化的实现具有重要意义。因此，在以数字新质生产力推动产业价值链升级为重点形成新质生产推进新型工业化中，要以产业价值链升级为目标，以提高技术创新能力为手段，推进工业结构的高级化和经济效益的不断提高。一是促进我国工业价值链升级，提高国际产业分工中的竞争力。加强产业技术创新，构建全球价值链战略，发挥我国工业化的比较优势，构建起以自我为主的价值链体系。增强制造业的自主研发能力，提升制造自动化、智能化水平，加快制造业的智能化升级，加快形成数字新质生产力，推动我国制造业向全球价值链上游攀升，将我国制造业打造为全球价值链的高端。以工业互联网平台为载体，进行产业价值链重构，实现企业价值链、区域价值链与全球价值链的对接，实现以数字产业价值链升级为重点推进新型工业化。二是实现产业数字化和数字产业化的协同发展实现价值链升级。在以数字产业价值链升级为重点推进新型工业化中，要实现产业数字化和数字产业化的协同发展，形成数字新质生产力推动现代化产业体系的构建。通过产业数字化提升传统产业的产业基础能力，加快了数字经济与传统产业的融合发展，促进了新型工业化中产业基础能力的高级化和产业链的现代化。三是形成数字产业链和产业集群。数字化推动全球价值链的重构，在以数字产业价值链升级为重点推进新型工业化中要以实体经济为着力点，以融合方式促进产业数字化和数字产业化的协同发展，推动产业链的整体升级改造，通过提升产业链推动制造业重点产业链的

---

① 任保平、洪银兴：《新型工业化中经济效益提高的途径：一种产业链视角的分析》，载于《西北大学学报（哲学社会科学版）》2005 年第 1 期。

高质量，进而推进新型工业化进程[①]。推动形成数字产业化、数字技术创新及其产业化和商业化，在推动技术创新和生产流程再造基础上构建完善的产业升级体系，通过数字经济与制造业的融合实现产业链和价值链的整体变革，形成数字新质生产力催生价值链升级的新产业新业态新模式，最终形成数字产业链和产业集群。四是维护好我国产业链供应链完整性的基础上促进产业链升级。准确认识制造业在国民经济中的重要性，以消费升级带动优质产业链的成长，突破产业链高端环节的关键技术，以创新链提升优质产业链。抓住全球价值链重构机遇，加快推动产业链供应链数字化和智能化，利用新一代数字技术来实现产业链再造和价值链提升，推进制造业数字化转型，推动产业链向高附加值领域转移，并迈向全球产业链中高端。

## 三、在数实深度融合中以工业化质量的提高形成新质生产推进新型工业化

工业化的阶段不同，工业化的生产力基础也不同。工业化初期的任务是推进工业化进程，是数量型发展的工业化，依靠的是传统生产力。而工业化进入高级阶段，主要任务是在新科技革命和产业革命推动下提升工业化的质量和竞争力，依据新科技革命和产业革命的成果对工业化战略进行调整，走新型工业化道路，这一时期工业化的目标是质量型的工业化，依靠的是新质生产力。以工业化质量的提高形成新质生产为目标推进新型工业化中需要通过数字技术和数据要素的双轮驱动。

工业化是数量与质量、速度与效益、规模与效率、工业经济增长与社会发展及环境保护的统一，工业化进入到高级阶段需要依据技术条件对原有工业化战略进行重大调整，提高工业化的产业基础和产业素质，推进工业化由数量规模型转向质量效益型，在更高层次上推进工业化的进程。在技术革命和产业革命的推动下，从低级粗放的工业化向高级创新的工业化转型是工业化发展的一般规律，发达国家和发展中国家在工业化发展到一定阶段之后都要依据技术的变化进行工业

---

[①]　任保平：《以产业数字化和数字产业化协同发展推进新型工业化》，载于《改革》2023 年第 11 期。

化发展的结构调整，从数量规模性工业化向质量型的工业化转型。近年来新一代数字技术的不断进步成为发达国家传统产业改造的推动力。进入 21 世纪以来，发展中国家为适应新科技革命和产业革命开始进行工业经济结构的调整。工业化初级阶段是数量速度型的，是高级阶段工业化发展的基础，高级阶段的工业化是质量效益型的工业化，是依据新科技革命和产业革命的需要在工业化初级阶段的产业基础上的再开发和再发展。数字经济背景下的工业化是工业化发展的新阶段和新形态，是数字经济与实体经济的结合过程，是数字新质生产力推进的新型工业化，是由比较优势向竞争优势转化的工业化。

在当前数字化背景下中国的工业进程进入到了质量型工业化阶段，在质量型工业化阶段数字技术、数据要素、能源、原材料等资本技术密集型产业将成为拉动中国工业化发展的主要动力，以提高工业化质量为目标推动新型工业化。新型工业化要把高质量发展的要求贯穿新型工业化全过程，以数字经济与工业化的结合形成数字新质生产力，加快传统工业的技术改造、工业结构的调整和工业布局的优化，提高工业化质量，坚持走高质量发展的新型工业化道路，以工业化质量提高形成新质生产力为目标推进新型工业化。一是以创新发展形成数字新质生产力成为推进新型工业化的第一动力。发挥新型举国体制优势，推动实现高水平科技自立自强，强化工业化高水平自主技术要素供给，在新型工业化中推进制造业高端化、数字化、绿色化和融合化发展。把建设制造强国与发展数字经济有机结合，推动人工智能、大数据、区块链等数字技术在工业化中的创新应用，扩大智能制造技术的推广应用，提升产业基础能力高级化和产业链现代化水平，推动数字技术与实体经济深度融合形成数字新质生产力，让创新发展形成数字新质生产力成为推进新型工业化的第一动力。二是使协调发展形成数字新质生产力成为推进新型工业化的内生需要。推进战略性新兴产业、支柱产业、传统产业有效协同，实现产业数字化与数字产业化的协调以及数字化与工业化的协调形成数字新质生产力。推动重大生产力的空间布局协调，推动跨区域产业协同和跨区域先进产业集群，促进区域新型工业化的协调发展。完善新型工业化的多维政策协调推进机制，强化数字经济政策和工业化政策的集成创新，使协调发展形成数字新质生产力成为推进新型工业化的内生需要。三是使绿色发展形成数字新质生产力成为推进新型工业化的普遍形态。构建绿色工业化体系，加快工业化发展方式的绿色转型，建设高端智能绿色的先进制造体系，加快绿色低碳产业发展，提升能源资源利用效率，形成数字新质生产力推进工业化绿色生产转型，推动形成绿色低碳的工业化生产方式，探索发展可持续性强的绿色工业化道路。四是使开放发展形成数字新质生产力成为推进新型工业化的必由之路。开放是推动新型工业化的重要力量，以高水平开放推动新型工业化，提高先进制造业和战略性新兴产业外资的引入力度，加强先进制造业领域的开放创新，增强制造业供应链的开放性，深度融入全球产业布局，推动制造业向价值链中高端迈进。推动国际科技创新合作，特别是参与数字化、工业化领域的全球产业分工和合作，深化工业领域的国际合作，建设全面开放的工业化体系，形成数字新质生产力，推进新型工业化。五是共享发展形成数字新质生产力成为推进新型工业化的根本目的。实现共同富裕与新型工业化的有机结合，促进居民收入水平提升，让人民共享新型工业化的成果。不断弥合数字鸿沟，促进数字经济和实体经济深度融合形成数字新质生产力，有效解决新型工业化进程中的收入分配问题，在推进新型工业化进程中实现全体人民共同富裕[①]。

## 四、在数实深度融合中以工业化方式的转变形成新质生产力推进新型工业化

新质生产力形成的关键环节是推动生产方式转变，要求推动与新质生产力相适应的生产方式，以新质生产力的形成推动新型工业化，要以工业化方式的转变形成新质生产力为路径推进新型工业化。数字经济背景下中国经济发展中的转型包括由工业社会向数字化社会的转化，由工业经济形态向数字经济形态的转型。面对新一轮科技革命、产业革命和世界经济发展的新趋势，中国经济转型开始进入到了发展型式转型的阶段，新型工业化就是发展型式转型的具体表现。因此，应在数字经济发展和经济转型形成数字新质生产力的背景下，从数实深度融合中推动的经济发展型式转型形成数字新质生产力的角度去理解新

---

① 黄群慧：《把高质量发展的要求贯穿新型工业化全过程》，载于《求是》2023 年第 10 期。

型工业化[①]。

一方面，世界经济发展中的数字化趋势日益明显。全球数字化浪潮改变了传统工业化的方式，形成了以数字新质生产力为基础的新型工业化，使工业化的动力建立在数字技术和数据要素双轮驱动形成数字新质生产力的基础上。在全球数字化浪潮背景下，随着新科技技术革命和产业革命的发展，世界经济结构的调整与转换，全球数字化浪潮对世界工业化产生着深远的影响[②]。目前我国要实现新型工业化不仅要加快工业化的进程，而且实现数字化、智能化与工业化的结合形成数字新质生产力，提高工业化的现代化水平。以工业化方式的转变形成新质生产力为路径，实现工业化路径的转型，走数字新质生产力推动新型工业化的道路。

另一方面，在全球数字化浪潮给中国工业化发展带来了一系列挑战：一是全球数字化浪潮带来生产力变革的挑战。数字新技术革命则以新一代数字技术革命为标志，数字新技术革命形成的数字新质生产力，包括大数据、云计算、区块链和人工智能，这些新数字技术在新的更高的层次上改变了生产力性质，形成了数字新质生产力，进一步向数字化和智能化方向发展。我国在经济的数字化方面迈出了很大的步伐，2022 年，我国数字经济规模达 50.2 万亿元，占到 GDP 比重41.5%[③]。但从总体上看，我国工业化发展的技术创新能力还很有限，存在一些"卡脖子"技术问题的制约，数字化水平与发达国家相比还有很大的差距，需要进一步加强数字技术的自主创新能力形成数字新质生产力推动新型工业化。二是全球数字化浪潮加大了中国工业经济在世界市场上的经济竞争难度。数字经济本质上是技术创新的竞争，在全球数字化浪潮下，技术竞争、创新竞争和市场竞争将更为激烈。而中国作为一个发展中国家，在全球数字化浪潮中，工业化发展依靠的不是传统生产力，而是新质生产力，新质生产力的形成需要加强技术竞争和综合实力的竞争。全球数字化浪潮的深化加大了中国经济在

---

①　任保平、洪银兴：《新型工业化道路：中国 21 世纪工业化发展路径的转型》，载于《人文杂志》2004 年第 1 期。

②　任保平、钞小静：《世界工业化发展的趋势及中国新型工业道路的定位》，载于《山西师大学报（社会科学版）》2006 年第 3 期。

③　资料来源：《数字中国发展报告（2022 年）》。

世界市场上的经济竞争难度，面对全球数字化浪潮所带来的挑战，我国经济发展要在全球数字化浪潮下求生存、求发展就必须实现数字化与工业化的结合，以及数字经济与实体经济的结合形成数字新质生产力推动工业化路径的转型，以工业化方式的转变形成新质生产力为路径推动新型工业化。

我国是发展中国家，工业化仍然是经济发展的主题，针对世界经济发展中的全球数字化浪潮以及新技术革命和新产业革命、数字化新趋势以及数字化对我们工业化发展的挑战，我们必须在新型工业化以工业化方式的转变形成新质生产力为路径推动中国工业化发展路径的转型，实现数字化与工业化的结合、数字经济与实体经济的结合形成数字新质生产力，走数字新质生产力推动的新型工业化道路：一是转变工业化发展方式。推动数字技术、数据资源等新型生产要素在工业化中的全面渗透，以数字技术创新突破和应用拓展为主线，形成以数实融合形成数字新质生产力为关键特征的新型工业化，实现数字经济对新型工业化的全面赋能。同时在国家工业化政策中遵循市场经济规律和生态经济规律的基础上，把智能制造座位推进新型工业化的着力点，实现工业的数字转型与智能化升级，在绿色化和智能化的结合中推进新型工业化。二是在新型工业化中推动产业结构升级。在新型工业化推进中突出自己的产业优势，实现数字化与工业化的结合形成数字新质生产力，提高产业结构的技术等级，通过数字产业化和产业数字化的协调为主线实现数字经济与实体经济的深度融合，增大数字新兴产业和数字技术密集型产业的比重。三是大力发展战略性新兴产业推动形成新质生产力。中央经济工作会议提出，要以科技创新推动产业创新，发展新质生产力。新产业是新质生产力的表现，也是加快形成新质生产力的关键变量之一。在新质生产力的形成中特别要注意发展具有特征性意义和颠覆性意义的战略性新兴产业。推动形成新质生产力发展高科技的领域不能仅仅限于制造业领域，需要发展数字经济时代具有特征性意义的知识密集的服务部门推动形成新质生产力。四是超前布局未来产业。未来产业代表新科技革命与产业变革的方向，超前布局未来产业是在新型工业化中打造我国经济增长新引擎，是推动形成新质生产力和建设现代化产业体系的关键，在推进新型工业化中要超前布局未来产业。要以抢抓未来产业发展先机为目标，立足于高水平科技自立自强打造未来产业发展的技术策源地，瞄准引领未来的先导性支柱性产业，高质量孵化培育未来产业，优化未来产业发展的时空布局。构建支持未来产业发展的全链条科技生态①。五是推进新型工业化的治理创新。治理创新的核心是正确处理政府与市场的关系。在市场方面，大力发展数据要素市场，以高标准市场体系的要求推进数据要素市场的发展，同时促进企业家的成长，大批企业家的形成也可以推动市场机制作用的发挥，才可能建立起完善的市场经济体制，为推进新型工业化创造体制条件。在政府方面，加快政府职能从推动行业监管向产业服务职能转变，在推进新型工业化中发布产业转型指导、培育服务主体和平台、研制数字化转型的国家标准，聚焦大数据和新一代人工智能产业等战略前沿，形成数字新质生产力培育数字产业集群，发挥政府对新型工业化的引导作用。深化重点领域改革，支持融合型业态和模式发展，优化数字营商环境，构建支持数实融合形成数字新质生产力推进新型工业化的体制机制。

---

① 胡拥军：《前瞻布局未来产业：优势条件、实践探索与政策取向》，载于《改革》2023 年第 9 期。

# 参 考 文 献

［1］［美］H. 钱纳里：《工业化与经济增长的比较研究》，上海三联书店 1996 年版。

［2］［美］道格拉斯·诺斯：《制度、制度变迁与经济绩效》（中译本），上海人民出版社 1993 年版。

［3］钞小静：《以数字经济与实体经济深度融合赋能新形势下经济高质量发展》，载于《财贸研究》2022 年第 12 期。

［4］陈琳琳、夏杰长、刘诚：《数字经济市场化监管与公平竞争秩序的构建》，载于《改革》2021 年第 7 期。

［5］陈晓东、常皓亮：《数字经济可以增强产业链安全吗？——基于世界投入产出表的研究》，载于《经济体制改革》2023 年第 3 期。

［6］程恩富、宋宪萍：《全球经济新格局与中国新型工业化》，载于《政治经济学评论》2023 年第 5 期。

［7］钞小静：《以数字经济与实体经济深度融合推动新形势下经济高质量发展》，载于《财贸研究》2022 年第 12 期。

［8］杜庆昊：《数字产业化和产业数字化的生成逻辑及主要路径》，载于《经济体制改革》2021 年第 5 期。

［9］范剑勇：《产业集聚与地区间劳动生产率差异》，载于《经济研究》2006 年第 11 期。

［10］冯晓青：《数字经济时代数据产权结构及其制度构建》，载于《比较法研究》2023 年第 6 期。

［11］龚月：《数字经济背景下产业结构优化策略分析》，载于《商业经济研究》2020 年第 12 期。

［12］郭克莎：《坚持以深化供给侧结构性改革推进产业结构调整升级》，载于《经济纵横》2020 年第 10 期。

［13］洪银兴、任保平：《数字经济与实体经济深度融合的内涵和途径》，载于《中国工业经济》2023 年第 2 期。

［14］洪银兴、王慧颖、王宇：《完善市场经济基础制度研究》，载于《经济学家》2023 年第 11 期。

［15］洪银兴：《新时代社会主义现代化的新视角——新型工业化、数字化、城镇化、农业现代化的同步发展》，载于《南京大学学报（哲学·人文科学·社会科学)》2018 年第 2 期。

［16］洪银兴：《新型工业化道路的经济学分析》，载于《贵州财经学院学报》2003 年第 1 期。

［17］洪银兴：《中国式现代化论纲》，江苏人民出版社 2022 年版。

［18］胡汉辉、沈群红、胡绪华等：《产业创新集群的特征及意义》，载于《东南大学学报（哲学社会科学版)》2022 年第 5 期。

［19］黄群慧：《把高质量发展的要求贯穿新型工业化全过程》，载于《求是》2023 年第 20 期。

［20］黄群慧：《论新型工业化与中国式现代化》，载于《世界社会科学》2023 年第 2 期。

［21］［美］吉利斯、波金斯，等：《发展经济学》，中国人民大学出版社 1990 年版。

［22］江小涓、黄颖轩：《数字时代的市场秩序、市场监管与平台治理》，载于《经济研究》2021 年第 12 期。

［23］江小涓：《数字时代的技术与文化》，载于《中国社会科学》2021 年第 8 期。

［24］［美］卡尔·夏皮罗、哈尔·瓦里安：《信息规则：网络经济的策略指导》，中国人民大学出版社 2000 年版。

［25］拉尼斯：《增长与发展：演进的观点》，商务印书馆 2004 年版。

［26］李宏伟：《理解新型工业化的基本内涵》，载于《南京理工大学学报》2024 年第 1 期。

［27］李腾、孙国强：《加快数字产业化与产业数字化协同发展》，载于《中国社会科学报》，2022 年 1 月 12 日。

［28］李晓华：《推进新型工业化要牢牢把握高质量发展的要求》，载于《前线》2024 年第 1 期。

［29］林毅夫、蔡嘉瑶、夏俊杰：《比较优势产业政策与企业减排：基于新结构经济学视角》，载于《改革》2023 年第 5 期。

［30］刘诚、夏杰长：《数字经济发展与营商环境重构——基于公平竞争的一般分析框架》，载于《经济学动态》2023年第4期。

［31］刘家国、许浩楠：《双循环视角下我国全球供应链韧性体系建设研究》，载于《中国软科学》2023年第9期。

［32］刘淑春：《中国数字经济高质量发展的靶向路径与政策供给》，载于《经济学家》2019年第6期。

［33］刘志彪：《产业链现代化的产业经济学分析》，载于《经济学家》2019年第12期。

［34］刘志毅：《数字经济学：智能时代的创新理论》，清华大学出版社2022年版，第162页。

［35］吕铁：《传统产业数字化转型的趋向与路径》，载于《人民论坛·学术前沿》2019年第9期。

［36］罗仲伟、孟艳华：《"十四五"时期区域产业基础高级化和产业链现代化》，载于《区域经济评论》2020年第1期。

［37］马俊、袁东明，等：《数字经济制度创新》，中国发展出版社2022年版。

［38］马克思：《资本论》（第3卷），人民出版社2004年版，第218页。

［39］［美］迈耶·西尔斯：《发展经济学的先驱》，经济科学出版社1988年版。

［40］钱钠里，等：《工业化和经济增长的比较研究》，上海三联书店1996年版。

［41］秦光远、张嘉一、刘伊霖：《社会信用体系数字化转型：一个文献评述》，载于《农村金融研究》2023年第12期。

［42］任保平、迟克涵：《数实深度融合支持我国实体经济高质量发展的机制与路径》，载于《上海商学院学报》2021年第6期。

［43］任保平、迟克涵：《数字技术创新驱动新兴产业成长的路径选择与政策取向》，载于《新疆师范大学学报（哲学社会科学版）》2023年第5期。

［44］任保平、豆渊博：《"十四五"时期构建新发展格局推动经济高质量发展的路径与政策》，载于《人文杂志》2021年第1期。

［45］任保平、豆渊博：《"十四五"时期新经济推进我国产业结

构升级的路径与政策》，载于《经济与管理评论》2021 年第 1 期。

[46] 任保平、豆渊博：《我国新经济发展的区域差异及其协调发展的路径与政策》，载于《上海商学院学报》2021 年第 1 期。

[47] 任保平、何厚聪：《数字经济推动高质量发展：理论逻辑、路径选择与政策取向》，载于《财经科学》2022 年第 4 期。

[48] 任保平、何苗：《我国新经济高质量发展的困境及其路径选择》，载于《西北大学学报（哲学社会科学版)》2022 年第 6 期。

[49] 任保平、李培伟：《以数字经济和实体经济深度融合推进新型工业化》，载于《东北财经大学学报》2023 年第 12 期。

[50] 任保平、师博、钞小静：《中国发展经济学通论》，科学出版社 2022 年版。

[51] 任保平：《21 世纪的新型工业化道路》，中国经济出版社 2005 年版。

[52] 任保平：《数实深度融合推动新型工业化的战略重点、战略任务与路径选择》，载于《西北大学学报》2024 年第 1 期。

[53] 任保平：《数字经济驱动经济高质量发展的逻辑》，人民出版社 2023 年版。

[54] 任保平：《以产业数字化和数字产业化协同发展推进新型工业化》，载于《改革》2023 年第 11 期。

[55] 任保平：《以数字经济打造中国式现代化新引擎》，载于《人民论坛·学术前沿》2023 年第 3 期。

[56] 任保平：《中国特色发展的政治经济学》，中国经济出版社 2019 年版。

[57] 任继球：《从外循环到双循环：我国产业政策转型的基本逻辑与方向》，载于《经济学家》2022 年第 1 期。

[58] [瑞典] 克里斯特·冈纳森、马茨·林达尔：《发展经济学新方向》，经济科学出版社 2000 年版。

[59] [美] 桑加亚·拉尔：《成功的工业化》，引自《发展经济学前沿问题》，中国税务出版社 2000 年版。

[60] [美] 桑加亚·拉尔：《对发展中国家工业成功的解释》，引自《发展经济学前沿问题》，中国税务出版社 2000 年版。

[61] 史宇鹏、曹爱家：《数实济深度融合推进新型工业化：趋势、

挑战及对策》，载于《经济学家》2023 年第 6 期。

［62］史宇鹏、曹爱家：《数字经济与实体经济深度融合：趋势、挑战及对策》，载于《经济学家》2023 年第 6 期。

［63］孙伟增、毛宁、兰峰，等：《政策赋能、数字生态与企业数字化转型——基于国家大数据综合试验区的准自然实验》，载于《中国工业经济》2023 年第 9 期。

［64］［美］托马斯·斯特纳：《发展经济学的新方向》，经济科学出版社 2001 年版。

［65］［美］W. A. 刘易斯：《增长与波动》，（中译本），华夏出版社 1987 年版。

［66］王冬或、綦勇：《数字经济赋能双循环发展的空间作用机制研究——基于数字产业化与产业数字化的视角》，载于《外国经济与管理》2023 年第 9 期。

［67］王海、闫卓毓、郭冠宇等：《数字基础设施政策与企业数字化转型："赋能"还是"负能"?》，载于《数量经济技术经济研究》2023 年第 5 期。

［68］王建伟：《工业赋能：深度剖析工业互联网时代的机遇和挑战》，人民邮电出版社 2021 年版。

［69］文一：《伟大的中国工业革命》，清华大学出版社 2016 年版。

［70］［美］西蒙·库兹涅茨：《各国的经济增长》，商务印书馆 1985 年版。

［71］习近平：《不断做强做优做大我国数字经济》，载于《求是》2022 年第 1 期。

［72］习近平：《高举中国特色社会主义伟大旗帜　为全面建设社会主义现代化国家而团结奋斗——在中国共产党第二十次全国代表大会上的报告》，人民出版社 2022 年版。

［73］习近平：《在十八届中央政治局第三十六次集体学习时的讲话》，载于《人民日报》，2016 年 10 月 10 日。

［74］徐翔：《数字经济时代》，人民出版社 2021 年版。

［75］续继、王于鹤：《数据治理体系的框架构建与全球市场展望——基于"数据二十条"的数据治理路径探索》，载于《经济学家》2024 年第 1 期。

［76］［澳］杨小凯、黄有光：《新兴古典经济学和超边际分析》，中国人民大学出版社 2000 年版。

［77］［澳］杨小凯、黄有光：《专业化与经济组织》，经济科学出版社 1999 年版。

［78］余东华、马路萌：《新质生产力与新型工业化：理论阐释和互动路径》，载于《天津社会科学》2023 年第 6 期。

［79］喻登科、涂国平、陈华：《战略性新兴产业集群协同发展的路径与模式研究》，载于《科学学与科学技术管理》2012 年第 4 期。

［80］［英］约翰·伊特韦尔：《新帕尔格雷夫经济学大辞典》（第 2 卷），经济科学出版社 1992 年版。

［81］张培刚：《发展经济学理论》（第一卷），湖南人民出版社 1991 年版。

［82］中共中央党史和文献研究院：《十九大以来重要文献选编》（中），中央文献出版社 2021 年版。

［83］Brynjolfson, E. et al.（2017）, "Artificial inteligence and the modern productivity paradox：A clash of expectations and statistics", in: A. K. Agrawal et al.（eds）Economics of Artificial Inteligence University of Chicago Pres.

［84］Krugman. History and industry location：the case of the US manufacturing belt, American Econonic Review, 1991.

［85］Porter. "The Competitive Advantage of Nations", Harvard Business Review, 1990.

# 后 记

　　新型工业化曾经是我的一个重要研究方向，2003年到南京大学理论经济学博士后站，师从洪银兴老师进行学术研究。到南京大学的时间正好是党的十六大召开不久，十六大提出了新型工业化。洪老师安排我专门研究新型工业化问题，我围绕着工业化、新型工业化形成了一个系列文章，申报了博士后基金项目，完成了一本书，以《中国21世纪的新型工业化》为题在中国经济出版社出版，这本书获得了第五届教育部高校社会科学三等奖，出站后继续围绕新型工业化发表文章。2009年之后开始进行经济增长质量的研究，但是工业化、新型工业化问题仍然继续在研究。

　　2022年10月我辞去在陕西的职务和工作，重新回到南京大学执教，在洪老师指导下从事数字经济问题的研究，重点研究数字经济与实体经济的融合问题，与洪老师在《中国工业经济》2023年第2期发表了《数字经济与实体经济深度融合内涵与路径》的文章，文章发表后《新华文摘》《高等学校文科学报文摘》《人大报刊复印资料》全文转载，后来我又在这个方向下发表了一个系列文章。2023年9月全国新型工业化大会召开，学术界和实际工作部门又开始了新型工业化的讨论。我把数字经济与实体经济融合和新型工业化联系起来，研究数字经济与实体经济融合推动新型工业化，形成了一个系列文章，发表在《山东社会科学》《经济与管理评论》《西北大学学报》《人文杂志》《东北财经大学学报》等期刊上。

　　新型工业化问题于我而言是有纪念意义的，20年前我来南京大学当学生从事新型工业化研究，20年后回到南京大学从教，又研究数字经济背景下的新型工业化。2024年元月的寒假期间，有感于此，我把数字经济与实体经济研究、新型工业化研究的研究汇集在一起，进行加工完善，正好形成一本著作，这本书正好与20年前在南京大学的研究承接起来。

　　本书的形成感谢洪老师的指导和关怀，感谢我的学生们和我一起长期不懈的合作研究。感谢经济科学出版社对本书的编辑。

**任保平**
2024 年 3 月 28 于苏州